GRACE ET RAINIER

DU MÊME AUTEUR

Yamani, Belfond, 1989.
Bardot, L'Archipel, 1994.
Les Blanchisseurs, Presses de la Cité, 1995.

JEFFREY ROBINSON

GRACE ET RAINIER

Traduit de l'anglais
par Jean-Paul Mourlon

l'Archipel

Ce livre a été publié sous le titre
Rainier and Grace
par Simon & Schuster Ltd, Londres, 1989.

Si vous désirez recevoir notre catalogue et être
tenu au courant de nos publications, envoyez
vos nom et adresse, en citant ce livre,
aux Éditions de l'Archipel,
13, rue Chapon, 75003 Paris.
Et, pour le Canada, à
Édipresse Inc., 945, avenue Beaumont,
Montréal, Québec H3N 1W3.

ISBN 2-84187-028-6

SOMMAIRE

REMERCIEMENTS

Je tiens à remercier pour leur aide et leur collaboration : Rupert Allan, Daniel Aubry, Pierre Berenguier, Michel Boeri, John Carroll, Dario Dell'Antonia, Julian et Phyllis Earl, Ken et Bonny Feld, Gant Gainther, Virginia Gallico, Wilfred Groote, Robert Hausman, Khalil et Khoury, Mary Wells Lawrance, Régis l'Ecuyer, John Lehman, André Levasseur, Louisette Levy-Soussan, George Lukonski, Judith Mann, Francis et Josiane Merino, Jean-Marie Moll, Stirling Moss, Ricardo Orizio, Richard Pasco, Lix Paton, le prince Louis de Polignac, Francis Rosset, le marquis Livio Ruffo, André Saint Mleux, Francine Siri, Robert Sobra, Jackie Stewart, Clare Sychrava, David Thieme, John Westbrook et Robert et Maureen Wood.

Je n'oublie pas non plus la collaboration de Leslie Gardner, Robert Ducas, Nick Brealey et, comme d'habitude, La Benayoum.

Je suis particulièrement reconnaissant envers Nadia Lacoste pour sa gentillesse, son aide et son assistance.

Pourtant, ce livre n'aurait jamais pu être écrit – du moins par moi – sans la collaboration de quatre personnes très précieuses.

Je remercie donc le prince Albert, la princesse Caroline et la princesse Stéphanie, qui m'ont consacré leur temps, confié leurs souvenirs, témoigné leur amitié et leur confiance.

Mais, surtout, je suis très reconnaissant envers Sa Majesté le prince Rainier III qui m'a accordé sa bénédiction et m'a ouvert son cœur.

J'en suis profondément touché.

AVANT-PROPOS

Il était une fois un joli pays ensoleillé qui donnait sur la mer bleue, lové entre une plage de galets blancs et une colline sombre et aride.

C'était un pays de conte de fées, dirigé par un prince charmant et sa belle princesse.

Aujourd'hui encore, c'est le diamant du collier de perles de la Côte d'Azur, un jardin d'Eden où les marinas ont remplacé les pommiers.

C'est aussi une sorte de Disneyland, le parc d'attractions pour adultes, qui s'intéressent plus aux restaurants luxueux, bons vins, yachts, bijoux, voitures, jolies femmes et autres sacrifices aux dieux sybarites qu'à Mickey et Donald.

C'est un dinosaure venu d'un autre âge.

Mais, autrefois, la vie y était plus simple – ou est-ce, comme le dit la chanson, que le temps a changé l'histoire. Cela semblait plus simple.

C'était le lieu privilégié des thés dansants et des petits pains beurrés, où les hommes s'habillaient pour leur promenade matinale et où les femmes en corset s'abritaient sous leur ombrelle. Un âge indolent, un âge de douceur.

Monaco est toujours un lieu et une image, mais c'est effectivement un conte de fées.

Pourtant, cette fois, le prince charmant et la jolie princesse ne vécurent pas dans le bonheur toute leur vie.

Et, sans elle, Monaco ne sera jamais plus comme avant.

Plus que tout autre, elle avait su capter le romantisme de la Côte d'Azur et le diffuser autour d'elle.

Ce n'était pas seulement une question de bon goût, mais de talent pour la splendeur.

Partout, elle projetait son image de princesse. Un peu comme Peter Pan, elle était supérieure au reste du monde.

Avec elle, l'envie, la jalousie, le sens de la possession, l'abus de pouvoir n'existaient pas. Tout ce qu'elle a eu, elle a travaillé pour l'obtenir. Elle

11

a donné beaucoup plus qu'elle n'a reçu. C'était une image, une image de raffinement, de légèreté, de charme. Elle était blonde, belle, élégante. Son rire tintait gaiement. C'était une princesse de conte de fées, avec sa baguette magique.

Actrice, Grace Kelly a vécu presque exactement vingt-six ans et six mois aux Etats-Unis. Princesse, Grace a vécu presque exactement vingt-six ans et six mois à Monaco.

Grace Kelly a reçu un oscar.

Mais la princesse Grace a atteint des sommets de célébrité inaccessibles à une simple actrice. Ce fut la première femme dont les funérailles furent retransmises dans le monde entier par satellite. Près de cent millions de téléspectateurs la pleurèrent avec son mari et ses enfants.

Plus encore qu'Alfred Hitchcock, le prince Rainier a créé une étoile.

Sa mort a bouleversé le monde, un peu comme celle de John Kennedy. Au début, personne ne voulut y croire. Puis ce fut l'horreur, la colère, la tristesse.

Et cette tristesse ne s'est pas estompée.

Même ceux qui ne lui avaient jamais serré la main, ne lui avaient jamais écrit, ne la connaissaient qu'à travers les films et les magazines ressentirent durement cette perte.

Comme pour John Kennedy...

Ceux qui la connaissaient bien n'arrivent toujours pas à croire à sa mort. Ils la pensaient immortelle et ne l'ont jamais vue vieillir.

Il aurait semblé plus naturel qu'un jour elle disparaisse derrière un mur, s'évanouisse...

A Monaco, aujourd'hui encore, elle est toujours présente et, si vous écoutez, si vous la cherchez, vous la verrez, quelque part, partout.

Simplement, on s'est habitué à penser que les contes de fées finissent toujours bien.

Bien sûr, ce livre est dédié à Grace

1

L'aube

Le soleil grimpe lentement au-dessus de l'horizon, loin là-bas sur la mer. L'air est encore glacé. L'eau passe d'un gris pâle, du même ton que le ciel, à un bleu-vert étourdissant, tandis que le petit jour se faufile peu à peu dans les moindres recoins du port, tirant de l'ombre un bâtiment couleur saumon.

L'aube illumine le Rocher, qui surplombe le port et s'avance dans la mer à l'endroit même où se dresse le palais princier, défendu par ses antiques remparts. Elle illumine les appartements des gratte-ciel bordant l'avenue Princesse-Grace, le long de cette partie du front de mer, fabuleusement chère, qu'on appelle la plage de Monte-Carlo. Elle illumine les vieilles villas entassées, presque l'une sur l'autre, le long de la colline qui domine le casino, l'hôtel de Paris, le café de Paris et la Méditerranée.

Au début, tout paraît plat, délavé. Mais le soleil, au petit matin, jette une lumière qu'on ne trouve que dans le Sud de la France, surtout quand le mistral, soufflant pendant la nuit, a balayé les nuages. C'est une lumière intense, d'une clarté de cristal, sans la moindre poussière, qui donne vie aux couleurs, à tel point que l'on pense: jamais elles n'ont été ainsi, où que ce soit au monde.

Le soleil prend les immeubles quasi par surprise.

L'espace d'un instant, il les habille d'une teinte d'un rose orangé très pâle. Mais l'instant magique s'achève, ou presque, avant même qu'on s'en rende compte. On ne perçoit plus que du rouge et du jaune, et certaines demeures ont adopté une nuance dorée, à la fois riche et douce, qui évoque celle du thé d'Assam. Et l'or n'est-il pas, ici, une couleur qui s'impose, si l'on tient compte du prix de l'immobilier...

Voici maintenant que, sur des milliers de balcons, s'ouvrent des stores. Des bleus, des roses, d'autres d'un rouge pâli, qui ont vu passer trop d'étés, d'autres encore d'un jaune éclatant, qu'on vient juste d'acheter.

Le train de nuit venu de Barcelone entre en gare, en route vers Vintimille, de l'autre côté de la frontière. Une voix au fort accent méridional annonce dans les haut-parleurs: «Monte-Carlo. Monte-Carlo, deux minutes d'arrêt.»

Le train du matin venu de Vintimille entre en gare, en route vers Nice, Antibes, Cannes, et la voix clame de nouveau: «Monte-Carlo, Monte-Carlo, deux minutes d'arrêt.»

L'équipe du matin a déjà pris son service à L'Hermitage et à L'Hôtel de Paris, où les plus petits croissants du monde vous arrivent sans retard, dans un panier, accompagnés de café et de jus d'orange, pour la bagatelle de cent treize francs.

Un hélicoptère solitaire longe la plage.

Derrière les stucs roses, très 1930, de l'Old Beach Hotel, sur la falaise, le personnel du restaurant La Vigie est déjà en train de mettre en place les tables pour le déjeuner. Un vieil homme appareille, non loin de là, dans un bateau à moteur. Deux femmes sont venues nager ensemble et, barbotant, sans cesser de bavarder, se dirigent vers une grosse bouée.

Sur la route qui grimpe vers le Rocher, des jardiniers taillent des buissons de roses. Un très grand yacht quitte le port avec une infinie lenteur. Un officier de police, dans son uniforme rouge et blanc soigneusement empesé, dirige la circulation, sur la place d'Armes.

Un joueur de tennis à la célébrité intermittente pose au bord d'une piscine pour une séance de photos de mode avant de se rendre au Tennis Club, où il s'entraînera trois heures durant à travailler un revers dévastateur – enfin, parfois.

Deux jeunes Allemandes, plutôt jolies, rentrent à pied dans leur minuscule studio après avoir passé la nuit dans une discothèque. Un adolescent italien, derrière le bar de la Moana, lave des verres en écoutant la radio, tandis qu'un Français du même âge empile les chaises sur les tables, pour que la piste de danse puisse être astiquée.

Au casino, un homme d'âge mûr, en bleu de travail, passe l'aspirateur.

Une vieille dame vêtue de noir s'avance à travers les rues étroites du Rocher en direction de la cathédrale. Le quartier est vide, à l'exception d'un policier qui double avec lenteur le Musée océanographique et d'un prêtre en soutane qui prend l'air sur les marches de l'église avant la première messe. La vieille dame le salue d'un simple signe de tête et entre dans la cathédrale plongée dans l'obscurité, se signant et marmonnant à voix basse, dépassant l'autel pour se diriger en hâte vers une série de chapelles. Elle s'arrête face à une dalle de marbre où on lit «Gracia Patricia», et, marmonnant toujours, fait un nouveau signe de croix. Cela ne dure qu'une seconde, avant qu'elle quitte les lieux et se précipite vers le grand espace qui s'étend devant le Palais. Deux carabiniers en gardent l'entrée; un autre se tient devant une porte latérale, plus petite, et un quatrième marche, d'un pas négligent, dans la rue, où une lourde chaîne noire empêche les voitures de se garer. La vieille dame vêtue de noir s'arrête au bout de la rue et regarde le Palais, pour voir flotter l'étendard du Prince. Elle hoche la tête, puis se signe une fois encore.

2

Rainier chez lui

Personne ne s'y est jamais trompé.

Pas avec ces deux-là.

Ils avaient beau faire, malgré tous leurs efforts pour rester anonymes, il y avait toujours quelqu'un qui les repérait, qui connaissait leurs noms.

Un soir, à Londres, après avoir dîné avec des amis dans un restaurant japonais, Grace et Rainier demandèrent au garçon de leur appeler un taxi. Quand celui-ci arriva, les deux couples s'y engouffrèrent.

Aussitôt, le chauffeur se mit à rire. Il gloussa tout le long du chemin menant au Connaught Hotel, où Grace et Rainier descendirent. Il gloussa encore jusqu'à Chelsea, où résidait l'autre couple. Celui-ci ne put finalement s'empêcher de demander:

– Qu'est-ce qu'il y a de si drôle?

– C'est le petit Japonais qui m'a fait signe! expliqua le chauffeur. Je ne comprenais pas ce qu'il voulait, ni ce qu'il disait, parce qu'il n'arrêtait pas de répéter «Glace chérie, glace chérie.» Et qui monte dans mon taxi? Grace Kelly!

La principauté de Monaco est douillettement installée entre les Alpes-Maritimes et la mer. C'est une poche en forme de crabe, qui, le long de la plage, ne mesure pas trois kilomètres de long et jamais plus de quelques centaines de mètres vers l'intérieur des terres.

C'est un Etat de 30000 personnes, dont 5000 seulement sont monégasques, ce qui fait – situation unique au monde – que les natifs du lieu sont cinq fois moins nombreux que les étrangers. Dans leur majorité, ceux-ci sont français, avec d'importantes colonies anglaise, italienne et américaine, bien que Monaco puisse s'enorgueillir d'accueillir des résidents venus de quatre-vingt-dix pays différents.

La superficie de la Principauté est inférieure à la moitié d'un arrondissement de Paris. Somerset Maugham l'a autrefois décrite comme «un lieu ensoleillé pour les gens de l'ombre»; ses deux kilomètres carrés sont devenus célèbres à cause de son climat ensoleillé, ses hivers très doux, le casino le plus prestigieux du monde, et ses millionnaires, ses vedettes de cinéma, ses courtisanes, ses yachts, ses restaurants coûteux, ses hôtels coûteux, ses appartements coûteux, ses bijouteries, ses banques, ses courses de voitures, ses dîners en habit qu'on croirait sortis d'un roman de Scott Fitzgerald, et son absence... d'impôt sur le revenu.

Cela ne signifie pas que tous ceux qui y vivent soient milliardaires.

Et pourtant, les résidents de Monaco ont le revenu par tête le plus élevé de toute la planète. C'est également là qu'on trouve le rapport population/automobiles le plus élevé : 30000 personnes possèdent en tout 15000 voitures. La pauvreté y est quasiment inconnue. L'Etat se montre extrêmement bienveillant pour ceux d'entre ses citoyens socialement défavorisés. Le niveau de vie est impressionnant, même selon les normes de la Riviera française.

Les prix aussi, d'ailleurs.

La Principauté, qui se trouve aux deux tiers du trajet entre Nice et Vintimille, est complètement enclavée dans le territoire français. La frontière se réduit à des fleurs, et la monnaie française a cours au même titre que celle de Monaco. Le français est la langue officielle, bien que l'italien et l'anglais y soient tout autant parlé. Il existe bien un idiome local, le monégasque – qui ressemble assez à l'italien –, mais de nos jours – exception faite des classes de lycée – qu'aux mariages, quand le père de la mariée, s'attendrissant, entonne des chants traditionnels, soutenu par ses vieux camarades d'école.

Les Monégasques ne sont pas français et défendent farouchement leur droit de ne jamais le devenir. Ils n'ont pas d'armée et n'ont jamais vu le budget fédéral plonger dans le rouge.

Depuis près de deux millénaires, le Rocher et la vieille forteresse qui abrite le Palais ont été aux mains de bien des peuples: Phéniciens, Ligures, Romains, Barbares, Sarrasins, à qui vinrent s'ajouter plus tard les comtes de Provence, l'Eglise, les Génois et les Gibelins.

A la fin du XIIIe siècle, les Grimaldi n'étaient encore que de riches

19

armateurs et marchands d'origine génoise. Ils se rangèrent du côté des Guelfes quand ceux-ci entrèrent en guerre contre les Gibelins. C'était choisir le mauvais cheval. Les Gibelins l'ayant emporté, les Grimaldi estimèrent qu'il était plus sain d'aller s'installer ailleurs.

Ces exilés auraient fort bien pu se voir condamner à l'obscurité, sans celui qu'on appela François «Le Malizia», François le rancunier, et qui voulait se venger.

Déjà, les Phéniciens et les Grecs avaient construit des temples sur un bout de rocher s'avançant dans la mer à 160 kilomètres environ à l'est de Gênes. L'endroit avait reçu le nom de Monoecus, d'après le nom local d'Héraclès. Mais ni les uns ni les autres ne s'y étaient maintenus longtemps. En 1162, les Gibelins s'en étaient emparés. Ils y attachaient tant d'importance qu'ils y construisirent une forteresse presque imprenable, à quatre tourelles, aux murs élevés. Le Rocher dominait un port naturel minuscule et protégeait à l'est l'approche, par terre ou par mer, de la baie de Gênes.

L'endroit aurait une valeur énorme pour quiconque pourrait s'en emparer, et François était convaincu d'en connaître le moyen. Dans la nuit du 8 janvier 1297, il revêtit la lourde robe de bure brune d'un moine franciscain, s'en vint frapper à la porte de bois et supplia qu'on lui accorde refuge. Sans méfiance, les gardes le laissèrent entrer. Avant qu'ils puissent refermer les portes, Le Malizia sortit une épée de sous ses vêtements, ses partisans se ruèrent à l'intérieur, le massacre commença et les Génois furent pris par surprise. En quelques heures, les Grimaldi se rendaient maître du Rocher. Aujourd'hui encore, on voit sur les armoiries de Monaco deux moines portant des épées.

Au cours du siècle qui suivit, ils perdirent Monaco à deux reprises, avant de reconquérir le Rocher à chaque fois. Au début du XVe siècle, toutefois, ils percevaient des droits féodaux non seulement sur la ville même, mais aussi sur Menton et Roquebrune, les cités voisines. Ils furent officiellement alliés à la France jusqu'en 1524, quand le Prince régnant conclut avec l'Espagne un accord relatif aux «droits de la mer». Cela signifiait qu'il pourrait lever un impôt de 2% sur la cargaison de tous les navires passant en vue du Rocher. Ce fut une affaire familiale très raisonnable jusqu'à ce que, au milieu du XVIIe siècle, un autre prince place Monaco sous l'autorité de la France. Puis vint la Révolution: les Grimaldi furent chassés du trône et la Principauté annexée.

En 1814, le traité de Paris la rendit à la famille. L'année suivante, cependant, celui de Vienne mit la Principauté sous la tutelle du roi de Sardaigne, et ce n'est qu'en 1861 que Monaco fut reconnue, une bonne fois pour toutes, comme un Etat indépendant.

Le prince Rainier III, trente-troisième souverain de Monaco, représente non seulement la plus vieille famille régnante d'Europe, mais, depuis la mort de Hirohito, il est, de tous les monarques de la planète, celui qui gouverne depuis le plus longtemps.

Le jeune prince de vingt-six ans, à la moustache et aux cheveux bruns, un peu gauche, monté sur le trône en mai 1949, est aujourd'hui un homme avenant, sûr de lui, bientôt septuagénaire. Ses cheveux et sa moustache sont désormais d'une blancheur de neige, mais sa timidité naturelle se devine encore, et une réserve bien rodée ne la dissimule qu'à peine.

En 1956, juste après son mariage, il acheta, dans les collines qui entourent Monaco, une ferme appelée Roc Agel, sur le mont du même nom, à près de mille mètres au-dessus de la mer et tout près du Club de Golf de Monte-Carlo – lequel, en dépit de son nom, se trouve en France.

Aujourd'hui, peu après l'aube, en pantalon, chemise de golf et vieux mocassins confortables, il fait remarquer, non sans orgueil, à quel point il a lui-même aménagé sa terre.

«J'ai planté ici près de quatre cents arbres. J'ai fait aussi tous les sentiers qui entourent la propriété. J'ai conduit le bulldozer moi-même! Vous savez, c'est très gratifiant de travailler de ses mains. J'ai un atelier où je peux faire de la soudure, ou fabriquer des choses avec des bouts de ferraille. Cela me repose de la lecture des documents officiels. C'est l'une des raisons pour lesquelles je ne lis plus beaucoup de livres. Après trois ou quatre heures passées à examiner des papiers, j'ai envie de m'en aller faire un peu de travail manuel.»

La propriété n'est pas énorme, mais derrière le portail, gardé en permanence, et les arbres qui l'entourent un long chemin d'accès goudronné mène à une demeure de pierre, de taille moyenne et d'allure moderne. On y a aussi construit une piscine et trois petits cottages, que le Prince a fait transformer en salles de jeux pour ses petits-enfants. On a installé des balançoires, un manège et l'on peut voir beaucoup de chiens, un assez grand potager, où l'on cultive laitues et tomates, et un grand verger d'abricotiers, de pommiers, de cerisiers et de pruniers. Le prince Rainier a aussi des poules, et deux vaches de Jersey pour leur lait. En outre, on y découvre quatre lamas, un hippopotame nommé Pollux et un rhinocéros qui, quand il en fit l'acquisition en Angleterre, avait déjà été baptisé du nom de Margaret.

«Les deux derniers pèsent près de deux tonnes. Mais vous pouvez vous approcher du rhinocéros et partir vous promener: il vous suivra comme un chien. L'hippopotame est également tout à fait domestiqué.» Il s'interrompt un instant et reprend, comme si l'on pouvait en douter : «J'adore les bêtes. Je crois que je les comprends. Quand vous leur montrez que c'est vous le patron, que vous n'avez pas peur, aucune intention de leur faire du mal, c'est toujours possible de communiquer réellement avec elles.»

Rainier semble collectionner les animaux comme d'autres les timbres. Tout commença en 1953. Sa liaison avec l'actrice Gisèle Pascal venait de prendre fin au bout de six ans. Il eut envie d'être seul, de quitter Monaco un moment, prit son bateau et se dirigea vers Conakry, qui était encore, à cette époque, en Guinée française.

«J'avais fait amarrer une 2CV sur le pont, qui me permettrait de faire un long voyage à l'intérieur des terres. Mon serviteur, qui s'appelait Coki, était originaire d'un village appelé Kankan, à cinq ou six cents kilomètres de la côte, à l'est. L'un de nos objectifs était de le ramener chez lui pour qu'il puisse acheter une épouse. Il n'avait pas assez d'argent, alors je l'ai aidé; je lui en ai offert la moitié. Nous sommes arrivés là-bas et il a choisi la femme qu'il voulait. Il a donné aux parents de la fille les chèvres, les moutons et les perles qu'il fallait, et il a été convenu qu'elle viendrait à Monaco aux alentours de Noël. Quand elle ne s'est pas montrée, nous avons été très inquiets tous les deux. Quelques mois plus tard, nous avons appris que sa mère l'avait vendue à quelqu'un d'autre. Quelqu'un avait fait une offre plus élevée et l'affaire nous a échappé. Lui et moi étions très tristes!»

Sur le point de rentrer, Rainier joua à Noé et remplit son arche.

«J'ai acheté deux autruches, trois chimpanzés, quelques babouins et des crocodiles que nous avons placés dans des caisses, mais il a fallu les asperger d'eau tous les jours pour éviter que leur peau ne se dessèche. J'ai demandé à mes compagnons de construire une guérite à l'arrière du bateau, et nous y avons installé les animaux. J'étais heureux de les nourrir, mais les membres de l'équipage ont refusé de nettoyer, alors je m'en suis chargé, avec un de mes amis.»

Il ajoute qu'il avait commencé à se familiariser avec eux quand ils durent s'arrêter à Dakar pour se ravitailler.

«Deux des babouins se sont échappés! Vous imaginez de quoi nous pouvions avoir l'air à leur donner la chasse dans tout le port! Nous avons attiré toute une foule, avec ce bateau bizarre plein d'animaux.»

Une fois rentré, il les installa dans les jardins situés en dessous du Palais. Quand la nouvelle s'en répandit, des amis lui en offrirent d'autres. Le roi du Maroc lui fit ainsi parvenir deux lions, et le roi de Siam un éléphanteau. Mais celui-ci ne tarda pas à occuper beaucoup de place, et Rainier en fit don à un parc naturel qui pourrait mieux en prendre soin.

«Aujourd'hui, ma collection est devenue le zoo de Monaco. Je m'en occupe moi-même. Il est très fréquenté, parce que les visiteurs peuvent s'approcher, sans risque, aussi près qu'ils le veulent. Mais de nos jours il y a tant de parcs naturels, bons ou mauvais, que les gens sont peut-être un peu lassés des zoos.»

Eux peut-être, mais pas lui. Il y a quelques années, apprenant qu'un cirque était en faillite, et possédait quelques bêtes de qualité, toutes nées en captivité, il ne put résister.

«J'ai acheté tout un troupeau de chameaux de Mandchourie, quelques dromadaires, un buffle américain, deux guanacos et deux poneys. Je les ai installés à Marchais, le domaine familial – entre Paris et Bruxelles –, et les ai mis dans les prés avec les vaches.»

Le château de Marchais est une propriété campagnarde, au pied des Ardennes, qui ne fait pas moins de six fois la taille de Monaco, avec deux fermes attenantes et de remarquables terrains de chasse. Mais surtout, depuis que les chameaux s'y sont installés, il est devenu une sorte d'attraction touristique inattendue:

«C'est très drôle de voir les gens passer à proximité en voiture. J'entends presque la femme dire à son mari: "Regarde les chameaux là-bas!", et lui qui répond: "Comment ça, des chameaux?" Après on entend les freins crisser, et la voiture fait marche arrière. A bien y réfléchir, je crois qu'il est un peu bizarre de voir des chameaux brouter dans la campagne française à côté des vaches.»

Outre les animaux, il déclare avoir un certain goût pour les automobiles, qu'il satisfait de temps en temps. Au dernier décompte, il en possédait quarante-cinq.

«J'ai des voitures, mais je ne peux pas dire que je suis un vrai collectionneur. Si j'apprenais qu'un modèle spécial passait en vente, je l'achèterais peut-être. J'aime ça, mais je ne suis pas vraiment un passionné. J'en connais dont la collection va d'une de Dion 1903 à une Packard huit cylindres de 1938.»

Le garage du Palais étant désormais trop encombré par sa collection, Rainier a demandé à l'Etat un terrain pour créer un musée.

«Toutes les voitures sont en état de marche, mais je ne suis pas sûr que les conduire soit toujours une bonne idée. La Packard, par exemple, est un véhicule très lourd, sans direction assistée. Les gens devaient être terriblement forts en 1938! J'ai eu l'occasion de la conduire un après-midi durant. Ensuite, j'ai dû garder le lit pendant trois jours.»

Si le palais de Monaco – 225 pièces, de petits appartements privés, et de grands salons très solennels – était la résidence officielle du Prince et de la Princesse, c'est à Roc Agel que M. et Mme Grimaldi furent souvent le plus heureux de passer leur temps.

La résidence principale est un mélange de chintz et de rustique. Le grand salon est très confortable, et tout indique qu'on y vit beaucoup. Il y a assez de chambres pour tous les enfants, et même, maintenant, pour ceux de Caroline. La cuisine est moderne, constituée pour une bonne part d'éléments importés d'Amérique : la princesse Grace ne voyait rien de romantique à devoir préparer un dîner dans ce qui était, au départ, une de ces cuisines étroites et mal équipées typiquement européennes.

«Grace savait très bien faire les barbecues. Elle préparait aussi le petit déjeuner pour toute la famille.»

Bien qu'il ait ici, comme au Palais ou à Marchais, tout un personnel à son service, Rainier confie que, de temps à autre, il fait également la cuisine. «Mais uniquement pour m'amuser. Je ne suis pas du tout un grand cuisinier, bien que je sache faire des crêpes Suzette formidables. J'en préparais également avec du sirop d'érable pour les enfants, le matin.»

Roc Agel est par ailleurs un endroit consacré à la musique, un lieu où Rainier, loin des appels téléphoniques et des obligations officielles, peut prendre le temps d'écouter disques et cassettes sans être dérangé.

«Mon père était très cultivé en ce domaine et connaissait tous les compositeurs de son temps. Autrefois, j'ai essayé d'apprendre à jouer du saxophone, mais je ne suis pas allé très loin parce que c'est un instrument difficile, et très pénible pour l'entourage lorsque vous répétez. C'est pourquoi j'ai arrêté, puis je me suis mis à la batterie. J'en joue encore de temps en temps, pour me distraire. J'aime énormément la musique, bien que je ne sois nullement un grand musicien! J'adore Tchaïkovski, et j'avoue une préférence pour la musique romantique. Quant au reste, je ne suis pas un grand amateur de Mozart, parce que je le trouve répétitif, ni de Wagner parce que c'est trop bruyant, trop... teuton. Je n'apprécie aucun de ses opéras parce que les voix me déplaisent. Mais j'aime l'opéra italien, le plus complet à mon sens. Grace avait une prédilection pour la musique classique, surtout Bach, l'opéra et bien sûr le ballet. Mais elle non plus n'appréciait pas beaucoup Wagner. Elle aimait le jazz, et moi aussi. La musique a toujours joué un grand rôle dans notre vie familiale, et nous en écoutions sans cesse. Grace en écoutait quand elle peignait. Elle faisait même de la gymnastique comme ça! Et tout cela, permettez-moi de vous le rappeler, bien avant Jane Fonda et l'aérobic!»

Il n'est donc pas surprenant que l'homme qu'on rencontre à Roc Agel ne soit pas forcément celui qu'on peut voir à Monaco. Là-bas, il se doit d'être prince. Ici, c'est le règne du grand-père.

Ses amis sont prompts à faire remarquer qu'il change dès qu'il arrive, qu'à Roc Agel il est moins guindé, plus détendu. Il a toujours été réservé, parce que très conscient de sa position et de l'image qui l'accompagne. Mais, quand il est à Roc Agel, il se révèle quelqu'un de très simple. Et, ajoutent ceux qui le connaissent, ce n'est que quand on voit la différence qu'on commence à comprendre que son rôle n'est pas facile.

A la fin du siècle dernier, on écrivit sur l'un des ancêtres de Rainier, le prince Florestan, une pièce appelée *Rabagas*, que la publicité présentait comme une comédie politique. Le passage le plus touchant en est sans doute ce monologue où Florestan évoque le poids de ses responsabilités :

«Si je vais me promener, on trouve que j'ai trop de temps libre. Si je ne vais pas me promener, c'est que j'ai peur de me montrer.

Si je donne un bal, on m'accuse de folle prodigalité. Si je ne donne pas de bal, je suis avare et mesquin. Si je passe les troupes en revue, je cherche l'intimidation armée. Si je ne passe pas les troupes en revue, c'est que j'ai peur de ne pouvoir leur faire confiance. Quand on tire un feu d'artifice pour mon anniversaire, je gaspille l'argent du peuple. Quand je supprime le feu d'artifice, je ne fais rien pour que le peuple s'amuse. Si je suis en bonne santé, c'est parce que je suis oisif et ne m'inquiète pas des affaires publiques. Si je suis en mauvaise santé, c'est le résultat de la débauche. Si je construis, je suis dépensier. Si je ne construis pas, que deviennent les classes laborieuses? Tout ce que je fais est jugé détestable, et ce que je ne fais pas encore plus scandaleux.»

«Plus d'un siècle plus tard, dit Rainier, ce discours sonne toujours aussi juste. C'est un peu comme de marcher sur la corde raide. Le métier de prince m'a demandé beaucoup de temps, parce que c'est quelque chose qu'il ne suffit pas d'apprendre. Il faut avancer en tâtonnant. Mon grand-père me disait: "Ne t'occupe pas de trop de choses. Il faut choisir où être vu, sinon la présence du Prince a moins de signification." Mais personne ne m'a jamais dit si me rendre à dix endroits différents était excessif, ou si cinq suffisaient. Au début, j'avais tendance à aller partout où on me demandait, pour serrer des mains, décerner des coupes et des prix, être vu. Il m'a fallu du temps pour savoir à quoi me limiter. C'est quelque chose que j'ai essayé d'apprendre à mon fils Albert, qui me succédera un jour. Au début, il faudra qu'on le voie, et il devra assister à toutes sortes de manifestations. Mais ensuite il faudra qu'il choisisse, de façon à ce que sa participation, sa présence, ait de la valeur et qu'elle soit recherchée.»

En d'autres termes, la tâche nécessite une certaine réserve.

«Parfois il faut que je sois distant, parce que cela permet le respect. Sinon les gens vous voient partout, et donner son patronage à quelque chose n'a plus de sens. Je ne dis pas à mon fils de ne pas sortir et d'être inapprochable, mais une partie de ma tâche, de la tâche qu'il héritera de moi, est d'apprendre à tracer une ligne entre l'accessibilité et l'excès de familiarité. Ça n'est pas compliqué pour le président des Etats-Unis, par exemple, ou le Premier ministre anglais, ou même le maire de Paris. Mais c'est vraiment difficile ici, parce que l'endroit est si petit.»

Cela signifie-t-il, lui demande-t-on, qu'il n'est pas question de sortir du Palais en bermuda, pour se diriger vers une pizzeria prendre une bière? Il réfléchit un instant :

«Je crois qu'aujourd'hui je pourrais, mais je n'y suis guère porté. Albert le peut. Il est plus jeune, et c'est la mode de nos jours. Mais il ne faudrait pas que ce soit très fréquent. Il sort avec des amis, va jouer au tennis au Country club, se rend au stade pour se maintenir en forme. C'est bien. Pourtant, il devra établir des limites quand il me succédera parce qu'il est impossible que des copains viennent vers lui dans la rue en l'interpellant: "Hé! Al, allons faire un peu de jogging." Les règles changeront quand il deviendra le souverain. Aujourd'hui, c'est encore plus difficile que lorsque j'avais son âge. Bien sûr, il peut être amusant de descendre vers le port manger une pizza avec des amis. Mais je suis bien conscient que, avec une presse aussi active que la nôtre, on peut prendre une photo de moi, et Dieu sait ce que sera la légende en dessous!»

Le rang peut avoir ses privilèges, mais il faut en payer le prix.

Alors qu'Albert avait cinq ou six ans, il se retrouva au milieu d'un groupe d'enfants à qui une vieille dame demanda: «Que voulez-vous faire quand vous serez grand?» L'un dit qu'il voulait être pompier, un autre policier, comme répondent toujours les enfants à ce genre de questions. Lorsque vint son tour, Albert répondit: «Je n'ai pas le choix.»

Rainier hoche la tête:

«Je ne suis pas sûr qu'il ait compris, avant aujourd'hui, ce que cela signifiait réellement. Il découvre, comme moi, qu'il n'est pas toujours facile de savoir en qui placer sa confiance. Albert a dû apprendre, à la dure, que certains de ceux qui l'entouraient ne s'intéressaient en réalité qu'à ce qu'il pouvait faire pour eux. Que c'était à sens unique. Désormais, il est beaucoup plus prudent là-dessus et essaie de découvrir qui sont les gens avant de leur permettre "to get close" (de l'approcher). Il doit se protéger lui-même, surtout ici, une fois encore parce que c'est si petit. Nous vivons sous un microscope.»

Prompt à admettre que la Principauté est le genre d'endroit où les ragots peuvent se donner libre cours – «Ils ont été inventés à Monaco!» ricane-t-il –, Rainier parle, avec la même franchise, de certains de ceux qui l'entourent :

«Il y a des parasites parmi eux, oui, cela ne fait aucun doute. Là encore, c'est quelque chose dont Albert et moi avons discuté. Je lui ai dit : "Tu peux toujours juger tes amis d'après leur conduite envers toi, et leur empressement à t'aider de façon désintéressée." Les vrais amis sont ce qu'il y a de plus difficile à trouver en ce monde. J'ai sans cesse affaire à des gens qui feignent l'amitié un jour, et le lendemain demandent une faveur. Je crois qu'il est un signe qui ne trompe pas : quand quelqu'un que vous connaissez depuis long-temps ne vous a jamais rien réclamé. Mais c'est vraiment rare. Après quarante ans de règne, je crois que je pourrais nommer tous ceux qui, autour de moi, ne m'ont jamais rien demandé. Je crois qu'ils tiendraient sur les doigts d'une main.»

Rainier fait des efforts continus pour préparer Albert, qui a maintenant la trentaine, aux responsabilités du trône. Tous deux travaillent en étroite collaboration depuis plusieurs années. Albert s'assoit au côté de son père lors des réunions, prend en charge certaines tâches de routine, préside divers comités et, un peu comme le prince Charles, s'efforce de tailler à ses mesures son rôle, assez mal défini, de futur souverain. Rainier a tenu à ce qu'il prenne son temps pour apprendre, privilège dont lui-même n'a pas bénéficié.

«Je suis obligé de dire que mon grand-père ne m'a pas préparé à ma tâche comme il aurait fallu. Le fait est que je ne crois pas qu'il se soit beaucoup préoccupé de la façon dont je m'en tirerais. A la fin de sa vie, il était malade, il venait de se marier, et je pense que tout simplement il n'estimait pas avoir beaucoup de temps à me consacrer.»

Rainier ajoute qu'il ne pouvait réellement compter sur personne pour l'aider quand il est monté sur le trône. Même s'il a participé à certaines réunions présidées par son grand-père et discuté de divers problèmes avec lui, comme des règles fondamentales de l'administration de la Principauté, il estime avoir été peu préparé à son rôle.

«L'équipe qui travaillait pour lui ne semblait pas non plus s'en préoccuper. J'étais laissé à moi-même. Bien sûr, parfois c'est le meilleur moyen d'apprendre. Brusquement, il y avait tant de choses à faire que je n'avais pas le temps de m'inquiéter, de me dire à quel point c'était dur d'apprendre. Je me suis assis, j'ai étudié tous les dossiers et j'ai décidé moi-même où j'irais.»

Jusqu'à ce que Rainier accède au pouvoir, les princes de Monaco semblaient considérer leur tâche comme une sorte de travail à temps partiel. La plupart d'entre eux ne passaient jamais plus de trois ou quatre mois par an à Monaco et se tenaient à l'écart du train-train quotidien. Les projets ne leur étaient présentés qu'au stade ultime, pour une approbation définitive. Il n'y avait pas d'étapes intermédiaires au cours desquelles le Prince aurait pu demander des modifications, améliorer le texte de telle ou telle loi, ou simplement mettre en œuvre ses propres idées. Rainier fut le premier souverain à plein temps. Il fut aussi le premier à diriger le pays un peu comme on dirige une entreprise.

«Sous le règne de mon grand-père, je ne pouvais prendre de décisions, mais je me tenais au courant de ce qui se passait. Je ne pouvais le critiquer et il me fallait garder mes idées pour moi; j'étais pourtant en mesure de me former mes propres opinions et, une fois que je suis monté sur le trône, j'ai agi rapidement pour changer les choses.»

L'une de ses nombreuses tâches fut de restructurer les bases économiques de la Principauté.

Aujourd'hui, Monaco ne vit plus que de son seul casino.

Si, dans les années 30, la Principauté était «un lieu ensoleillé pour les gens de l'ombre», il tient à préciser que ce n'est plus le cas.

«Je ne suis pas absolument sûr que l'on compte à Monaco plus de jardiniers que de croupiers, mais il y en a sans doute à peu près autant. Oui, l'économie est toujours centrée sur le tourisme, mais, entre le jeu et les autres activités, c'est bien plus équilibré qu'il y a quarante ans. C'est sans comparaison. Nous accueillons désormais de très nombreux congrès. Et nous avons aussi un secteur d'industrie légère qui va croissant, et qui est l'un des facteurs essentiels de notre économie.»

Autre domaine dans lequel Rainier a exprimé sa personnalité: l'influence que de petites nations peuvent exercer sur le reste du monde.

«Plus je voyage, plus je suis convaincu qu'elles sont très utiles. Pour commencer, posséder ce que nos voisins possèdent ne nous intéresse pas. Ensuite, vu notre taille, nous sommes vulnérables. Mais c'est cette vulnérabilité même qui fait des petits pays les meilleurs champions de la paix. Notre survie en dépend. Le problème est que la voix des petites nations ne se fait pas entendre assez souvent.»

Souvent, mais pas toujours.

Rainier a bel et bien fait entendre la voix de Monaco pour exprimer l'inquiétude que lui inspire la survie des océans.

C'est chez lui une passion authentique, pas uniquement parce qu'il est né, et a grandi, au bord de la mer, mais parce que son arrière-grand-père, le prince Albert Ier, était un mécène très respecté de la recherche océanographique. C'est lui qui, en 1910, fonda le Musée océanographique de Monaco qui, de longues années durant, fut dirigé par le commandant Cousteau.

Rainier a souvent dit que, s'il n'était pas né prince, il aurait aimé faire quelque chose qui le mène sur les mers. En tout cas, il est devenu l'un des plus grands défenseurs de la protection des océans.

«On considère la mer comme un dépotoir parfait pour toutes sortes de déchets. On détruit la faune et la flore, et le plus exaspérant, c'est que ça se passe dans l'indifférence générale de l'humanité. La vie dépend du cycle de l'eau, et c'est donc la vie elle-même qui est en danger. Et nous ne parlons pas de choses inévitables, car la pollution inévitable n'existe pas. Tout est causé par l'homme. On peut empêcher la pollution. Il y faut seulement la volonté, et les moyens, de la combattre.»

Il juge très inquiétant que la Méditerranée soit devenue une fosse d'aisances, et que les eaux entre Marseille et Gênes – Monaco est juste au milieu – comptent parmi les plus polluées.

«Il y a quelques années, j'allais faire de la pêche en haute mer. Les thons venaient du détroit de Gibraltar pour aller se reproduire au sud de la Sicile. Ils passaient si près qu'on pouvait s'embusquer avec une ou deux cannes à pêche pas très loin du rivage. Aujourd'hui, les côtes de la Méditerranée sont si sales qu'ils évitent de les approcher.»

Inquiet à juste titre, il donna l'ordre que des tests soient effectués deux fois par semaine au bord des plages pour évaluer la pollution microbienne. Il y a quelques années, à sa grande horreur, on découvrit qu'elle atteignait des niveaux beaucoup trop élevés.

«On arrivait presque aux limites au-delà desquelles nous ne pouvions sans danger autoriser les baignades. Gênes a fermé ses plages. Il a fallu les entourer de palissades et mettre des policiers en faction pour empêcher les gens d'approcher. Il y avait partout d'énormes pancartes disant: Ne vous baignez pas dans cette eau, elle est polluée. Et vous savez quoi? Les gens essayaient quand même. C'est sidérant.»

Contraint d'agir, il mit sur pied un accord appelé RAMOGE, en collaboragion avec les autorités régionales de Saint-Raphaël, Monaco et Gênes. L'idée était de lutter collectivement contre la pollution provoquée par les pétroliers, l'industrie côtière et les égouts.

«Nous avons intéressé à la bataille les maires des communes côtières et fait naître une certaine conscience collective. Mais cela n'a jamais produit les résultats que j'espérais. C'est resté trop administratif. On peut toujours mettre à l'œuvre les scientifiques, les motiver, parce qu'ils comprennent la situation. Le problème est de motiver les bureaucrates. Ils ne bougeront pas, parce que ce n'est pas dans leur nature. Ils ont été méfiants dès le début. Les Français constituaient le plus gros obstacle en ce domaine. Ils s'inquiétaient moins de la pollution que de savoir qui aurait la direction des opérations.»

Etant homme à refuser catégoriquement la bureaucratie quand il veut que quelque chose se fasse, et grandement aidé par le fait que la Principauté est assez petite pour être encore gérable, Rainier créa une zone de protection maritime en dehors de l'autorité du RAMOGE, à l'extrémité est des eaux territoriales de Monaco.

Ce fut un succès. Des groupements d'aquaculture y déposèrent diverses formes de vie sous-marine, et la zone est aujourd'hui fortement peuplée, notamment par certaines espèces de poissons qu'on n'avait plus revues dans ces eaux depuis des années. C'est un si bon exemple de ce qui peut être fait qu'il existe désormais des zones analogues, mais beaucoup plus vastes, en France et en Italie – ce que précisément Rainier avait toujours espéré.

«Mais ce n'est qu'un début», ajoute-t-il. Car, de son point de vue, ses voisins italiens et français ont encore beaucoup de chemin à faire. «La pollution n'est pas un phénomène nouveau dans toute la Méditerranée. Comme elle ne rencontre l'océan qu'à Gibraltar, la circulation de l'eau est très limitée, le taux de renouvellement de l'oxygène très lent, et la vie marine manque d'éléments nutritifs. Selon certaines estimations, le renouvellement complet des eaux de la Méditerranée prend quatre-vingts ans. En d'autres termes, c'est à nous de résoudre le problème, parce que, tôt ou tard, nous en serons tous les victimes. Là encore, trouver les réponses ne demande que de la volonté et des moyens.»

La pollution des mers est parfois un tel problème qu'à Monaco vient s'échouer pratiquement tout ce qu'on peut imaginer, de boules en plastique à des chevaux morts. Il semble qu'en Italie les contrôles soient très laxistes, et que tout ce qu'on jette à la mer finisse sur les plages de la Principauté. Les chevaux morts ne disparurent que parce que Rainier décrocha lui-même son téléphone et fit un scandale.

«Quand de telles choses arrivent, le principe est de ne pas remonter trop haut sur l'échelle administrative. Sinon, si vous vous plaignez, ça se perd. En tant que chef d'Etat, je peux traiter directement avec d'autres chefs d'Etat. Cela marche bien, en particulier avec les Français, tant que ça n'est pas trop technique. Je peux discuter d'une question spécifique avec le président Mitterrand, ce qui est bien, parce que, parfois, on veut un accord directement au sommet. L'expérience montre toutefois que, si on veut traiter de quelque chose d'importance locale, il vaut mieux discuter avec quelqu'un de directement concerné plutôt que d'envoyer un ambassadeur au ministre des Affaires étrangères.»

La raison lui en paraît évidente

«Qu'attendre des grands Etats? Ils sont embourbés dans leurs propres bureaucraties.»

En revanche, les petits peuvent faire bouger les choses très rapidement.

«Les grands Etats sont surchargés. L'un des grands avantages des petits pays comme Monaco est que le contact est direct, on peut discuter avec les gens. Certes, en tant que principal responsable du gouvernement, je ne vais pas demander l'impossible, parce que le Conseil national ne me le permettrait pas. Mais si quelque chose me paraît urgent, alors je peux en faire une priorité, même si l'administration renâcle. Cela n'est concevable que dans un petit pays.»

Un exemple qu'il aime à citer, c'est celui de sa campagne pour de nouvelles cartes d'identité. Il y a quelques années, quand il en fit la proposition, il se heurta à un Conseil national qui ne voyait pas l'utilité de remplacer les anciennes – vastes et peu maniables morceaux de carton qui se repliaient trois fois, et restaient pourtant trop larges pour être glissés dans un portefeuille – par de nouveaux modèles de la taille d'une carte de crédit.

«Regardez», dit-il en fouillant dans sa poche, pour en sortir un petit aide-mémoire de cuir contenant une de ces nouvelles cartes.

Celle-ci porte sa photo, son nom et son numéro d'identification – qui se trouve être le 0001.

«Formidable, non? Ça ne prend pas de place. Mais vous ne croiriez jamais à quel point ils m'ont combattu là-dessus! Les bureaucrates répétaient : Non, non, ça ne marchera jamais.» Il l'agite d'un air triomphant: «Bien entendu, maintenant tout le monde se bat pour s'attribuer le mérite d'y avoir pensé.»

Une question inattendue me vient à l'esprit: «Qu'avez-vous d'autre dans vos poches?»

Haussant les épaules, il y fouille pour en sortir un paquet de cigarettes, un briquet, les clés de son bureau et celles du coffre-fort qui s'y trouve. De l'aide-mémoire, il extrait son permis de conduire et un billet de cent dollars: «Je le garde pour me porter chance.»

– Pas de clés de votre domicile?

– Non.

– Pas d'autre argent?

– Si, mais je ne vous dirai pas combien.

– Allons, allons.

– Suffisamment pour que, si je prends la voiture et me trouve à court d'essence, je puisse remplir le réservoir.

– Vous travaillez tous les jours?

– Il y a toujours quelque chose à faire. Même quand je ne suis pas à Monaco, il y a tant à lire, et tant de gens à voir.

– Vous ne pensez jamais à vous retirer?

– Constamment.

– Vraiment?

– Bien sûr. Je le ferai un jour, mais je ne peux pas vous dire quand, parce que je ne le sais pas. Ce sera quand Albert et moi estimerons tous deux qu'il est prêt à prendre la suite. Quand il se sentira confiant, installé. Cela dépendra aussi de son mariage.

– Vous vous voyez prendre votre retraite ici, en gentleman-farmer?

– Non. Je n'en sais pas assez sur l'agriculture.

– Qu'est-ce qui pousse, ici?

– Avant tout, des rochers. L'agriculture est difficile dans la région. C'était autrefois une zone à betteraves, pour le sucre, jusqu'à ce que l'économie change, et aujourd'hui tout le monde cultive du maïs et un peu de blé. Mais ça ne m'intéresse pas beaucoup.

– Alors, que ferez-vous?

– J'ai plusieurs solutions. Autrefois, je jouais au tennis et montais à cheval, mais à mesure que je vieillis je joue davantage au golf. Je skie toujours, je nage et je fais de la plongée de temps en temps. Quand je trouve le temps, j'aime aussi pêcher. C'est excellent pour les nerfs, mais je n'y connais pas grand-chose non plus. Je sais simplement qu'ils mordent mieux si le temps est à l'orage.

– Avez-vous de bonnes histoires de pêche à raconter? Vous savez, celle du gros poisson qui vous a échappé?

– Avec moi, ils s'échappent tous, répond-il en souriant.

– Il n'y a quand même pas que le golf et la pêche.

– Il y a des tas de choses que j'aimerais faire si j'en avais le possibilité. Voyager, rendre visite aux gens que j'ai envie de voir, pas seulement ceux que je suis obligé de rencontrer. J'aimerais passer plus de temps dans mon atelier et m'occuper de mes propriétés, séjourner à Roc Agel et à Marchais, peut-être même sur mon bateau. J'aimerais avoir l'occasion de lire tous les journaux de bord laissés par mon arrière-grand-père. Ce sont des comptes rendus manuscrits de ses expéditions scientifiques.

– Pas mal. Est-ce tout?

Il s'interrompt un instant:

– Peut-être pas.

– Quoi d'autre?

– Oh! dit-il avec un large sourire, vous savez bien... Me livrer à toutes sortes d'espiègleries. Prendre ma revanche sur la société. Etre mal élevé avec les gens: Faire tout ce que je ne peux pas faire maintenant.

3

Naissance du Monaco moderne

Il y a quelques années, visitant Houston, Texas, le prince Rainier fut convié à un match de football américain à l'Astrodrome, stade couvert de près de cinq hectares, à air conditionné, et qui compte 50000 places.

Comme le Prince regardait autour de lui, contemplant cette merveille de la technologie, son hôte lui demanda:

– Vous n'aimeriez pas avoir ça à Monaco?

– Ce serait merveilleux, répondit Rainier. Nous serions le seul pays d'intérieur au monde.

Le prince Honoré V mourut en octobre 1841.

Homme méthodique, peu porté aux compromis, il avait sans doute d'excellentes intentions, mais sa compréhension de l'économie était à peu près nulle. Ses sujets étaient lourdement imposés, la production d'olives et de citrons sévèrement contrôlée, et l'Etat maintenait certains monopoles très impopulaires, tel celui de la cuisson du pain.

Pire encore, les caisses étaient vides.

Honoré n'ayant pas d'héritier, le pouvoir passa à son frère cadet, Florestan, alors âgé de cinquante-six ans.

Celui-ci, toutefois, n'était jamais venu à Monaco. Elevé à Paris par sa mère, il s'était intéressé aux arts et avait même entrepris une carrière d'acteur. Marié à une ancienne danseuse, fort riche, nommée Caroline Gibert, il vivait paisiblement avec elle rive gauche depuis vingt-cinq ans, avec leurs enfants. Il n'avait aucune expérience du pouvoir, ni aucune ambition en ce sens. De surcroît, il s'irritait d'avoir à quitter Paris, où il menait une existence de lettré, surtout si tard dans sa vie, pour passer une bonne part de l'année dans un palais obscur et humide, dans un port de pêche perdu à mille kilomètres de là.

Malheureusement, il n'avait pas le choix.

Il arriva donc à Monaco en novembre 1841 et y fut accueilli par une foule de sujets mécontents de la politique économique de son frère aîné. Pour les apaiser, il abolit aussitôt le monopole de l'Etat sur la cuisson du pain.

En fait, il serait même allé jusqu'à abolir toutes les taxes, quelles qu'en soient les conséquences, pourvu qu'on le laissât tranquille. Mais son épouse, désormais devenue la princesse Caroline, savait comment allait le monde et prit sur elle d'essayer d'équilibrer les comptes de la Principauté. En moins d'un an, elle assura une bonne part de l'administration quotidienne.

Pourtant, le mécontentement ne cessait pas, et en 1847 Roquebrune et Menton finirent par manifester leur hostilité. 90% des revenus de la Principauté provenant d'une taxe à l'exportation sur les citrons de Menton, les deux communes adoptèrent le slogan : «Nous payons, Monaco profite», se déclarèrent libres et cherchèrent la protection du roi de Sardaigne. Seul le village de Monaco resta fidèle – et le territoire de Florestan fut aussitôt réduit des quatre cinquièmes.

Rendu furieux par ses échecs, et ne manifestant aucune envie de continuer, il transmit le pouvoir à Honoré-Charles, son fils, alors âgé de trente ans, et repartit pour Paris. Il ne revint jamais, bien qu'il soit resté, nominalement, souverain de la Principauté.

Honoré-Charles eut pour plus proche conseiller sa propre mère, et c'est elle qui le convainquit que l'avenir de Monaco était lié à la création de nouvelles activités – notamment le jeu.

A la mort de son père, il prit le nom de Charles III. La colline qui, partie du Rocher, traverse le port, et où fut bâti le casino, reçut son nom. Et le succès de Monte-Carlo changea à jamais le destin de Monaco.

Quand Charles III mourut, son fils unique lui succéda. Le prince Albert Ier était un homme de grande taille, d'allure avenante, avec une barbe noire bien peignée, dont la recherche océanographique était la plus grande passion.

A cette époque, c'était encore une entreprise difficile, épuisante et même dangereuse. Il suffit de se souvenir que la méthode qu'il utilisait pour prendre le fond se réduisait à jeter une corde lestée d'une pierre dans les flots, atteignant parfois des profondeurs de 3 000 mètres. Et pourtant, il s'était voué corps et âme à ses recherches d'exploration des mers, qu'il finançait lui-même, et qui lui valurent une réputation internationale. Les cartes marines qu'il dressa au début de ce siècle, sur les côtes de la moitié nord de la France, étaient suffisamment exhaustives pour être encore utilisées par les Alliés lors du débarquement de Normandie.

Quand il n'était pas en mer, ou occupé à la création du Musée océanographique de Monaco, ou de l'Institut de paléontologie humaine de Paris, Albert se mêlait de politique européenne.

Il tenta même, à lui seul, d'empêcher le premier conflit mondial. En 1903, sentant que l'Europe se dirigeait peut-être vers la guerre, il fonda l'Institut international pour la paix, sorte de précurseur de la Société des Nations, qu'en 1912 il déplaça de Monaco à Paris. Il espérait amener Guillaume II à venir s'asseoir à la table de conférence avec les autres dirigeants européens, pour discuter de leurs problèmes. Hélas! le Kaiser avait d'autres projets.

Sous le règne d'Albert, le casino de Monte-Carlo valut à la Principauté une ère de prospérité sans précédent. Mais certaines familles monégasques influentes s'offusquèrent qu'elle vaille à la ville de devenir la vassale de la Société des Bains de Mer, compagnie cotée en Bourse qui contrôlait le jeu à Monaco. Etant le plus gros employeur, et de loin la plus grosse source de revenus de l'endroit, la SBM disposait d'un pouvoir politique tout à fait disproportionné. Il n'est pas étonnant que les citoyens monégasques se soient montrés très méfiants à son égard.

Au début du siècle, près de 16000 personnes vivaient à Monaco, mais moins de 10% d'entre elles étaient monégasques. Ces derniers, voyant les étrangers s'enrichir, se convainquirent que c'était à leurs dépens. Ils voulaient qu'Albert réclame à la SBM que celle-ci partage ses richesses et donne priorité d'embauche aux Monégasques. Le prince répondit qu'il ne voyait pas comment il pourrait exiger d'une compagnie privée qu'elle emploie quelqu'un simplement parce qu'il était né sur place.

Certaines familles influentes commencèrent alors à penser qu'il les avait vendues en laissant la SBM s'interposer entre le prince et son peuple. De son côté, espérant faire profiter ses sujets de la prospérité de l'endroit, Albert créa un bureau de promotion commerciale, puis, le projet n'ayant pas réussi à apaiser les Monégasques, une chambre de commerce. Elle ne vécut que deux mois à peine. Il tenta alors de former un conseil de gouvernement chargé de superviser les intérêts locaux dans la Principauté. Nouvel échec.

Un complot fut formé pour contraindre Albert à abdiquer et à mettre son fils sur le trône.

Comprenant qu'il valait mieux proposer des changements radicaux avant d'y être obligé, ce qui aurait sûrement été le cas, Albert renonça à ses pouvoirs absolus.

La constitution de 1911 sépara la maison du prince et le gouvernement. Albert en demeurait le principal responsable, mais le pouvoir serait confié à un ministre d'Etat et à trois conseillers. Le pouvoir législatif serait réparti entre le prince et le nouveau Conseil national, dont les membres seraient élus par le peuple.

On voit aujourd'hui dans cette réforme la plus grande réussite d'Albert. Ce fut aussi la naissance du Monaco moderne.

Pour des raisons politiques – le début de la Première Guerre mondiale –, le prince suspendit la constitution en 1914 et ne la remit en vigueur que trois ans plus tard. A cette occasion, le nombre de membres du Conseil national fut réduit de 21 à 12, et le pouvoir judiciaire séparé du pouvoir exécutif.

Ensuite, juste après l'armistice, Albert négocia avec la France un traité longtemps attendu, et d'importance cruciale, qui fut incorporé au traité de Versailles.

Le prince acceptait d'exercer ses droits en conformité avec les intérêts politiques, militaires et économiques de la France. Celle-ci, de son côté, s'engageait à défendre l'indépendance et la souveraineté de la Principauté. Il en découlait un accord aux termes duquel, en l'absence d'héritier pour maintenir la lignée, Monaco deviendrait un protectorat français. Toutefois, le Prince régnant aurait toujours la possibilité de recourir à l'adoption.

Dans le cas présent, le successeur d'Albert était tout désigné.

Mais les Français s'inquiétaient de l'existence d'une lointaine branche allemande des Grimaldi, qui pourrait un jour faire valoir ses droits au trône. Et il était hors de question que la France permette jamais à un Allemand de régner sur Monaco.

Ironiquement, pourtant, le fils d'Albert était né et avait été élevé en Allemagne. Albert avait vingt ans quand, en 1869, il avait épousé Lady Mary Victoria Douglas Hamilton, alors âgée de dix-huit ans et fille de feu le duc de Hamilton, premier pair d'Ecosse. Le mariage avait été arrangé par Napoléon III. Moins de cinq mois plus tard, toutefois, la nouvelle épouse quitta son époux et s'en alla vivre avec sa mère à Baden-Baden, où naquit son fils, Louis.

Albert sollicita, et obtint, l'annulation de son mariage religieux, puis, par décret, prononça la dissolution de son mariage civil.

En dépit de son statut de prince héréditaire, le jeune Louis ne mit les pieds à Monaco et ne rencontra son père qu'à l'âge de onze ans. L'un et l'autre ne s'entendirent guère. Louis souffrait de l'absence de sa mère, et Albert désirait avant tout repartir en mer.

Tous deux vécurent pourtant ensemble, pour l'essentiel à Paris, cinq années durant, à l'issue desquelles Louis s'échappa en entrant à Saint-Cyr. Il en sortit à l'âge de vingt ans et, cherchant l'aventure, partit en Afrique du Nord dans la Légion étrangère.

Aujourd'hui, personne ne se souvient vraiment des raisons pour lesquelles Albert et Louis ne s'entendaient pas. Rainier soupçonne que c'était parce que Louis ne s'intéressait pas le moins du monde à tout ce qui concernait la mer, ni à la poursuite des recherches de son père. C'est sans doute pourquoi Albert légua l'Institut océanographique à la France, qui l'administre, bien que le musée soit installé à Monaco. Albert devait avoir senti que Louis ne s'en occuperait pas.

Tandis qu'il était stationné en Afrique du Nord, Louis tomba amoureux d'une jeune blanchisseuse nommée Marie Juliette Louvet. Albert, cependant, refusa à son fils la permission d'épouser la jeune fille, soit parce qu'elle avait déjà été mariée, soit parce qu'elle était d'une famille ouvrière – et bien qu'ils aient eu une fille, Charlotte, en 1898.

Albert refusa de reconnaître leur union, comme les droits légaux de sa petite-fille. Louis et Marie Juliette se séparèrent alors que la fillette était très jeune et, bien que Louis l'ait toujours reconnue comme son héritière légitime, ce n'est que lorsque qu'elle eut atteint ses vingt et un ans qu'Albert se décida à admettre que son accession au trône était la seule option raisonnable, si l'on voulait maintenir la présence des Grimaldi à Monaco. Il tint à ce que Louis la nomme officiellement à sa succession, et lui ordonna de l'adopter légalement, au cas où il y aurait le moindre doute.

Petite femme agitée qui disait toujours ce qu'elle pensait, Charlotte était merveilleusement excentrique, comme seules savaient l'être certaines femmes au siècle dernier. Mariée à l'âge de vingt-deux ans à un aristocrate français cultivé, le comte Pierre de Polignac, elle était révérée par sa famille, surtout par ses petits-enfants qui l'appelaient «Mamou». Rainier dit d'elle que c'était une femme au cœur tendre, qui avait été infirmière pendant la Première Guerre mondiale, et passa ses dernières années à venir en aide aux infortunés, notamment aux prisonniers.

«Ma mère a vécu la plus grande partie de sa vie à Paris et à Marchais. Mais c'était vraiment très triste, car elle a été malheureuse presque dès le début de son mariage. Elle n'a jamais eu de très bons souvenirs de Monaco. Je crois qu'elle y a toujours été seule. Elle n'avait pas d'amies, personne autour d'elle. Etant fille unique, je crois qu'il y a eu des moments où elle était déchirée entre son père et son mari.»

Pour que survive le patronyme de la famille, Albert exigea de son époux qu'il change de nom et devienne le prince Pierre de Grimaldi, comte de Polignac, par ordre souverain, la veille de son mariage.

Rainier décrit son père comme un homme à l'élégance surannée, avec une fine moustache, intéressé par la musique, l'art et la littérature, et qui parlait plusieurs langues. Il aborda tardivement le russe, d'abord un peu comme un passe-temps, puis, avec l'aide d'un précepteur privé, finit par le lire et le parler couramment.

«C'était un homme très délicat, très sensible. Et pourtant, à bien y réfléchir, il n'a peut-être pas été très ouvert à la jeune génération. Je regrette peut-être de ne pas l'avoir écouté, de ne pas lui avoir parlé davantage. Mais c'est sans doute le problème avec les jeunes. Ils n'écoutent pas assez.»

Antoinette, le premier enfant de Pierre et de Charlotte, vint au monde en 1920. Deux ans plus tard, Albert mourut, et Louis devint Prince régnant. Puis, le 31 mai 1923, Rainier Louis Henri Maxence Bertrand Grimaldi naquit au palais de Monaco, premier des princes à être monégasque d'origine.

Etant l'unique petit-fils, et l'héritier, d'un monarque, Rainier vivait là où le souverain tenait sa cour.

«Nous ne venions à Monaco qu'environ trois mois dans l'année. C'était généralement au printemps, aux alentours de Pâques, quand le temps était beau. J'aimais cela, parce qu'il y avait toujours beaucoup de choses à faire et que les gens étaient très accueillants.

Nous passions l'hiver à Marchais. Le palais de Monaco était fermé. Ma famille, tous les domestiques de ma grand-mère – cuisiniers, valets, valets de pied, bonnes, tout le monde – allaient à Marchais pendant cinq ou six mois. Sauf le gouvernement. Il restait à Monaco. Je me souviens que mon grand-père avait installé un télégraphe à Marchais pour pouvoir demeurer en contact avec lui. C'était très amusant, tout à fait nouveau pour nous. Je vois encore un secrétaire taper des messages toute la journée. Chaque année, deux mois par an, la famille allait chasser en Ecosse. Mais j'avais horreur de ça. Il pleuvait toujours, c'était très ennuyeux.»

Affirmant que son enfance a été «fondamentalement heureuse», Rainier reconnaît pourtant que le divorce de ses parents, en 1929, lui laissa un sentiment d'insécurité.

«D'insécurité, en ce sens que les enfants de divorcés sont toujours traînés ici et là et ne savent jamais tout à fait où ils en sont. Il y a des moments où on doute de l'amour de ses parents.»

Il avait été convenu que Rainier et Antoinette passeraient une partie du temps avec leur mère et leur grand-père, et le reste avec leur père.

«Quand nous étions avec mère, elle nous disait toujours, quand vous verrez votre père, ne lui dites rien sur moi ou votre grand-père. Quand nous étions avec père, il nous disait toujours, ne dites rien sur moi à votre mère ou votre grand-père. Ce n'était pas facile. Comme tout enfant dont les parents ont divorcé, je me sentais blessé par tout cela.»

La tension qui régnait à Monaco même ne rendit pas non plus son enfance plus facile. Louis se retrouva exposé à de sévères pressions politiques, qui se firent sentir alors que les «folles années vingt» approchaient de leur fin.

Le Conseil national tenta de le contraindre à de profonds bouleversements. Selon la Constitution, ses membres ne pouvaient que faire des recommandations au prince; ils n'avaient aucun pouvoir réel. C'était l'une des choses qu'ils voulaient changer. De surcroît, ils étaient toujours mécontents de voir la SBM se comporter, à Monte-Carlo, comme un Etat dans l'Etat, et affirmaient que la compagnie menaçait l'indépendance du pays. Ils voulaient également que le prince la contraigne à respecter ses obligations contractuelles, aux termes desquelles elle devait assurer des services de base tels que l'eau, le gaz et l'entretien des routes. Ils affirmaient

41

qu'elle négligeait tout cela, et préférait investir : nouveaux courts de tennis, plage...

Au même moment, la princesse Charlotte demanda à son père la permission de divorcer. Louis accepta et bannit Pierre de la Principauté.

Mais il fit la sourde d'oreille aux plaintes de ses sujets.

Les membres du Conseil national démissionnèrent en masse pour rallier le peuple à leur cause. La pression monta, on parla même de remplacer le prince par une République. Le mécontentement général prit de telles proportions qu'en avril 1929 Louis comprit qu'il ne pouvait plus tergiverser. Il aida à trouver de nouveaux actionnaires pour la SBM et accepta de nommer un comité composé de juristes éminents, et chargé de recommander des réformes à la Constitution. Des élections eurent lieu ensuite en vue de nommer un nouveau Conseil national.

Un journal de l'époque décrivit Monaco comme «une boîte à jouets dans laquelle tout est aussi brillant qu'artificiel, un peu fragile, et où tout doit être soigneusement remis en place pour ne pas être cassé».

Il semble que Louis n'ait jamais réellement compris à quel point sa boîte à jouets était fragile.

L'agitation se poursuivit, à tel point qu'en décembre 1930 il dut suspendre la Constitution et gouverner par décret. Onze mois plus tard, il institua une Assemblée monégasque, dont il nomma personnellement tous les membres. En dépit de cela, ils le combattirent farouchement et, dans un geste de franche mutinerie, refusèrent d'approuver le budget de 1933.

C'est alors que Charlotte voulut renoncer à son droit de monter sur le trône.

On a souvent dit que Louis l'y contraignit, qu'il n'avait jamais eu l'intention de lui confier réellement la souveraineté. Pourtant, une lettre de janvier 1933 découverte dans les archives du Palais montre que Charlotte était une femme profondément malheureuse, qui voulait simplement vivre sa vie.

«Monseigneur, écrivit-elle à son père, vous avez si souvent prouvé votre affection pour moi qu'au risque de décevoir vos espoirs et vos aspirations je vous demande, en tant que chef du gouvernement et en tant que prince, de me permettre de trouver dorénavant, en toute simplicité, un peu de paix dans mon existence.»

42

De son propre chef, elle voulait abdiquer en faveur de son fils.

«Je crois que j'ai accompli mon devoir, qui m'a condamnée à subir un mariage contre mes vœux, au nom d'intérêts politiques pour lesquels, je le crains, je n'ai pas la force d'assumer mes responsabilités.»

Louis se hâta de créer un conseil de régence pour gouverner au nom de son petit-fils et convint que, quand Rainier atteindrait ses vingt et un ans, si Charlotte se sentait incapable de régner, il satisferait sa requête. Elle renonça formellement à ses droits le 30 mai 1943, veille du jour où son fils devait accéder à la majorité.

Trois jours plus tard, Louis nommait Rainier héritier du trône.

«Cela n'a pas été un moment très joyeux pour moi. A certains égards, c'était même très triste. Ma mère renonçait parce qu'elle ne se sentait pas capable. Elle était malheureuse. J'étais triste pour elle. En même temps, cela impliquait de profonds changements dans mon style de vie. Brusquement, je devais assumer toutes sortes de responsabilités.»

Au même moment, ou peu s'en faut, Louis dut faire face à un autre prétendant, ce qui jeta des doutes sur son propre désir de continuer à régner.

En 1934, un lointain cousin avait fait part de ses prétentions au trône, et menacé de contester les droits de la princesse Charlotte à la succession du prince. On s'en débarrassa sans grandes luttes, mais l'incident fit naître des rumeurs selon lesquelles Louis était prêt à abdiquer, et allait vendre Monaco à la France.

Selon le *New York Times* du 4 février 1934, le Prince régnant était «très gêné financièrement» et n'avait plus ni la volonté, ni les moyens de combattre une faction locale très puissante, qui ne voulait pas voir régner la princesse Charlotte.

Le porte-parole du prince démentit avec véhémence. Pourtant, des doutes persistaient.

Puis son ex-gendre défia son autorité. Lors du divorce, il avait été convenu qu'il se chargerait de l'éducation de Rainier.

«Mon père voulait qu'elle soit ce qui se fait de mieux, aussi m'a-t-il envoyé en Angleterre en 1934. J'ai commencé à la Summer Fields School, à St. Leonard's-on-Sea. C'était un endroit horrible. Pantalons courts, douches froides et corrections à coups de canne. Le seul bon moment, là-bas, c'était la boxe. J'ai remporté le titre de l'école pour ma catégorie de poids. Ceci mis à part, j'ai trouvé ça abominable.»

De là, il passe à Stowe.

«C'était un beau décor, mais je me souviens être arrivé là avec mon père, sans connaître aucun des responsables ou des élèves. J'ai trouvé l'atmosphère très éprouvante. Il pleuvait tout le temps, si bien que, quand on sortait s'adonner à un sport quelconque, on se retrouvait dans la boue jusqu'aux genoux. Ensuite, j'ai dû apprendre, parce que c'était la règle, à faire les lits ou à cirer les chaussures des plus âgés. Heureusement, c'étaient des garçons sympathiques, mais toute l'affaire m'a toujours paru stupide. Je n'étais pas très heureux à Stowe non plus.»

Si peu, en fait, qu'il s'enfuit.

«Le troisième jour, je me suis sauvé. Ça s'est révélé beaucoup plus facile que je ne l'aurais pensé. J'ai quitté les lieux et me suis dirigé vers la gare. Mon plan était de m'acheter un billet pour Londres, et arrivé là de rentrer à la maison. Mais je crois que je n'étais pas fait pour ça. Il ne m'est pas venu à l'idée qu'il pût y avoir quelque chose d'anormal à me rendre à la gare en gardant la casquette de l'école sur la tête.»

Dès l'instant où les responsables de l'établissement se rendirent compte de sa disparition, ils prévinrent la police. Le chef de gare n'eut pas de mal à remarquer un jeune garçon à casquette qui cherchait à se rendre à Londres, et il téléphona à l'école.

«On m'a pris et ramené à Stowe sans perdre de temps. Le principal, un ancien militaire, est venu me chercher dans son énorme voiture. J'ai pensé que j'allais avoir des ennuis, et que je serais sévèrement battu à coups de canne. Mais il m'a emmené dans son cabinet de travail et m'a offert un gigantesque goûter. Il ne m'a pas réprimandé du tout et m'a dit: "Vous devez avoir faim, voilà de quoi manger." C'était mon premier repas de la journée. Je me suis dit: Finalement, quelqu'un comprend. Mais ensuite on me mit à l'infirmerie parce qu'ils ne pouvaient imaginer qu'un enfant voulût échapper à ce paradis.»

Le jeune prince fut officiellement placé «en observation» pendant quinze jours, confiné, sans avoir rien à faire, jusqu'à ce que les responsables cessent de chercher à comprendre et le rendent à son dortoir et ses cours.

Le problème, pourtant, aurait dû leur sauter aux yeux: bien qu'il

44

s'exprimât dans un anglais parfait – «Nous avons eu une gouvernante britannique, aussi ai-je parlé anglais avant de parler français» –, c'était un enfant timide, grassouillet, seul étranger parmi cinq cents élèves, et il se replia dans sa coquille.

Il pouvait se montrer très convaincant avec une paire de gants de boxe mais, en dehors du ring, sa timidité innée attirait irrésistiblement les brimades.

Rainier expliqua à quel point il était malheureux à son père, qui dut en parler à quelqu'un car, peu après, Louis se mit à craindre que Pierre ne cherche à le faire sortir d'Angleterre, pour empêcher l'enfant de revenir à Monaco, ou pour se mettre entre Rainier et son grand-père.

En août 1936, Louis déposa une requête judiciaire à Londres pour obtenir la garde de Rainier, alors âgé de treize ans.

Lors des auditions devant la Haute Cour, en mars 1937, il se révéla que Louis avait déposé des recours similaires en France et à Monaco, et l'avait emporté à chaque fois. Il fut même envisagé un moment, lors du procès londonien, de placer l'héritier du trône de Monaco sous la tutelle des tribunaux britanniques. Pour finir, le juge trancha en faveur de Louis, mais l'affaire avait déjà fait la une des journaux, non sans mettre dans l'embarras toutes les personnes concernées.

Rainier partit pour Le Rosey, une des meilleures écoles privées de Suisse. Et il y fut très heureux.

«J'ai beaucoup aimé! J'y suis resté jusqu'en 1939, au moment des premiers bombardements de Lyon. C'était un endroit merveilleux. A cette époque, Le Rosey ne comptait qu'une centaine de garçons, et l'école de filles était juste de l'autre côté du chemin. C'était le genre d'endroit où, si vous vouliez étudier, tout était possible. Si vous vouliez travailler, c'était formidable. Dans le cas contraire, on ne s'inquiétait jamais à votre sujet. Nous passions même une partie de l'hiver à Gstaad.»

Lorsqu'il eut achevé ses études au Rosey, Rainier suivit les cours de l'université de Montpellier, où il obtint une licence, avant de passer une année à Paris à étudier les sciences politiques.

Quand Rainier revint à Monaco, en 1944, son grand-père était malade, et les nazis occupaient la Principauté.

La Seconde Guerre mondiale ne fut pas l'un des moments les plus glorieux de l'histoire de Monaco.

Les Monégasques n'avaient pas eu à capituler, comme la France: ils étaient officiellement neutres. Toutefois, les Français étant entrés à Monaco au début du conflit pour étudier des installations défensives le long des côtes, les Italiens s'emparèrent de la Principauté après la défaite de la France, arguant que celle-ci l'avait précédemment occupée. Ils pensèrent même à l'annexer, et un ancien ministre mit sur pied un complot en vue de déposer Louis. Dès que celui-ci eut vent du projet, il ordonna l'arrestation des conspirateurs, et ne les relâcha que lorsque Mussolini lui eut personnellement donné toutes les garanties nécessaires.

Vinrent ensuite les troupes allemandes.

En 1943, Berlin dépêcha à Monaco un consul général et un gouverneur militaire. Peu de temps après, une équipe de la Gestapo vint s'installer à l'Hôtel de Paris.

Dans la grande tradition des occupations militaires, la direction craignit le pire pour ses vins et ses cognacs. Elle se hâta de dissimuler ses meilleures bouteilles dans une crypte au fond de la cave, que l'on scella par un mur conçu de façon à se confondre avec la muraille. Les Allemands firent bon usage du contenu de la cave elle-même, mais ne soupçonnèrent jamais la supercherie. Ce n'est que bien après la guerre que les trésors de l'établissement furent ramenés au jour; toutes les bouteilles étaient intactes.

La Gestapo fut suivie d'une division de Panzers. Quand le général qui la commandait arriva à l'hôtel de Paris, il découvrit que la Gestapo avait déjà accaparé les meilleures chambres. Il se rabattit alors sur L'Hermitage. Cependant, le personnel de cet établissement refusa d'accueillir les nazis, et mit en désordre toutes les chambres, les rendant inhabitables. Le général fut donc contraint de se contenter de l'hôtel Métropole, moins prestigieux. Il avait toutefois eu le temps de contracter pour la Gestapo locale une répugnance qui ne disparut jamais, si bien qu'il passa le reste de la guerre à faire tout son possible pour contrecarrer leurs plans – qui prévoyaient notamment la déportation des Juifs de Monaco. La Principauté ne fut jamais, pour eux, un véritable refuge, mais ils y étaient plus en sécurité qu'à Nice, Cannes ou le reste de la France – autant d'endroits d'où ils furent bel et bien déportés.

Une fois qu'ils eurent ainsi assuré leur présence, les Allemands créèrent Radio Monte-Carlo (RMC), dans le but de diffuser leur propagande dans le Sud de la France, ainsi que dans l'Italie voisine. Sans le vouloir, RMC devint le refuge de jeunes Monégasques qui, sinon, auraient été contraints d'aller travailler en Allemagne au titre du STO. Peu de stations de radio, avant comme après, ont eu autant de bibliothécaires...

Puis quelqu'un à Berlin décida que Monaco accueillerait les officiers nazis en permission – décision qui valut aux profits de la SBM de grimper en flèche. C'est également à cette époque que furent créées plusieurs centaines de sociétés anonymes monégasques, dont Goering, Himmler, avec d'autres dirigeants nazis et de nombreux collaborateurs français et italiens, firent usage pour blanchir le produit de leurs pillages.

Mais les Allemands étaient à peine installés à Monaco que le vent se mit à tourner en faveur des Alliés. De plus en plus à court de matières premières, Berlin donna l'ordre de saisir le toit de cuivre du casino de Monte-Carlo, pour que le métal serve à l'effort de guerre. Le général commandant la Panzerdivision, lui-même visiteur coutumier de l'établissement, refusa de s'exécuter et joua même de toute son influence pour que le casino soit reconnu par les nazis «monument historique et culturel», lui épargnant ainsi les aléas de la guerre.

Quand les Américains débarquèrent à Saint-Raphaël, en août 1944, des avions alliés bombardèrent les installations nazies le long de la côte, ainsi que le port de Monaco, détruisant plusieurs dragueurs de mines allemands. Mais, au lieu de lancer leurs troupes sur l'Italie, ils se dirigèrent d'abord vers le nord, le long du Rhône, en direction de Lyon. Ce n'est que quelques semaines plus tard qu'ils s'avancèrent le long de la Riviera.

Entre-temps, les Allemands étaient partis.

On dit que les premiers Américains à entrer dans la Principauté furent deux soldats en jeep qui, le 3 septembre 1944, s'en vinrent demander où ils se trouvaient. Le romancier Irwin Shaw a toujours affirmé avoir été avec eux. Tout comme Hemingway se flattait d'avoir, à Paris, libéré le Ritz, Shaw se targue d'avoir libéré le Tip Top Bar de Monte-Carlo.

Une fois que les Américains eurent nettoyé la région, on ôta les barbelés mis en place par les nazis, on entreprit de déminer le port,

47

de démanteler les emplacements des canons, et on arrêta les collaborateurs.

Apprenant que les nazis avaient fait de Monte-Carlo un lieu de congé pour leurs officiers, le major-général Robert Tyron Frederick, qui commandait les troupes américaines installées dans la région, décida que ce serait un endroit idéal pour ses propres hommes. De toute évidence, des soldats américains ayant de l'argent à dépenser seraient une providence pour la Principauté.

Mais Louis s'y opposa. Le prince déclara qu'il n'y avait pas assez de place pour tant de militaires, sans compter les habitués qui, maintenant que la guerre était finie, reviendraient bientôt.

Vexé par l'attitude du prince envers ses libérateurs, Frederick interdit à ses troupes de se rendre à Monaco. Le général Eisenhower lui-même, qui, à l'été 1945, fit le tour de la région, refusa d'y mettre les pieds, et préféra rester au Cap-d'Antibes.

Louis était un homme particulièrement entêté. Ce n'était d'ailleurs pas la seule faute de jugement qu'il ait commise pendant la guerre. Tout au long du conflit, son attitude fut de jouer un rôle d'intermédiaire, et de faire ce qu'il pouvait pour maintenir le calme des deux côtés. Il est exact qu'il ne cautionna jamais la présence nazie en assistant aux galas donnés par l'occupant, mais il permit bel et bien la création mondiale, à Monte-Carlo, d'un opéra écrit par un compositeur allemand contemporain. Ce fut la seule fois, pendant la guerre, où la salle Garnier fut entièrement remplie d'uniformes allemands.

Louis disait toujours qu'il ne pouvait pas faire grand-chose. Il croyait que, tant que les Allemands laissaient les Monégasques tranquilles, et que les rares Juifs de la Principauté étaient à peu près en sécurité, il valait mieux que tout le monde accepte le statu quo et ne fasse pas de vagues.

Rainier n'était pas de cet avis. Les concessions de Louis offensaient son sens de l'honneur. Il sentait que son grand-père, sous l'influence de plusieurs membres de son entourage – parmi lesquels un ministre bruyamment pro-vichyssois, que Rainier décrit, par euphémisme, comme «un homme peu sympathique» –, n'avait pas su prendre énergiquement position contre les nazis.

Il discuta de la question avec Louis et, dès qu'il eut achevé ses études, insista pour obtenir de son grand-père la permission de s'enrôler dans l'armée française en tant que volontaire étranger – ce qui était indispensable, tout Monégasque désirant accomplir son service militaire devant d'abord recevoir l'approbation du Prince régnant.

Trois mois après son vingt et unième anniversaire, à peu près au moment où les Américains débarquaient à Saint-Raphaël, Rainier fut nommé sous-lieutenant et affecté au service de renseignements du quartier général du 2e corps de la 1re armée française.

«J'ai souffert tout au long de la campagne d'hiver en Alsace, et j'ai vu un peu d'action – mais pas autant que j'aurais voulu. J'avais une tâche tout à fait inutile, placarder des affiches sur les usines. Cela aurait été plus drôle si nous avions pu les faire sauter! Comme je parlais anglais, on m'a envoyé à la 36e division d'infanterie à Strasbourg, les Texas Rangers, et j'ai servi d'agent de liaison à l'état-major.»

Décoré pour bravoure sous le feu, il fut élevé au grade de lieutenant et transféré dans la section économique de la Mission militaire française de Berlin. Au bout de dix-sept mois de service, il revint à Monaco, pour voir de ses propres yeux comme la guerre avait affecté la Principauté.

Le Sporting Club de Monaco, construit au cours des années 30, n'avait jamais été conçu pour durer plus de quelques années. Il était désormais complètement dépassé.

Le casino avait pris une allure sinistre très déprimante.

L'hôtel de Paris, L'Hermitage et tous les autres hôtels de Monaco devaient être remis à neuf. Il fallait nettoyer, repeindre et retapisser, pour oublier l'occupation nazie.

La Principauté tout entière avait désespérément besoin d'une rénovation d'ensemble. Comme d'ailleurs les liens entre le prince et la SBM. S'il représentait, à Monaco, le pouvoir politique, la société possédait toujours le pouvoir économique, autrement important.

Rainier tenta d'expliquer à son grand-père que les changements seraient inévitables. Mais Louis avait d'autres soucis en tête. En 1946, bien que de santé chancelante, il épousa la compagne de toute sa vie, une actrice parisienne nommée Ghislaine Marie Dommanget, et modifia son testament de façon à assurer son avenir. Désormais, il ne semblait plus songer qu'à passer ses dernières années avec elle.

Bien que, fin 1948, on trouvât encore, de temps à autre, des mines allemandes le long de la plage, Monte-Carlo ne pensait toujours qu'au jeu et aux galas. Mais Rainier savait que cela ne suffisait plus.

Les crises des années 30 avaient par ailleurs prouvé que la constitution avait également besoin d'être révisée. Rainier n'ignorait pas que bientôt le temps viendrait où le souverain serait contraint de procéder à d'importants changements, ou de prendre le risque d'un affrontement avec son peuple.

Louis ne se préoccupait guère de savoir ce que Rainier pensait. C'était un homme d'une autre époque, qui descendrait dans la tombe en croyant toujours aussi fermement que le prince de Monaco régnerait à jamais de par la volonté divine.

Profondément frustré, Rainier quitta Monaco. Il acheta une petite villa à Saint-Jean-Cap-Ferrat et s'y installa. Tant que son grand-père serait en vie, il ne pourrait pas faire grand-chose d'autre.

Rainier passa les années comprises entre la fin de la guerre et son accession au trône à participer au Tour de France automobile, à plonger, pêcher, naviguer et parfois à écrire des poèmes ou se rendre à des expositions, tout en remplissant ses obligations envers la Principauté.

Puis, le 9 mai 1949, Louis mourut, Rainier était à trois semaines de son vingt-sixième anniversaire. Seul, il entreprit de marquer de son autorité sa charge de Prince régnant.

L'une de ses premières décisions fut de rappeler son père d'exil. Pour lui rendre hommage, Rainier créa un important prix littéraire annuel – qu'on appelle aujourd'hui le Prix du Prince Pierre – et lui demanda d'en assurer la présidence. Le premier bénéficiaire, en 1951, en fut l'écrivain Julien Green.

Au même moment se firent entendre de vagues murmures de ce cousin qui avait toutefois tenté de revendiquer le trône. Désormais âgé de soixante-dix-neuf ans, il réitéra ses protestations, selon lesquelles l'adoption de Charlotte et l'attribution des droits de succession héréditaire étaient contraires à la Constitution. Rainier préféra ignorer ces plaintes qui, étant donné l'âge de l'intéressé, ne se prolongeraient pas indéfiniment.

Ensuite, il dut affronter la princesse Ghislaine, la veuve de Louis. Par testament, celui-ci léguait la moitié de ses biens à Rainier, le quart à sa petite-fille Antoinette et le reste à son épouse. Mais dans la part de celle-ci se trouvaient des propriétés qui, déclara Rainier, appartenaient à la couronne, et dont Louis ne pouvait disposer.

L'affaire fut portée devant la Cour de Révision, créée à cette occasion; ce tribunal secret avait pour fonction spécifique de régler les disputes dynastiques de Monaco. Constitué de dix avoués choisis par le Quai d'Orsay, et dont les noms ne sont jamais rendus publics, il fut amené, presque clandestinement, en avion jusqu'à Monaco, où il se prononça en faveur de Rainier. Ghislaine fit appel mais, en définitive, ne put rien faire, sinon refuser de quitter sa chambre au Palais.

Au demeurant, les vrais défis restaient à venir.

Les Monégasques avaient salué l'accession de Rainier au trône comme une véritable bouffée d'air frais. Mais la lune de miel avec l'acariâtre Conseil national fut de courte durée. Très rapidement, ses membres reprirent l'affrontement là où ils l'avaient laissé avec son grand-père, et eurent des exigences que le nouveau prince jugea inacceptables.

Le Conseil, en partie poussé par un avocat du lieu nommé Jean-Charles Rey, s'efforça systématiquement de contester l'autorité de Rainier. Rey devait par la suite épouser la princesse Antoinette, et tous deux affirmèrent que, la loi ne limitant pas la succession aux mâles, la fille aînée de la princesse Charlotte était donc l'héritière légitime du trône. Aujourd'hui, Rainier tient à faire remarquer que cela n'a jamais représenté une menace sérieuse, qu'il s'agissait de paroles en l'air. Quoi qu'il en soit, la princesse et son mari furent rapidement rembarrés et, à défaut d'autre chose, cette affaire, qui eut beaucoup d'échos, ne porta guère préjudice qu'à ceux qui l'avaient lancée. Antoinette et Rey finirent par divorcer, bien que Rey, toujours membre du Conseil national, continuât de s'opposer énergiquement à son ex-beau-frère et se targuât souvent d'être toujours lui-même «le pouvoir derrière le trône».

A l'été 1955, lorsque la Société Monégasque de Banque et de Métaux Précieux, fortement subventionnée par le gouvernement, fit faillite, le Conseil montra du doigt quatre assistants du Prince et exigea leur départ. On souleva des questions de mauvaise gestion et de conflits d'intérêt. Au début, Rainier défendit ses collaborateurs, puis, devant le départ massif des membres du Conseil, accepta leurs démissions; quelques mois plus tard, il les nomma à d'autres postes et, presque aussitôt, onze élus du Conseil renoncèrent à leur mandat en signe de protestation.

Rainier ne fit pas grand-chose pour les apaiser. Légalement, c'est à lui que revenait le pouvoir, et pas à eux. Tout ce qu'ils pouvaient, tout ce qu'ils étaient censés faire, c'était le conseiller. Mais ils ne se découragèrent pas pour autant et recherchèrent la confrontation à la moindre occasion, comme lorsqu'ils s'opposèrent, assez bizarrement, aux projets de Rainier visant à couvrir le chemin de fer.

Traversant directement le centre de Monte-Carlo, sur des voies creusées dans un fossé, les trains venus de Nice ou de Vintimille coupaient littéralement le pays en deux. Le Prince proposa de recouvrir les rails et de bâtir par-dessus. Le Conseil s'y opposa et tenta de lui refuser l'argent nécessaire. Chose absurde : non seulement ces projets étaient raisonnables, mais de surcroît ils étaient de la plus grande importance pour l'avenir de Monaco.

Ensuite, le Conseil s'opposa également à Rainier sur la question des fonds alloués à l'Institut océanographique, dont le commandant Cousteau venait d'être nommé directeur. Il ne fait aucun doute que pour Monaco cette nomination était un coup d'éclat exceptionnel. Et pourtant, le Conseil ne l'acceptait pas.

Pour finir, bien entendu, le Prince obtint l'argent pour couvrir le chemin de fer et se permettre Cousteau. Mais il semblait parfois que Rey et les autres se servaient du Conseil pour mener une sorte de vendetta personnelle contre Rainier. En 1959, celui-ci estima qu'il n'avait d'autre option que de suspendre la constitution et de gouverner par décrets.

«Il ne fait aucun doute que des changements étaient nécessaires. Nous ne pouvions plus continuer de cette façon. Cela n'avait pas atteint le stade où tout le monde se montrait menaçant, mais l'ancienne constitution provoquait des mécontentements. J'ai décidé de créer une monarchie authentiquement constitutionnelle. Non parce que j'y étais poussé, mais parce que j'avais l'impression qu'il valait mieux le faire de mon plein gré, plutôt que d'attendre que le Conseil national ou d'autres politiciens se mettent à poser des exigences particulières. Alors j'ai contacté le Conseil national et nous avons travaillé de concert. J'ai renoncé à une partie de mon pouvoir, mais ce n'était pas forcément chose difficile, puisque les responsabilités étaient elles aussi réparties.»

Selon les termes de la constitution adoptée en 1962, toujours en vigueur aujourd'hui, le pouvoir exécutif repose entre les mains du Prince, qui nomme un ministre d'Etat chargé de diriger le gouvernement, et qui le représente pour tout ce qui touche aux affaires étrangères, ou devant le parlement monégasque. Tout étant fait au nom du Prince, il y faut son approbation. Mais le pouvoir législatif est réparti entre lui et le Conseil national, aujourd'hui composé de dix-huit Monégasques élus pour cinq ans au suffrage universel.

Rainier explique: «Ils votent le budget. Ils débattent des lois. Ils les votent – ou ils s'y opposent. Ils ne sont pas censés se mêler de l'exécutif et de ses devoirs, mais, en fait, nous avons des accrochages, surtout quand ils se mettent à juger ma façon de remplir ma tâche, ou disent par exemple: il n'aurait jamais fallu accorder un permis de construire à tel ou tel projet. Il est difficile de laisser des élus se préoccuper de ce genre de choses, parce qu'on ne sait jamais vraiment quels sont leurs propres intérêts. Le Conseil national discute chaque chapitre du budget, et tous les secteurs du gouvernement doivent défendre ses exigences. Si le Conseil n'est pas satisfait, il peut rejeter ce dont il ne veut pas. Aussi, comme il vote le budget, lui est-il possible, s'il le désire, de bloquer tout le système.»

A la fin des années 50 et au début des années 60, l'indépendance des pays d'Afrique du Nord – Maroc, Tunisie et surtout Algérie – contraignit les pieds-noirs à revenir en France. Un grand nombre d'entre eux s'installa sur la Riviera, et ce brutal afflux de familles provoqua un mini-boom de l'immobilier.

Tous étaient loin d'avoir de l'argent, mais nombre des plus fortunés furent assez sagaces pour comprendre que les lois fiscales de la Principauté leur permettraient d'échapper à l'Etat français.

De Gaulle devint obsédé par cet argent soustrait au fisc. Il ne pouvait se mettre en chasse sans tirer parti d'une provocation quelconque, aussi recourut-il au prétexte que lui offrait un litige déjà ancien sur les droits de radiodiffusion.

Bien que les studios, et l'administration, de Radio Monte-Carlo se trouvent à Monaco même, son émetteur (d'origine allemande) et ses antennes se trouvent en territoire français. Une fois la guerre terminée, la France en réclama la possession. Quand Rainier s'en plaignit, on lui répondit que RMC pourrait poursuivre ses émissions, mais que désormais l'Etat français nommerait cinq des six administrateurs de la station.

Après le krach de la Société Monégasque de Banque et de Métaux

Précieux, de Gaulle tenta d'accroître l'influence française sur RMC comme sur TMC (Télé Monte-Carlo) en achetant des parts de leur capital. Il chercha aussi à limiter le contrôle de l'Etat monégasque sur Europe N°1, station qui, émettant de Sarre, menaçait le monopole étatique français.

Le Prince refusa catégoriquement de céder, et fit usage de son autorité pour interdire la vente à la France d'actions de ces stations. De Gaulle exigea que cette interdiction fût levée. Rainier refusa. Le Général durcit le ton.

Le gouvernement monégasque se rallia sans arrière-pensées au Prince, à l'exception du ministre d'Etat, un bureaucrate français un peu rustre nommé Emile Pelletier. Il s'en vint voir Rainier dans son bureau un soir, à une heure très tardive. Les deux hommes discutèrent de la question, et Pelletier soutint le Général.

Furieux, le Prince l'accusa de trahison.

Pelletier le menaça de révéler à de Gaulle des informations confidentielles dont, étant ministre d'Etat, il avait eu connaissance et d'informer le Général des sentiments antifrançais de Rainier.

Le Prince le limogea séance tenante.

Furieux, Pelletier sortit du bureau en jurant et se rendit à Paris où il apprit au Premier ministre d'alors, Michel Debré, tout ce qu'il avait menacé de révéler.

De Gaulle avait enfin trouvé le prétexte dont il avait besoin. Il annonça que le renvoi de Pelletier était une insulte à la France, exigea la révision des accords franco-monégasques et prévint que, si la situation n'était pas normalisée immédiatement, la France fermerait les frontières avec la Principauté et «asphyxierait l'Etat».

Bien des années plus tard, Rainier concède volontiers: «Peut-être, je dis bien peut-être, me suis-je montré un peu trop rude avec Pelletier. Mais, à parler franc, j'étais extrêmement agacé par ce que les Français essayaient de faire. Alors, j'ai claqué la porte et refusé de céder. Pelletier en a été effrayé. Il a tenté de me discréditer à Paris. Les Français avaient si peur de De Gaulle! On a appris qu'il allait changer les traités avec Monaco, qui étaient pourtant en vigueur depuis 1861 et 1918. Je ne sais pas comment le Général pouvait croire qu'il y arriverait, parce que c'était impossible légalement. Nous étions même prêts à nous rendre à La Haye. Le traité qui nous lie à la France fait partie du traité de Versailles. On ne peut pas effacer cela.»

La presse ayant souvent pris le sujet à la légère – avec force allusions à David et Goliath, ou à Lilliput –, Monaco, dans un premier temps, ne trouva guère de soutien dans le reste du monde. Peu de gens appréhendaient le problème aussi sérieusement que Rainier et de Gaulle. Seul Cesare Merzagora, président du Sénat italien, prit sur lui de rappeler au Général que la souveraineté de Monaco était garantie par la loi.

Rainier se demande parfois si Monaco aurait pu s'assurer le soutien d'autres pays, s'il l'avait activement recherché, ou s'il aurait dû faire appel au Tribunal international de La Haye.

«Honnêtement, je n'en sais rien, mais j'aime à croire que de Gaulle avait suffisamment d'ennemis dans le monde pour que certains pays se soient rangés de notre côté. C'était un homme si bizarre. Chaque fois que nous nous sommes rencontrés, quand il visitait Monaco ou que Grace et moi nous nous rendions à Paris en visite officielle, il était très aimable. Quand il venait ici, il apportait des cadeaux pour Caroline. Elle n'était encore qu'une petite fille et, quand elle lui a été présentée, c'est comme s'il avait été son grand-père. Elle n'a pas arrêté de lui poser des questions, pour savoir par exemple s'il avait des poneys. Il a dû parler avec elle pendant une bonne dizaine de minutes. Il demeurait pourtant toujours aussi inflexible vis-à-vis de Monaco.»

En dépit de leurs différences, ajoute Rainier, il ne pouvait s'empêcher d'être impressionné par de Gaulle, parce que c'était un homme fascinant et un homme politique exceptionnel.

«Je l'ai toujours comparé à la tour Eiffel, pas à cause de sa taille, mais parce que c'était quelqu'un qu'on pouvait admirer, sans parvenir à l'aimer. Il était très froid. Il faut, bien sûr, comprendre que tout Président de la République, dès qu'il entre à l'Elysée, devient un monarque. Giscard est arrivé et a décidé aussitôt qu'il fallait ralentir le *tempo* de *La Marseillaise*. Ensuite, il a voulu remonter les Champs-Elysées car il pensait que les gens aimeraient ça. En fait, les Parisiens ont été furieux, parce qu'ils étaient venus voir la Garde républicaine à cheval. M. Giscard d'Estaing en était arrivé à exiger, lors des dîners officiels, d'être servi le premier, comme autrefois le roi de France. C'est une attitude amusante.»

Il ne dit pas pour autant que de Gaulle allait aussi loin.

«Non, il n'était pas pompeux à ce point. Mais il était très rigide. Après tout, c'était un militaire. Il avait l'attitude d'un général, mais

55

se comportait en chef d'Etat. Vous savez que, pour les chefs militaires, les épouses n'ont que peu d'importance... Eh bien, c'était également vrai du président de Gaulle. Mme de Gaulle se tenait toujours à trois pas derrière lui. Et pourtant, il y avait certainement beaucoup d'affection entre eux. Simplement, de Gaulle se servait des gens. S'ils ne lui étaient pas utiles, ils ne l'intéressaient pas.»

Quand de Gaulle découvrit, à son grand déplaisir, que Rainier ne céderait pas sans combattre, l'affrontement devint très tendu.

«Il voulait que nous nous alignions sur le système fiscal français. Ensuite, quelqu'un du ministère des Finances, qui était alors dirigé par Giscard, a mis dans la tête du Général que beaucoup d'argent en provenance d'Afrique du Nord était caché ici, et qu'il devait rentrer en France. De Gaulle a alors décidé que les négociations étaient inutiles. Que sa parole aurait force de loi. Pour le prouver, il a ordonné la création de barrières douanières autour de Monaco.»

Deux compagnies de gendarmerie stationnées à Nice furent mises en état d'alerte. Des rumeurs coururent dans tout Monaco, selon lesquelles les parachutistes français s'apprêtaient à prendre la place du Casino.

Le 12 octobre 1962, la police et les douanes bouclèrent la frontière. Elles se conformèrent strictement aux règlements en vigueur et se réfugièrent derrière toutes sortes d'absurdités mesquines. Si par exemple vous aviez un autoradio, ils vous demandaient où vous l'aviez acheté et exigeaient de voir la facture. Si vos papiers n'étaient pas parfaitement en règle, vous étiez refoulé.

Ensuite, de Gaulle menaça de priver Monaco d'eau et d'électricité.

«Je ne sais ce qui nous serait arrivé s'il l'avait fait, mais j'ai toujours cru que cela aurait pu lui être fatal. Ç'aurait été parfaitement stupide de sa part, puisqu'il n'y avait jamais eu aucune agression de notre fait. A l'époque, je donnais des interviews à la presse en essayant de montrer que nous n'étions pas antifrançais en tenant tête à de Gaulle. Je m'élevais simplement contre des mesures qui nous affectaient, et qui étaient prises au nom de la France, alors que nous n'avions pas eu la moindre occasion d'en discuter.»

L'objectif de De Gaulle, tel que Rainier le voyait, constituait une atteinte directe à la souveraineté de la Principauté. Il fut même

56

question un moment, au Quai d'Orsay, de détrôner Rainier et de l'envoyer en exil.

Ce n'est que lorsque la presse se mit à décrire Monaco comme un pays assiégé que les choses commencèrent à bouger. Beaucoup de gens pensaient que, de Gaulle ayant perdu l'Algérie, il avait besoin de redorer son blason en s'emparant de la Principauté. Cela se lisait en filigrane dans les violentes critiques des journaux à l'occasion de la fermeture des frontières. Un quotidien, pourtant de droite, demanda même: «Pourquoi le Général prend-il une bombe atomique pour écraser une mouche?»

Cette image plut tout particulièrement à Rainier. Elle lui valut aussi beaucoup de lettres de soutien, venues non seulement de France, mais aussi du monde entier. Il fallut néanmoins quinze mois, vu l'obstination de De Gaulle, pour négocier un accord avec Paris.

«Une fois que nous en sommes venus à des négociations sérieuses avec les techniciens des divers ministères, nous avons compris que tout se passerait bien. Nous constatons qu'ils étaient même un peu gênés par toute cette histoire, où de Gaulle était allé trop loin. Après toutes ces avanies, notre principale concession a été d'admettre que les Français vivant à Monaco devraient payer leurs impôts à l'Etat français. Nous sommes parvenus à un compromis aux termes duquel aucun Français, à partir de 1963, ne pourrait échapper aux obligations fiscales de son pays en vivant à Monaco. Mais, après tout, c'est ce que de Gaulle voulait depuis le début.»

Les contrôles douaniers disparurent, les gendarmes également, et la vie reprit son cours normal – même si, quelques années plus tard, Rainier et de Gaulle durent s'affronter une nouvelle fois.

Quand le Général ferma les bases américaines en France et quitta l'OTAN, Rainier annonça que les navires de la flotte américaine se verraient accorder la permission de relâcher à Monaco.

«De Gaulle n'a pas aimé me voir refuser de tourner le dos aux Américains. Mais, cette fois, il ne pouvait pas y faire grand-chose. Je ne les ai pas invités à venir ici pour des raisons simplement économiques, même s'il y a toujours beaucoup d'argent en jeu quand un navire de guerre décide de mouiller au port. Les gars descendent à terre et dépensent. Je pensais simplement que de Gaulle adoptait une attitude erronée vis-à-vis des Américains. Je ne voyais pas pourquoi nous aurions dû faire de même.»

Dans le contexte de cette époque, affirme l'ex-secrétaire d'Etat américain à la Marine, John Lehman – cousin par alliance de la princesse Grace –, il était courageux de s'opposer au Général : «En dépit des difficultés qu'il avait avec de Gaulle, Rainier a continué à accueillir les navires américains, et les a même accueillis à bras ouverts. De Gaulle a détesté ça. Mais Rainier ne s'est pas laissé intimider. Il était prêt à en assumer les conséquences. Alors que les Français faisaient preuve de brutalité, Rainier a pris la peine de nous manifester fermement son soutien. Il a toujours été très pro-américain. C'est une attitude antérieure à Grace ; elle l'a simplement renforcée. »

Et pourtant, la volonté de Rainier d'«assumer les conséquences» n'était pas sans éprouver ses nerfs.

Au cours de sa bataille avec de Gaulle, le Prince écrivit ainsi à un de ses amis : «Il est terrible de sentir sa petitesse et sa fragilité devant un pouvoir et une détermination écrasants. J'espère, et je prie, que cela se terminera bien, mais en attendant cela sera dur, amer et difficile.»

Jugeant que ce sont là les mots qu'il emploierait encore pour décrire cette période, Rainier estime que l'une des choses qui lui permit d'en venir à bout fut d'apprendre à compter sur Grace.

«Au début, elle a dit que peut-être j'aurais pu me comporter plus calmement avec Pelletier. Mais elle voyait bien qu'il n'avait pas rempli ses obligations envers moi. Ce fut la première crise diplomatique sérieuse qu'elle ait connue. C'était pour elle un territoire inconnu. Elle a dû apprendre, découvrir elle-même ce qui se passait. Une fois qu'elle eut compris, elle m'a soutenu tout au long.»

Il ajoute qu'ils discutaient longuement de ce qui se passait; il avait confiance en elle et recherchait son appui.

«Elle proposait toujours des suggestions, mais ne se mêlait pas de mes décisions. Je n'irais pas jusqu'à dire qu'elle était mon meilleur conseiller, parce que jamais elle n'a voulu assumer cette position. Au contraire, elle me mettait toujours en garde, me disait de ne pas agir trop vite. Elle tenait à ce que je maintienne le dialogue avec les Français, en me suggérant de ne pas foncer trop rapidement, ou de ne pas être trop dur.»

Il s'interrompt un instant :

« Elle et moi formions vraiment une bonne équipe. »

4

Idylle en public

Quand le comédien Bill Cosby fut pour la première fois présenté à la princesse Grace, un de leurs amis dit : «Vous vous connaissez sans doute déjà, puisque vous venez tous les deux de Philadelphie.»

«Oh que oui! répondit aussitôt Cosby. Sa famille possédait la mienne.»

John Brendon Kelly, neuvième enfant d'une famille qui en comptait dix, était un homme coriace, plein d'énergie, grand buveur, sensible aux charmes féminins, qui, comme tant de fils d'immigrants, sut se battre pour passer de la pauvreté à la richesse, comme le veut le rêve américain.

Ses parents, venus du comté de Mayo, en Irlande, partirent vers le Nouveau Monde sans rien en poche, simplement pourvus d'un lourd accent et de grands espoirs. John B., qu'on appela toujours Jack, naquit en 1890 à East Falls, un quartier de Philadelphie où se rassemblaient les ouvriers irlandais. Il y fut élevé à une époque où ses pareils étaient appelés des «Micks», et le mieux qu'ils pouvaient espérer, s'ils ne devenaient pas boxeurs poids lourd, ou à la rigueur poètes alcooliques, c'était un travail de journalier.

Pour venir en aide à sa famille, Jack, dès l'âge de neuf ans, travailla, après l'école, dans les usines locales, et finit, trois années plus tard, par renoncer aux études pour entrer à plein temps comme apprenti maçon chez un de ses frères aînés, qui venait de créer sa propre entreprise de construction.

Mais un autre destin attendait Jack.

Il avait l'énergie pour réussir, et des talents de rameur. Le bâtiment lui avait musclé les bras et le dos; il se mit à l'aviron sur la rivière Shuykil, toute proche, et devint vite un champion. Revenu de l'armée en 1918, après la guerre, lui et ses coéquipiers passèrent les deux ans qui suivirent à préparer les Régates d'Henley, en Angleterre, puis les Jeux Olympiques d'Anvers. Mais, deux jours avant son départ pour l'Europe, un télégramme venu d'Henley lui parvint: «Candidature rejetée.»

L'explication officielle fut, et demeure, que Kelly ne pouvait être autorisé à concourir parce que son club avait été officiellement exclu pour avoir violé les règles régissant le statut d'amateur lors de l'édition de 1905. Il semble cette année-là on ait envoyé des rameurs à Henley en faisant appel à des donateurs pour couvrir les dépenses. Un responsable britannique trouva cela si offensant qu'il alla jusqu'à proposer l'exclusion de toutes les équipes américaines, alors que les organisateurs des régates n'étaient pas allés aussi loin. Toutefois, l'interdiction faite au club demeurait toujours en vigueur en 1920.

Kelly, quant à lui, donna toujours une explication tout à fait différente. Il maintint, sa vie durant, qu'on l'avait refusé parce qu'il avait travaillé de ses mains, et que quiconque était dans ce cas se voyait refuser le droit de se mesurer aux «gentlemen» de Henley, si sensibles aux différences de classes.

De fait, une interdiction de ce genre exista bel et bien, non seulement à Henley, mais pour tous les rameurs amateurs de Grande-Bretagne, et ce jusqu'aux environs de la Seconde Guerre mondiale. Jack Kelly, tant qu'il vécut, accusa donc les Britanniques d'être des snobs et des butors qui, de toute évidence, avaient bien trop peur que leurs prétendus «gentlemen» ne puissent faire bonne figure face aux gens comme lui.

Quelle que soit la véritable version des faits, reste que Kelly prit la chose comme un affront personnel, et jura qu'un jour il aurait sa revanche. Laquelle devait devenir partie intégrante de la mythologie sportive américaine.

Non seulement il vainquit, deux mois plus tard, les meilleurs rameurs britanniques lors des Jeux Olympiques – il revint avec deux médailles d'or –, mais il passa des années à entraîner son fils qui, en 1947 puis en 1949, remporta à deux reprises les Régates de Henley, rappelant ainsi aux Anglais l'insulte faite à son père.

Jack Kelly, que son vieil ami Franklin Roosevelt décrivit une fois comme étant «le plus bel homme que j'aie jamais vu», ne manquait pas de charme, de sentiment ni d'humour, et, jusqu'à sa mort, conserva un physique d'athlète, une volonté résolue d'obtenir tout ce qu'il voulait, et la passion de la politique. En 1919, il emprunta 2 500 dollars à deux de ses frères pour monter une entreprise appelée Kelly For Brickwork, qui connut une telle réussite qu'en 1935, il s'en servit comme tremplin pour se porter candidat à la mairie. Il fut battu, et ne sollicita jamais d'autre mandat, bien qu'il ait, en 1936, caressé l'idée de se présenter au Sénat, et ait été, jusqu'en 1940, président du Comité démocrate de Philadelphie. Cela ne l'empêcha pas de rester toute sa vie une personnalité très influente de la politique locale. On dit souvent en ville que Jack Kelly avait tant de relations qu'entre 1925 et 1955 aucun bâtiment ne fut construit dans le centre de Philadelphie sans qu'il décroche le contrat.

En 1924, Jack épousa Margaret Majers, qu'il connaissait depuis neuf ans. Fille d'immigrants allemands, c'était une luthérienne venue de Strawberry Mansion, autre quartier de Philadelphie. Elle avait grandi en parlant Allemand à la maison et imposa à ses enfants la forte discipline prussienne qui avait joué un si grand rôle dans sa propre enfance. Chacun lui obéissait et Jack lui-même n'osait pas la contredire. Elle tenait aussi à ce que ses rejetons apprennent à parler l'allemand couramment, mais ils cachaient les livres de grammaire parce qu'ils détestaient cette langue et craignaient – on était à la fin des années 30 – que ce ne fût pas une attitude très patriotique pour d'honnêtes Américains.

Ancienne cover-girl de magazine, elle fit deux ans d'études à la Temple University et y décrocha une maîtrise d'éducation physique – discipline qu'elle s'en alla enseigner à l'université de Pennsylvanie : elle était la première femme à le faire. Elle se convertit au catholicisme pour épouser Jack, et leur premier enfant, Peggy, naquit moins d'un an plus tard. Leur fils John – qui fut toujours appelé Kell – suivit deux ans plus tard, en 1927, Grace vint au monde le 12 novembre 1929, et Lizanne, la dernière-née, en 1933.

Ma Kelly était très à cheval sur les principes, et chaque minute de ses journées était programmée selon un horaire très strict. Il y avait tant de temps pour le petit déjeuner, tant de temps pour écouter la radio, une heure précise pour les leçons de piano, pour aller au lit. Elle gouvernait la maisonnée d'une main de fer et, une fois qu'elle avait tranché, mieux valait s'exécuter.

Des années plus tard, Caroline, Albert et Stéphanie eurent l'occasion de voir Ma Kelly au sommet de sa forme quand ils passaient l'été, avec leurs parents, dans la demeure familiale des Kelly, tout près de la plage d'Ocean City, New Jersey.

Rainier et Grace emmenaient les enfants rendre visite à leurs grands-parents et à leurs cousins américains et, à l'heure des repas, Ma Kelly s'asseyait à la place d'honneur. A chaque fois qu'elle voyait Rainier prendre ses aises, elle le piquait de la pointe de sa fourchette et s'écriait d'une voix perçante: « Les coudes! », jusqu'à ce qu'il les ôte de la table.

Les Kelly vivaient dans une maison de quinze pièces, construite par Kelly For Brickwork, au 3901 Henry Avenue, dans ce qui était alors une banlieue résidentielle de Philadelphie surnommée Germantown. C'est là que naquit Grace. Sa mère la décrit comme une enfant heureuse, bien qu'elle ait été asthmatique et que, toute son enfance, elle ait souffert d'otites et d'infections de la gorge.

Il est intéressant de noter que ces fréquentes maladies l'ont peut-être amenée involontairement à se tourner vers le théâtre.

Ses parents étaient tous deux férus d'athlétisme et faisaient tout pour encourager leurs enfants à exceller en ce domaine; pour Jack et Ma, cela venait tout juste après la religion et la réussite scolaire. Kell ne se contenta pas de remporter les Régates de Henley, il obtint aussi une médaille de bronze lors des épreuves d'aviron des Jeux Olympiques de 1956, tandis que Peggy et surtout Lizanne devenaient d'excellentes nageuses. Grace jouait au tennis, fut capitaine de l'équipe de hockey sur gazon de son école, nageait et plongeait. Mais, contrairement à son frère et à ses sœurs, elle ne devint jamais une véritable athlète. Elle ne sortait pas du même moule et n'était pas, comme eux, passionnée de sport.

La maladie la confinant souvent au lit, elle découvrit les joies de la lecture. Née dans une famille où la compétition, surtout dans le domaine sportif, jouait un tel rôle, elle se retrouvait un peu en surnombre.

Kell était bien le fils de son père, dont Peggy était la favorite. Et Lizanne était le bébé de la famille, aussi pouvait-elle s'en tirer à chaque fois ou presque. Grace n'était ni aussi jolie que ses sœurs, ni aussi extravertie que les trois autres. Elle était prise en plein milieu, et tendait à se replier dans sa coquille.

Mais elle était la favorite de «Fordie» et, des années plus tard, disait encore que les souvenirs de son amitié avec lui comptaient parmi les plus agréables de son enfance.

Godfrey Ford travaillait pour les Kelly, dont il était l'homme à tout faire. On aurait presque dit une caricature à la Harriet Beecher-Stowe. C'était un Noir aimable et doux, venu des quartiers nord de Philadelphie, qui passa sa vie chez les Kelly, auxquels il était totalement dévoué, et vit les enfants grandir à mesure qu'eux le voyaient vieillir.

Grace adorait raconter des histoires le concernant. La famille partait ainsi pour l'été à Ocean City; tous les enfants accompagnaient leurs parents en voiture, mais pas elle. Elle s'en allait dans un vieux camion conduit par Fordie. Ma Kelly craignait toujours qu'ils aient un accident, mais cela n'empêchait pas Grace de grimper sur le siège avant à côté de Fordie, avec leurs bagages, et même une partie du mobilier familial, installés à l'arrière. Il leur fallait deux fois plus de temps que les autres pour arriver à la plage, mais ils riaient tout au long du voyage, parfois il la laissait conduire, tous deux se racontaient des histoires et chantaient.

Fordie a peut-être été le premier à dire que, si elle n'était pas, comme ses frères et sœurs, une athlète, cela n'avait pas vraiment d'importance.

Ma Kelly étant, comme on l'a vu, férue d'ordre, Grace fut inscrite à la Ravensburg Academy d'East Falls, école paroissiale tenue par des religieuses qui se chargeaient d'inculquer la discipline et les bonnes manières. Quand elle eut douze ans, toutefois, elle parvint à convaincre sa mère que la Stevens School, moins sévère, lui conviendrait mieux, et fut autorisée à s'y rendre.

C'est à peu près à cette époque qu'elle se mit à regretter de ne pas être un garçon.

Comme elle l'expliqua plus tard, son père avait eu sur elle une énorme influence. Il avait l'habitude de sermonner ses enfants: «On n'a rien sans rien.» Grace grandit donc en croyant que tout ce qui en valait la peine devait être gagné, et qu'on y parvenait en travaillant dur. Le problème, pour une adolescente des années 40, c'est que les meilleures occasions allaient toujours aux garçons.

«Mon père était un meneur d'hommes, dit-elle une fois à un journaliste. Il fallait le suivre, quel qu'en soit le prix. Et c'était plus facile pour un garçon que pour une fille.» Elle ajoutait pourtant : «Avoir un père enthousiaste, c'est un merveilleux début dans la vie.»

Manifestement, elle avait hérité cet enthousiasme, qui se manifesta pour la première fois quand on l'emmena à une représentation des Ballets russes. Enchantée, elle se mit à étudier à la fois le piano et la danse classique – qui, les maladies infantiles ayant pris fin, supplanta avec la gymnastique l'athlétisme. Elle pensa même un moment qu'il lui plairait de devenir danseuse.

C'est alors qu'elle découvrit le théâtre.

Elle fit ses débuts à douze ans avec l'Old Academy Players d'East Falls, dans une production intitulée *Ne donnez pas à manger aux animaux*, puis parut dans une autre, avant d'être, à son grand ravissement, choisie par la troupe pour jouer dans *Les Porteurs de flambeaux*, pièce écrite par son oncle George.

En juin 1947, ayant achevé ses études à la Stevens School, elle posa sa candidature pour entrer à Bennington College, dans le Vermont. Mais elle n'avait jamais été très portée sur les sciences et les mathématiques, et ses résultats scolaires n'étaient pas suffisants.

Bennington refusa. Qui peut dire ce qu'elle serait devenue, si on l'avait acceptée?

Elle suivit certains cours à la Temple University, tout en s'interrogeant sur ce qu'elle allait faire. Une fois résolue à tenter sérieusement de devenir comédienne, elle se rendit à New York, s'installa au Barbizon – hôtel pour jeunes femmes de bonne famille – et s'inscrivit à l'American Academy of Dramatic Arts.

Voir Grace, à peine âgée de dix-huit ans, partir chercher gloire et fortune dans une aussi grande ville n'était pas facile à accepter pour Jack Kelly. Sa propre sœur, elle aussi prénommée Grace, avait, bien des années auparavant, témoigné d'un vif intérêt pour le théâtre. Mais ses parents avaient mis un terme à sa carrière avant même qu'elle ait commencé, car, à cette époque, les jeunes filles bien élevées ne s'adonnaient pas à ce genre d'activités. Comme Grace – la nièce – le dit un jour : «Ma tante avait commis l'erreur de naître une génération plus tôt. J'ai eu davantage de chance.»

En effet.

Elle avait aussi, dans la famille de son père, deux oncles grâce auxquels une carrière théâtrale ne paraissait pas impossible.

Walter Kelly, bien plus âgé que son père, était un acteur itinérant qui, étant jeune, avait connu un petit succès en jouant le rôle d'un personnage de vaudeville surnommé «Le juge de Virginie». Il se rendit à Hollywood aux premiers temps du cinéma américain, mais sa carrière n'alla jamais bien loin, et il mourut en 1938, alors que Grace avait neuf ans. Elle grandit pourtant en sachant qu'un de ses oncles était «monté sur les planches», et les histoires de l'oncle Walter étaient un sujet traditionnel lors des discussions autour de la table familiale.

George Kelly, cependant, connut un succès infiniment plus grand que Walter. Il était né juste avant Jack, bien que les deux frères fussent très différents. Jack était un homme d'action, George un rêveur, qui fut d'abord acteur de théâtre, lui aussi, avant de se mettre à écrire des pièces. Il fut le parrain de Grace, sur laquelle il eut sans doute une influence décisive. *La Femme de Craig,* un de ses drames, remporta le prix Pulitzer en 1926 et eut un succès qui lui valut finalement de se retrouver à Hollywood, où il fit partie de l'équipe de scénaristes de la MGM. Les années qu'il y passa ne furent pas à la hauteur des promesses de Broadway, mais être la nièce de George Kelly ouvrit bel et bien quelques portes à Grace, du temps où elle avait désespérément besoin de percer.

Elle passa ainsi une audition, sans dissimuler sa parenté, devant l'American Academy, avec, parmi d'autres tirades, un discours extrait des *Porteurs de flambeaux.*

Au cours des années qui suivirent, elle s'initia à la diction, aux gestes, à la manière de bouger sur scène. Elle apprit à surmonter sa timidité et à construire un personnage. Elle étudia l'improvisation et la «Méthode» chère à l'Actor's Studio.

Grace s'aventura jusqu'au Bowery, pour voir tituber les clochards, afin d'être en mesure d'incarner une pocharde. Ensuite, on l'envoya au zoo étudier la façon dont les animaux évoluaient. L'école d'art dramatique, dit-elle plus tard lors d'une interview, fut le seul endroit où on lui ait jamais demandé de jouer le rôle d'un lama.

Elle vivait encore au Barbizon – les hordes de jeunes gens qui traînaient dans l'entrée la surnommaient souvent «l'Amazone», parce qu'aucune des résidentes ne pouvait se flatter d'être aussi belle que Grace –, quand un de ses amis lui dit qu'elle pourrait se faire un peu d'argent en devenant mannequin. Dans un premier temps, elle refusa, puis se laissa convaincre et, avant même d'avoir atteint ses dix-neuf ans, se mit à travailler pour une petite agence qui la payait sept dollars cinquante de l'heure. A l'époque, c'était un assez bon salaire, si l'on pense qu'une bonne part de la planète avait bien du mal à gagner un dollar dans le même temps. En peu de temps, son allure de blonde très «fille d'à côté», comme on disait alors, lui valut de participer à des campagnes publicitaires d'ampleur nationale. Elle vendit du dentifrice Ipana, des cigarettes Old Gold, du shampooing antipelliculaire, des crèmes de beauté et plusieurs marques de bière. Son salaire horaire passa à vingt-cinq dollars, et quand elle sortit de l'American Academy of Arts, elle faisait des présentations de mode pour les actualités cinématographiques à raison de quatre cents dollars par semaine.

Qu'elle ait pu ou non devenir l'un des plus grands mannequins de New York est une autre histoire. Le problème, tel qu'elle le voyait, c'est que ce n'était pas être actrice, et qu'elle voulait faire carrière au théâtre. Et en ce domaine, bien qu'elle fût la nièce de George Kelly, et eût un père très riche, Grace n'était pas encore tirée d'affaire.

Elle fit le tour des agences théâtrales de Broadway pour s'entendre répondre à chaque fois : «Laissez votre adresse, on vous écrira.» Elle fut soumise à l'humiliation que connaissent les acteurs et les actrices qui débutent, et doivent rester debout des heures durant, à faire la queue en compagnie d'autres comédiens pleins d'espoir, pour finir par se voir demander de lire une dizaine de lignes et se faire interrompre, dès qu'ils ont commencé, par une voix venue du fond de la salle plongée dans l'obscurité, et qui dit: «Merci. Suivant!»

Mesurant près d'un mètre soixante-quinze, elle était trop grande pour jouer la jeune fille innocente qu'annonçait son joli visage et ses grands yeux bleus. Pourtant, elle s'obstina jusqu'à ce qu'elle obtienne son premier véritable engagement. C'était à l'été 1949, au Bucks County Playhouse de New Hope, Pennsylvanie, pour une production des *Porteurs de flambeaux* de George Kelly.

L'oncle George avait parlé d'elle pour le rôle, mais elle ne l'obtint pas simplement parce qu'elle était sa nièce. Elle fut engagée parce que le metteur en scène pensait qu'elle serait «bien». Peut-être ne laissa-t-elle pas un souvenir inoubliable, mais elle travailla dur, et se révéla assez convaincante pour être engagée dans la seconde production de l'été, *L'Héritière*.

Et, cette fois, elle fut très bonne.

Des remarques flatteuses à Bucks County menèrent à un bout d'essai cinématographique. Le metteur en scène Gregory Ratoff tournait un film intitulé *Taxi* et pensait qu'elle serait peut-être celle qui convenait pour jouer la jeune immigrante irlandaise. Elle passa l'épreuve à New York, mais se convainquit qu'elle avait échoué quand le rôle fut donné à Constance Smith.

Elle passa d'autres auditions jusqu'à ce qu'elle décroche le rôle de la fille de Raymond Massey dans une reprise à Broadway du *Père* de Strindberg. Massey était un acteur de haute taille, d'allure majestueuse, donc cette fois le problème ne vint pas de ce qu'elle fût trop grande. Il vint du *New York Times*. Il lui accorda la mention passable, mais éreinta son partenaire. Le pouvoir du journal étant ce qu'il a toujours été à Broadway, les représentations s'interrompirent au bout de neuf semaines à peine.

Grace passa le reste de l'hiver 1949 à auditionner, à faire le mannequin pour gagner sa vie – mais, comme actrice, elle était au chômage.

Bien entendu, la chance, le moment favorable jouent un rôle important dans toutes les carrières. Mais, dans le cas de Grace, ils semblent avoir joué à merveille. Elle était au bon endroit au bon moment, parce que, au début des années 50, c'est à New York que la télévision était installée. A cette époque, elle devenait rapidement la plus importante arène d'Amérique pour tous les acteurs et les actrices en herbe.

Incapable de décrocher un nouveau rôle à Broadway, Grace s'intégra au circuit des dramatiques télévisées hebdomadaires. Elle se mit à apparaître régulièrement, puis à jouer en vedette, dans les émissions sponsorisées par Philco/Goodyear. Cela mena à d'autres apparitions dans toutes les grandes productions télévisées du moment.

La télévision devint un centre de formation décisif pour les jeunes comédiens et comédiennes désireux de faire carrière dans le monde du spectacle. En deux ans et demi, Grace prit part à pas moins de soixante dramatiques télévisées retransmises en direct.

En 1951, au moment même où elle commençait à se faire un nom en ce domaine, elle se vit proposer son premier contrat au cinéma, un petit rôle dans *Quatorze heures*.

Le film, inspiré d'un fait divers authentique, est l'histoire d'un homme qui, quatorze heures durant, se tient en haut d'un gratte-ciel, menaçant de sauter dans le vide. Ce ne fut pas un grand succès commercial, et il ne fit pas grand-chose pour aider la carrière de Grace à démarrer. Ironiquement, on le voit de temps en temps à la télévision américaine, non seulement parce que c'est le premier film de Grace, mais aussi parce que la mise en scène d'Henry Hathaway

67

est excellente. Richard Basehart s'y montre efficace et Barbara Bel Geddes – qu'on a revue depuis dans *Dallas* – est la meilleure du lot.

Au cours de ces années d'apprentissage, George Kelly fit tout ce qui était en son pouvoir pour aider sa nièce. A une occasion, au tout début, il téléphona à un de ses amis, le producteur Gant Gainther, pour lui suggérer de voir Grace à l'œuvre. C'était l'été où elle jouait à Bucks County. Gainther accepta de s'y rendre un week-end en voiture et d'y rencontrer le dramaturge, à qui il proposa d'aller dîner avant d'assister au spectacle. Kelly, toutefois, se montra peu enthousiaste. Si désireux qu'il fût de venir en aide à Grace, il dit à Gainther: «Comment? Voir une de mes pièces jouée par une troupe d'amateurs? Jamais!» Gainther dut renoncer et y alla seul. Néanmoins, ce qu'il vit lui plut, et il savait qu'engager Grace serait faire une faveur à son oncle. Il y fallut un certain temps, mais il finit par donner une chance à la jeune femme dans une pièce intitulée *Alexander*, lors d'une de ces tournées en province destinées à roder les comédiens. Elle jouait un rôle assez sensuel et, bien que les critiques new-yorkais aient écrit que «Grace Kelly était trop froide pour être sexy», c'est précisément cette particularité qui un jour devait faire d'elle une grande vedette de cinéma. Gainther lui dit à Albany : «Vous aurez le rôle quand nous arriverons à New York.»

Presque quarante ans plus tard, Gainther se souvient, attendri : «C'était une jeune fille charmante qui est devenue une femme magnifique. Ce qui m'a le plus étonné chez elle, c'est la sûreté de son jugement. Elle avait un bon sens extraordinaire. Bien avant qu'elle soit mariée, si je travaillais à un spectacle et avais besoin d'aide, je lui demandais de passer le voir. Si elle se montrait critique, elle faisait toujours des suggestions pour y remédier. Elle avait un sens merveilleux de la construction.»

Peu avant que le spectacle, longeant l'Hudson, ne parvienne à New York, Grace reçut un coup de fil inattendu lui apprenant que Stanley Kramer, le producteur hollywoodien, la voulait pour un western intitulé *Le Train sifflera trois fois*, que devait diriger Fred Zinneman.

Elle tourna le film à l'automne 1951, après avoir passé une bonne partie de l'été à jouer des pièces de répertoire dans le Colorado, ce qui lui avait valu des bons rôles, mais toujours d'ingénue.

Le Train sifflera trois fois fut sa première expérience hollywoodienne. Toutefois, tenir le rôle d'Amy Kane face au shérif incarné par Gary Cooper – à qui cela valut un oscar – ne fit pas d'elle une vedette. Le film est aujourd'hui légendaire, mais, une fois qu'elle eut terminé, Hollywood se contenta de lui dire merci et de lui donner un billet pour New York.

Grace revint dans l'appartement qui lui tenait lieu de foyer, 200, 66e Rue Est, travailla pour la télévision, et se remit à battre le pavé à la recherche d'un rôle à Broadway.

Puis, de nouveau sans prévenir, un appel téléphonique lui parvint, cette fois de la part du producteur Sam Zimbalist et de John Ford, qui voulaient l'engager pour lui confier le second rôle féminin dans un film qu'ils comptaient tourner en Afrique, et qui s'appelait *Mogambo*.

Ce n'était pas, pourtant, comme elle le crut d'abord, son interprétation dans *Le Train sifflera trois fois* qui lui valut cette offre. C'était en réalité le bout d'essai qu'elle avait tourné pour Gregory Ratoff. L'ayant vu, par le plus grand des hasards, Zimbalist et Ford avaient décidé de l'engager. Elle partit donc pour le Kenya avec Clark Gable, qui reprenait là un rôle qu'il avait déjà tenu en 1932 dans la première version du film – intitulée *La Belle de Saigon* – où il donnait la réplique à Jean Harlow, et avec Ava Gardner qui était la vedette féminine. Et l'interprétation que Grace donna de la glaciale Linda Norley, l'«autre femme», lui valut cette année-là une nomination à l'oscar du meilleur second rôle féminin.

Très gentiment, elle a toujours crédité John Ford de son succès dans ce film, comme de lui avoir appris beaucoup de choses sur l'art du comédien de cinéma. Elle disait souvent qu'il savait jusqu'à quel point il pouvait pousser ses acteurs sans les contraindre à outrepasser leurs propres limites. Il ne fait aucun doute qu'en 1953 Grace Kelly était devenue une star, bien que, cette année-là, Donna Reed ait remporté l'oscar du meilleur second rôle féminin pour *Tant qu'il y aura des hommes* – tandis que Frank Sinatra se voyait attribuer celui de meilleur second rôle masculin pour le même film.

Alfred Hitchcock avait, lui aussi, vu le bout d'essai tourné par Gregory Ratoff, et engagea Grace pour donner la réplique à Ray Milland dans *Le Crime était presque parfait*. Puis il lui donna James Stewart comme partenaire dans *Fenêtre sur cour*.

Elle tourna ensuite *Une fille de la province* avec Bing Crosby et William Holden. Ironiquement, quelques années auparavant, le producteur de la pièce dont on avait tiré le film avait refusé Grace pour le même rôle, qui lui valut l'oscar de la meilleure actrice.

Passée du dentifrice Ipana à Hollywood, Grace Kelly était devenue un nom célèbre aux Etats-Unis. Vers le milieu des années 50, elle servit de modèle à toute une génération de jeunes filles, qui s'habillaient comme elle, se coiffaient comme elle et s'efforçaient de parler comme elle. A cette époque, si vous étiez jolie, rien ne vous faisait plus plaisir que d'entendre quelqu'un vous dire: «Tu es aussi belle que Grace Kelly!»

Au grand ravissement de la MGM, avec qui elle avait depuis longtemps signé un contrat de sept ans, à sept cent cinquante dollars la semaine, Grace Kelly se mit soudain à valoir une fortune, et la firme fit de gros profits en la louant à d'autres studios. Elle la fit bien tourner dans *L'Emeraude tragique* avec Stewart Granger, mais, cela fait, la céda à Paramount pour *Les Ponts de Toko-Ri*, avec William Holden et Frederic March, et, pour la troisième fois, à Alfred Hitchcock pour *La Main au collet*, où elle donna la réplique à Cary Grant.

Quand elle revint du Sud de la France – où elle avait pu apercevoir, de loin, Monaco tandis qu'on tournait la séquence en voiture, aujourd'hui célèbre, le long de la Grande Corniche –, MGM annonça qu'elle allait tourner avec Robert Taylor un long métrage intitulé *Quentin Durward*.

Mais Grace détesta le script dès qu'elle en prit connaissance. Le rôle que le studio comptait lui confier se réduisait à se promener coiffée d'un grand chapeau, et à contempler Robert Taylor se battre en duel. Elle prévint donc la MGM qu'elle ne ferait pas le film. On lui répondit qu'elle y était tenue, en lui rappelant qu'elle était sous contrat. Elle s'obstina et refusa une nouvelle fois. La firme la mit donc à l'amende en la suspendant. Si elle ne voulait pas honorer ses engagements, la MGM avait bien l'intention de lui donner une leçon : elle ne travaillerait plus pour personne.

Début 1955, la carrière de Grace Kelly semblait bien être dans l'impasse.

Dix ans durant, de la fin de la guerre à 1955, le prince Rainier fut le célibataire le plus recherché du monde.

Il était séduisant. Tout le monde savait qu'il était le maître d'un pays, et se disait que, par conséquent, il devait être riche. Et la femme qu'il choisirait d'épouser deviendrait princesse. Il était donc sans cesse invité à des dîners, et découvrait à chaque fois qu'on l'avait placé à côté d'une dame qu'il n'attendait pas. Et son hôte ou son hôtesse chuchotait invariablement: «Nous avons pensé que vous vous entendriez bien tous les deux.»

Il est donc compréhensible qu'au bout de peu de temps il ait cessé de se rendre à ce genre de réceptions.

Après s'être querellé avec son grand-père, à la fin du conflit mondial, Rainier avait acheté une petite villa à Saint-Jean-Cap-Ferrat, en face de Villefranche. Il l'avait payée au prix fort malgré un petit jardin, parce qu'elle était située au bord d'une petite baie où il pouvait faire de la natation. Il y vivait en célibataire, bien que, une fois monté sur le trône, il passât généralement la semaine au Palais pour n'y venir que pendant les week-ends.

La villa lui était d'autant plus chère qu'il y vivait – cela dura près de six ans – avec son amie, Gisèle Pascal. Tous deux s'étaient rencontrés du temps où il était étudiant à Montpellier. Actrice de théâtre, elle était venue de Paris pour jouer dans une pièce. Tous deux avaient le même âge, et les mêmes origines méditerranéennes – elle était née à Cannes. L'été, ils faisaient de la voile ensemble, s'en allaient skier l'hiver, et, à mesure que le temps passait, les rumeurs selon lesquelles ils allaient se marier se firent de plus en plus pressantes. Mais le mariage dont les «sources bien informées» prédisaient l'imminence n'eut jamais lieu.

Les journaux, toujours soucieux de ranimer la flamme, prétendirent que tous deux ne pouvaient s'unir parce que jamais les Monégasques n'accepteraient que leur Prince épouse une actrice. C'est pourtant ce qu'avait fait le prince Louis – et c'est ce que Rainier ferait un jour. Ensuite, on avança que le Conseil national ne lui permettrait pas d'épouser une roturière – Gisèle Pascal était fille de fleuriste. Cela aussi était sans fondement; on écrivit bien, par la suite, que le père de Grace Kelly était maçon...

Pour finir, on prétendit qu'il leur avait été interdit de se marier parce que Gisèle Pascal ne pouvait avoir d'enfant. La rumeur voulait que le Conseil national persécutât Rainier, craignant que, à défaut d'héritier, la Principauté ne soit annexée par la France.

Tout cela était absurde.

«Nous n'avions pas de raison de nous marier, dit Rainier aujourd'hui. Nous sommes restés ensemble pendant six ans, et c'était parfait tant que cela a continué, mais je crois que nous avons tous deux jugé que cela avait assez duré. C'est une liaison qui s'est terminée d'elle-même. Je ne crois pas qu'il y ait eu, des deux côtés, de véritable intention de se marier. Aussi longtemps que les choses allaient bien, tout était en ordre. Ensuite, cela a pris fin, c'est tout.»

De toute évidence, tous deux furent affectés par leur rupture. Au bout d'un moment, Gisèle Pascal se maria et eut un enfant – mettant un terme aux rumeurs selon lesquelles son impossibilité d'en avoir l'avait empêchée de devenir princesse de Monaco. Rainier, de son côté, partit en croisière à bord de son bateau pour l'Afrique de l'Ouest.

Bien entendu, dès son retour à Monaco, il fut de nouveau la proie des marieurs en tout genre. Aristote Onassis lui-même tenta de lui dénicher une épouse. Convaincu que seul quelqu'un d'exceptionnel pourrait faire l'affaire, l'armateur grec estima que Marilyn Monroe serait la compagne idéale. Il prépara leurs fiançailles en secret et livra aux journaux des indiscrétions calculées en espérant imposer ses vues. Mais cela ne devait pas s'accomplir – au demeurant, Rainier et Marilyn ne se rencontrèrent jamais.

«Il faut comprendre à quel point il était timide à cette époque», dit Khalil el Khoury, dont le père fut le premier président de la République libanaise. El Khoury, qui ressemble de façon frappante à l'acteur Sydney Greenstreet, vint pour la première fois à Monaco au printemps 1950, et, comme le voulait la coutume, se rendit au Palais pour signer le livre d'or officiel. Quelques heures plus tard, le chef du protocole lui téléphona et l'avertit que le Prince aimerait le voir, pour prendre le thé, le lendemain après-midi.

«Je suis allé au Palais, et nous nous sommes retrouvés assis là, le prince Rainier et moi. Nous étions tous deux très jeunes, très timides, et aucun de nous ne se sentait très détendu devant l'autre. Nous bavardions et il a voulu savoir quand j'étais né. Je le lui appris, et nous nous sommes rendu compte que non seulement nous avions exactement le même âge, mais que de surcroît nous étions nés à quatre ou cinq heures d'intervalle. Cela a fait tomber toutes les barrières.»

Leur amitié n'a pas cessé depuis. Mais elle crût peu à peu et, au moins dans les premiers temps, tous deux trouvèrent plus facile de s'écrire. «Nous avons échangé une très importante correspondance.

Lui et moi aimions rédiger des lettres, et c'est encore le cas aujourd'hui. Il aime beaucoup en lire. Je crois que ce doit être un moyen de communiquer sérieusement avec les gens, tout en continuant à se dissimuler derrière sa propre timidité. C'est sans doute plus facile pour lui de se livrer de cette façon. Je suis sûr qu'il en allait de même quand il était jeune, car il était vraiment extrêmement timide.»

Francis Tucker, lui aussi, a pu s'en rendre compte personnellement.

Venu de Wilmington, dans le Delaware, Tucker était un prêtre aux allures de lutin, déjà sexagénaire, irlando-américain, lourd accent compris, qui servait le Prince en qualité de confesseur. Il fut témoin, sans doute plus lucidement que quiconque, de la façon dont la rupture avec Gisèle Pascal et les pressions pour l'amener à se marier affectaient Rainier.

Aussi se jura-t-il d'y remédier.

«Le père Tucker était un enthousiaste, pas de doute là-dessus, dit Rainier. Il n'hésitait jamais à se mêler de choses auxquelles il croyait. Je me souviens qu'une fois il a essayé de créer un orchestre d'harmonie regroupant les enfants de sa paroisse. Il a acheté des uniformes et des instruments pour tout le monde, mais les gamins ne se sont montrés qu'une ou deux fois aux répétitions, et ne sont jamais revenus. Au moins, il avait essayé. Quand il voulait faire quelque chose, il s'y mettait. Il adoptait une attitude très efficace et très énergique à propos de tout. Ça ne plaisait pas toujours à l'évêque, mais il m'avait été envoyé directement par le Vatican, alors que l'évêque de Monaco est nommé par le Cardinal de France. Le père Tucker savait donc qu'il ne prenait pas de grands risques.»

A cette époque, l'ecclésiastique, plein d'esprit, de sympathie, et profondément dévoué, avait pris sur lui de jouer les Cupidon. Le seul problème, c'est qu'il n'avait pas la moindre idée de la façon dont il convient de monter une idylle, manquant totalement d'expérience à ce sujet. Il s'en remit donc à l'illumination divine.

Et ses prières furent exaucées par la MGM, quand celle-ci suspendit Grace Kelly.

C'est au printemps 1952 que Rupert Allan rencontra pour la

première fois Grace – dans un ascenseur du Savoy Hotel de Londres.

Rédacteur en chef de *Look* pour la Côte Ouest, Allan avait passé tout l'hiver en Angleterre – ce fameux hiver qui vit les derniers grands brouillards –, occupé à coordonner un énorme ensemble d'articles sur le couronnement de la reine Elisabeth. Revenant à l'hôtel un après-midi, dans l'ascenseur, il se heurta littéralement à un de ses vieux amis qui venait d'arriver du Kenya. «Qu'est-ce que tu fais là?» lui demanda le journaliste. Son ami expliqua qu'il s'était occupé de la publicité pour le *Mogambo* de la MGM. A côté de lui se trouvait une jeune femme blonde, discrète mais très jolie, le nez chaussé de lunettes noires. Allan lui lança un sourire poli tandis que son ami déclarait: «Laisse-moi te présenter la vedette de notre film, Grace Kelly.»

Elle portait un sweater beige, une jupe de tweed, des chaussures plates et un collier de petites perles – et aucun maquillage. Allan vit en elle une de ces jeunes femmes bien récurées comme on en voit dans *Country Life*, et se demanda comment diable ce pouvait être la fille qui avait provoqué un tel émoi dans des films comme *Le Train sifflera trois fois*.

Ils se rencontrèrent de nouveau quelques jours plus tard, un dimanche après-midi, lors d'une réception donnée par une grande amie d'Allan : Ava Gardner.

L'équipe de *Mogambo* avait quitté l'Afrique pour venir à Londres tourner les scènes d'intérieur, et Ava Gardner avait loué une demeure non loin de Marble Arch. Mais il n'y avait pas la moindre chaise dans toute la maison, si bien que tout le monde finit par s'asseoir par terre, mangeant et buvant, tandis que la secrétaire d'Ava Gardner racontait une histoire qui enthousiasma l'assistance. Un soir, à Nairobi, les deux femmes apprirent qu'il devait y avoir un spectacle de mime dans un club privé tout près de leur hôtel. N'ayant rien à faire, elles s'y rendirent, pour s'entendre dire que les dames seules n'étaient pas admises. Furieuses, elles rentrèrent à l'hôtel, où Gardner téléphona au club en question et, se faisant passer pour la secrétaire de Gable, dit qu'il aimerait assister au spectacle en compagnie de six invités. Il dînait avec eux, et arriverait tout juste après. Le maître d'hôtel répondit qu'il réserverait sept places au premier rang, et ajouta que M. Gable n'avait pas besoin de se presser: ils attendraient son apparition pour commencer. Ava Gardner le remercia, et elle et sa secrétaire allèrent se coucher.

Gable était furieux.

Grace trouva l'histoire à mourir de rire : Allan et elle s'en amusèrent tout l'après-midi.

Le journaliste repartit en Californie juste après les cérémonies du couronnement. Ayant signalé à son patron, un peu par hasard, qu'il avait rencontré Grace Kelly à Londres, il fut chargé par *Look* d'écrire un article sur elle. Allan n'avait rien du journaliste hollywoodien moyen; son charme sudiste, sa prévenance eurent tôt fait de la mettre à l'aise et, une fois le texte publié, elle lui dit que c'était le meilleur qu'on lui ait jamais consacré. Les lecteurs de la revue l'apprécièrent tant qu'Allan se vit demander de faire de nouvelles interviews de Grace.

Ce fut le début d'une longue amitié.

Comme Grace ne venait à Hollywood que pour y travailler, elle n'avait pas beaucoup de temps libre. Mais elle le consacrait souvent à Allan, qui fut bientôt son confident.

Entre-temps, le journaliste était devenu, officieusement, agent de liaison entre Hollywood et le festival de Cannes. Il avait fait des études en France, dont il parlait la langue, et même travaillé à Paris pour le compte de la Motion Picture of America.

A cette époque, les rapports entre le festival et le cinéma américain étaient loin d'être au beau fixe. En 1953, les paparazzi avaient réussi à coincer Robert Mitchum, à qui ils demandèrent de poser avec une jeune starlette. Sans méfiance, l'acteur accepta, accompagna la jeune fille jusqu'à la plage. Là, elle se plaça devant lui et, dès qu'elle vit que les photographes étaient prêts, se débarrassa de sa robe. Galant homme, Mitchum eut le réflexe de vouloir lui couvrir la poitrine de ses mains... et les photos de la scène firent le tour du monde.

On apprit par ailleurs que le maire de Cannes était membre du PCF, ce qui provoqua à Hollywood, où l'on se souvenait des chasses aux sorcières de l'époque maccarthyste, un refus général de prendre part à une manifestation qui pouvait passer, de ce fait, pour anti -américaine.

Les organisateurs du festival, cherchant désespérément à attirer des vedettes américaines, s'adressèrent à Allan. Ils précisèrent que, pour l'édition 1955 de l'événement, ils tenaient par-dessus tout à

Grace Kelly. Sachant qu'elle venait d'être suspendue par le studio, il lui téléphona et lui posa la question.

Mais Grace refusa. Elle venait juste de s'installer dans son nouvel appartement, 880 Cinquième Avenue, tout près du Metropolitan Museum, venait d'engager une nouvelle secrétaire, et répondit qu'elle avait besoin d'échapper à Hollywood pour un petit moment, afin de mettre un peu d'ordre dans son existence.

«Vous parlez comme une vieille dame», lui fit remarquer Allan.

Elle finit par avouer qu'elle avait d'autres raisons, plus personnelles, de ne pas vouloir se rendre à Cannes. Elle s'y trouvait l'été précédent en compagnie d'Oleg Cassini, lors du tournage de *La Main au collet*. Leur liaison avait pris fin, mais elle avait l'impression que retourner là-bas ne ferait que réveiller de vieux souvenirs qu'il vaudrait mieux voir disparaître pour de bon. «En ce moment, il est préférable que je n'aille nulle part», ajouta-t-elle.

Allan n'avait toutefois aucune intention de renoncer.

«Le printemps à Cannes vous fera le plus grand bien. De toute façon, je serai là-bas, et vous n'aurez pas à vous occuper de quoi que ce soit. Je connais tout le monde et vous servirai d'interprète. Je prendrai soin de tout.»

Nouveau refus.

Il insista: «Ils vous enverront un billet de première classe aller-retour, sans date de retour précise, et vous pourrez passer autant de temps que vous voudrez en Europe.»

Il ne lui fut pas facile de l'ébranler, mais plus il s'obstinait, puis elle hésitait. Pour finir, et sans doute juste pour être polie, Grace dit : «J'y réfléchirai.»

Et puis soudain, sans qu'Allan le sût, la Paramount contacta Grace et lui représenta qu'il serait judicieux qu'elle se rende à Cannes, parce que *Une fille de la campagne* devait être projeté lors du festival.

Grace s'envola donc pour Paris, où elle rencontra son amie Gladys de Segonzac, qui s'était occupée des costumes lors du tournage de *La Main au collet*. Le 4 mai au soir, toutes deux prirent le «Train Bleu» à destination de Cannes.

Allan vint les accueillir le lendemain matin à la gare. Grace et son amie descendirent du train en même temps qu'Olivia De Havilland et Pierre Galante, à qui elle était alors mariée, et qui travaillait à *Paris-Match*.

Le soir, pendant le dîner, Grace raconta à Allan qu'elle avait rencontré le couple à la gare de Lyon. Elle et Olivia ne s'étaient encore jamais rencontrées, mais, comme les quatre voyageurs occupaient des compartiments voisins, ils bavardèrent un certain temps, surtout le lendemain matin, après le petit déjeuner. Ils regardaient la mer par la vitre quand Galante lui déclara que *Paris-Match* aimerait peut-être lui consacrer un grand article. Il suggéra de l'emmener à Monaco, pour la photographier en compagnie du prince Rainier.

Grace ne sut jamais que Galante était loin d'agir selon l'inspiration du moment. Elle n'avait pratiquement jamais entendu parler du Prince. De toute façon, Monaco était à une heure et demie de trajet. Aussi répondit-elle poliment, mais sans s'engager : Cela paraissait être une bonne idée, mais il fallait d'abord qu'elle voie comment cela pourrait s'intégrer dans son programme.

En fait, elle n'y pensa plus jusqu'en fin de matinée, quand Galante lui annonça que Rainier avait accepté de la recevoir au Palais le lendemain, vendredi 6 avril, à quatre heures de l'après-midi.

Grace répondit aussitôt qu'elle ne pouvait pas honorer l'invitation. Elle expliqua qu'elle devait assister à une réception officielle, pour le compte de la délégation américaine à Cannes. La cérémonie commençant à 17 h 30, il lui était impossible de rencontrer le Prince à 16 heures. Elle s'excusa auprès de Galante et lui indiqua qu'il faudrait annuler le rendez-vous.

Quelques heures plus tard, Galante lui apprit que Rainier avait fort aimablement accepté de l'avancer à 15 heures; il ne cessa de répéter à Grace à quel point la séance photo serait passionnante et lui promit à plusieurs reprises que cela ferait la couverture du magazine.

Mais Grace ne voulait rien savoir. Le soir, pendant le dîner, elle raconta tout à Allan, qui demanda: «Cela vous tente? – Non.» Il secoua la tête, comme pour sous-entendre: «Tout est de votre faute.»

Elle répéta qu'elle se moquait éperdument de la séance photo, que Monaco était trop loin et qu'elle avait beaucoup trop de choses à faire à Cannes.

Il lui rappela qu'il avait promis de s'occuper de tout pour elle tant qu'elle participerait au festival, et versa un peu de sel sur ses blessures en lui disant qu'il aurait pu la tirer de là sans peine si elle lui avait parlé de sa promesse à *Paris-Match* dès sa descente du train.

Elle hocha la tête, sachant bien qu'il avait raison.

– Très bien, ajouta-t-il, je vais faire annuler toute l'affaire.

– Je ne sais pas si c'est possible, objecta-t-elle. Le Prince a modifié son emploi du temps pour me complaire, et je ne vois pas comment m'en sortir sans me montrer impolie.

– Je trouverai bien un moyen, dit Allan.

– C'est peut-être trop tard, répondit-elle.

Il est intéressant de noter que, tout au long de son existence, ce fut constamment l'attitude de Grace vis-à-vis de ce type de circonstance. Si quelqu'un lui demandait d'accorder une interview, ou de faire une apparition quelque part, elle avait toujours du mal à répondre non.

Allan haussa les épaules et Grace partit se coucher, résignée à se rendre à Monaco.

En pleine nuit, les syndicats lancèrent un appel à la grève et coupèrent l'électricité dans toute la ville de Cannes.

Le lendemain, en se levant, Grace se lava les cheveux, et brancha son sèche-cheveux. Rien. Elle essaya une autre prise. Toujours rien. Rien ne fonctionnait. Elle finit par appeler la réception, on lui apprit la mauvaise nouvelle.

Gagnée par la panique, elle téléphona à Allan: «Vous avez remarqué que l'électricité était coupée? Que vais-je faire?» Elle ajouta que les gens de *Paris-Match* attendaient en bas dans une voiture. Par ailleurs, le nouveau responsable de la publicité à la MGM venait d'appeler de Paris, furieux, lui rappelant qu'elle n'avait rien à faire à Cannes, étant toujours suspendue par le studio, et que se montrer là-bas lui coûterait beaucoup d'argent.

Allan se précipita vers sa chambre.

La chevelure trempée de Grace fut enveloppée dans une serviette. Elle cherchait aussi quelque chose à mettre qui n'eût pas été trop froissé dans ses bagages, car il lui était évidemment impossible de repasser quoi que ce soit. Grace ne dénicha qu'une robe de soie noire ornée de grandes fleurs roses et vertes. Une belle robe, certes, mais qui ne conviendrait guère pour une séance photo. Elle ne voulait pas la porter; Allan la convainquit qu'elle n'avait guère le choix. Grace s'exécuta, puis se fit une raie dans les cheveux et y glissa quelques fleurs, espérant qu'ils sécheraient dans la voiture. « C'est horrible!» s'écria-t-il comme ils quittaient sa chambre.

«Si vous m'aviez prévenu, je ne vous aurais jamais laissée vous lancer dans cette histoire. De toute façon, j'aurais encore pu vous libérer hier soir. C'est très exactement le genre de chose qui se reproduira si vous ne m'en avertissez pas d'abord.»

Grace hocha la tête à plusieurs reprises, non seulement parce qu'elle n'avait pas le temps de discuter, mais aussi parce qu'elle savait qu'il avait raison. Et elle était furieuse contre elle-même pour s'être laissé prendre dans cette histoire.

Allan tenta de la consoler, et ajouta que, puisqu'elle ne pouvait y échapper, il l'accompagnerait. Tous deux descendirent pour rencontrer les gens de *Paris-Match*. Sortant à grand-peine de l'entrée du Carlton, barrée par une armée de producteurs, de fans et de photographes, ils sortirent – et Grace s'arrêta net. Elle ne s'attendait pas à ce que tant de personnes aient prévu de venir avec elle.

Il y avait là Galante, deux photographes de *Paris-Match*, Gladys de Segonzac et le responsable parisien de la MGM.

«Comment vais-je monter dans cette voiture avec autant de gens?» chuchota-t-elle à Allan, qui haussa les épaules comme pour faire comprendre qu'il l'avait bien dit. Devant le manque de place, il renonça à la suivre: «Je vous verrai à votre retour», lança-t-il en lui faisant un signe de la main.

En définitive, il y eut deux voitures.

Grace s'installa tant bien que mal à l'arrière d'une Studebaker, en compagnie de Galante, de Segonzac et du responsable de la MGM, tandis que les photographes, à bord d'une Peugeot, les suivaient – de si près que, comme ils atteignaient la sortie de Cannes, ils heurtèrent la Studebaker qui avait dû freiner trop brusquement. Les dégâts furent insignifiants, mais ce fut suffisant pour mettre tout le monde en retard.

De surcroît, il fallut, avant de monter jusqu'au Rocher, faire un détour par l'Hôtel de Paris, pour acheter des sandwiches.

Ils se présentèrent au Palais peu après trois heures de l'après-midi, après avoir préparé leurs excuses, et apprirent que le Prince n'était pas encore arrivé.

Le petit groupe patienta un moment, jusqu'à ce qu'un des responsables du Palais leur propose une visite guidée. Agacés de devoir attendre, Grace et ses compagnons passèrent d'une salle à l'autre, sans cesser de consulter leurs montres, tandis que les photographes prenaient de temps en temps des clichés de Grace.

A quatre heures, un valet de pied vint annoncer que le Prince venait d'arriver.

Grace parut nerveuse. Elle s'examina dans un miroir et demanda à Galante: «Comment dois-je m'adresser au Prince? Parle-t-il anglais? Quel est son âge?»

Rainier entra dans la pièce, vêtu d'un complet bleu sombre, se dirigea droit vers Grace et lui tendit la main. Elle fit une brève révérence, comme on le lui avait recommandé. Il les pria d'excuser son retard et demanda si elle aimerait voir le Palais. Elle répondit que c'était chose faite.

Il proposa alors de lui montrer les animaux de son zoo privé. Tous deux, suivis des gens de *Paris-Match* et des serviteurs du Palais, traversèrent les jardins. Il lui présenta deux jeunes lions, de nombreux singes et un bébé tigre. Grace préféra rester à distance, mais Rainier glissa le bras entre les barreaux et caressa la nuque du tigre.

Elle reconnut plus tard qu'elle en avait été impressionnée.

Pendant tout ce temps, bien entendu, les photographes ne cessaient de prendre cliché sur cliché.

Sur le chemin du retour, Galante lui demanda ce qu'elle pensait du Prince. Elle se borna à répondre: «Il est charmant, charmant.»

Rentrée au Carlton, elle expliqua à Allan que le Prince l'avait fait attendre, que toute l'affaire avait pris beaucoup trop de temps et que, si elle devait jamais subir de nouveau ce genre d'épreuve, elle préférerait s'y prendre un peu mieux. Elle avait honte de sa robe, qui n'était pas du tout appropriée pour les photos, ses cheveux étaient mouillés : de toute façon, c'était une erreur.

Allan lui demanda ce qu'elle avait pensé du Prince. De nouveau, elle déclara: «Il est tout à fait charmant.»

Plus tard, dans la semaine, elle écrivit un petit mot à Rainier, pour le remercier.

Puis elle quitta Cannes.

Si elle n'avait pas été suspendue par la MGM, elle n'aurait pu se rendre au festival. Si, à Paris, elle avait pris un autre train, elle n'aurait pas rencontré Olivia De Havilland et son mari et jamais Galante n'aurait eu l'occasion de lui proposer la séance photo. Si elle avait écouté Allan, il aurait aisément pu annuler toute l'affaire.

Le destin a parfois des caprices inattendus.

Quand le reportage parut dans *Paris-Match*, tout le monde se mit aussitôt à parler de liaison. En général, on se rendait bien compte que c'était pure esbroufe, le genre d'histoires qui faisait vendre du papier. Mais la rencontre d'un prince de conte de fées et d'une vedette de cinéma était à ce point romanesque que, même si c'était faux, chacun souhaitait que cela fût vrai.

A l'automne, la MGM mit fin à la suspension de Grace et elle commença le tournage de son dixième film, *Le Cygne*, avec Alec Guinness et Louis Jourdan. Ils tournèrent en extérieurs près d'Ashville, en Caroline du Nord, puis revinrent à Hollywood pour les scènes en studio.

Vers la fin de l'année, Allan reçut un coup de fil de Bill Atwood, responsable de *Look*, qui préparait un article sur le prince Rainier. Au cours d'une interview avec ce dernier, Atwood avait découvert qu'il était vivement pro-américain, sans d'ailleurs s'être jamais rendu aux Etats-Unis. Le journaliste lui en ayant demandé les raisons, Rainier lui répondit que, à dire vrai, il préparait un voyage là-bas, en décembre, en compagnie d'un prêtre, le père Tucker, et d'un jeune médecin français de ses amis, nommé Robert Donat. Il se trouvait d'ailleurs que celui-ci allait se rendre à la John Hopkins University de Baltimore. Rainier ajouta qu'il aimerait aller pêcher en Floride, et pousserait peut-être jusqu'en Californie. Atwood lui demanda qui il aimerait rencontrer sur la Côte Ouest. «La jeune actrice que l'on m'a présentée à Monaco, répondit le Prince. Elle s'appelle Grace Kelly. J'aimerais la revoir.»

A la connaissance de Rupert Allan, Grace n'avait jamais eu de nouvelles de Rainier après la séance photo au Palais.

«Bill Atwood m'avait téléphoné et demandé si je pouvais arranger une rencontre entre eux sur le plateau et avoir quelques clichés. J'ai dit que oui, car, pour autant que je sache, elle l'avait trouvé sympathique. Quand je lui ai demandé si nous pourrions prendre des photos d'eux deux, elle a accepté sans problèmes. Mais elle a pris soin d'ajouter: "Entendons-nous bien, Rupert, il ne s'agit pas d'une idylle. Je suis lasse d'entendre parler de cela dans tous les journaux d'Europe. Je n'ai pas eu de nouvelles de lui depuis mon séjour à Cannes."»

La séance photo fut donc arrangée, mais le tournage du *Cygne* dépassa les délais prévus. Grace en fut agacée, car elle devait rentrer à Philadelphie pour passer Noël en famille. Le metteur en scène finit par interrompre le travail pour les fêtes, juste à temps pour permettre à la jeune femme d'attraper son avion.

«Elle vivait alors dans la partie ouest de Los Angeles. Je suis allé chez elle pour l'aider à faire ses bagages. Il lui manquait une valise, alors je me suis rué chez moi pour lui en trouver une. Il y avait du champagne dans le réfrigérateur, et nous nous sommes souhaité Joyeux Noël en en buvant un peu. Elle adorait le champagne, je ne lui ai jamais vu rien boire d'autre : pas d'alcool, en particulier. Jamais je ne l'ai vue boire une goutte de whisky. Enfin, je l'ai emmenée à l'aéroport, le lendemain matin très tôt, et l'ai mise dans le vol pour New York. Elle est arrivée à Philadelphie juste à temps pour les fêtes. Comme nous nous dirigions vers l'aéroport, j'ai fait une allusion au prince Rainier, et elle m'a répété : "Rupert, voyons, il n'est pas question d'idylle!"»

Et pourtant, ce n'était pas vrai.

Mais Grace et Rainier étaient les seuls à le savoir.

5

L'idylle secrète

Un Monégasque qui voulait passer d'Argentine au Paraguay montra son passeport au douanier qui lui répondit: «*No esta bueno*» – Il n'est pas bon.

«Comment ça, pas bon? Mon passeport est parfaitement valide.»

Le douanier lui fit comprendre qu'il n'avait jamais entendu parler de *La Principauté de Monaco*.

Le Monégasque tenta en vain de s'expliquer, puis, ne sachant que faire, répéta MO-NA-CO, de plus en plus fort.

Soudain, le douanier eut un éclair de lucidité: «Ah! oui, Monaco. Grace Kelly!»

La version officielle de leur histoire d'amour rapporte à peu près ceci : Grace et Rainier se rencontrèrent lors du festival de Cannes de 1955, ils passèrent un agréable après-midi ensemble – chacun qualifia l'autre de charmant – et ne se virent plus avant Noël.

Entre-temps, le père Tucker fit de son mieux pour les marier. Il avait beaucoup apprécié la beauté de Grace Kelly, et qu'elle soit actrice ne le choquait pas. De plus, elle était patriote, mais surtout catholique, et avait bonne réputation.

Le père Tucker ayant exercé son ministère à Philadelphie, beaucoup de gens, dont Rupert Allan, sont persuadés qu'il a usé de ses relations pour se renseigner sur Grace. Pour lui, rien de plus simple que de téléphoner au diocèse et de demander au bureau du cardinal une enquête sur la famille. Quelques jours après la séance photo au Palais, il en aurait appris plus sur les Kelly par son réseau privé que Grace n'en savait elle-même.

Bien qu'il n'eût pas été présent lors de la rencontre, le père Tucker prit l'initiative d'écrire un petit mot à Grace pour la remercier «d'avoir montré au Prince ce qu'était une jeune femme catholique américaine, et de la bonne impression qu'elle lui avait laissée».

Rainier se rappelle l'incident en souriant :

«J'ai parlé de Grace au père Tucker. Il savait qu'elle allait venir et, après son départ, m'a demandé si nous nous étions bien entendus. C'était tout à fait naturel de lui en parler, car nous discutions de beaucoup de choses. Et, bien sûr, elle m'avait beaucoup impressionné. Qui serait resté indifférent?»

Quelques mois plus tard, des vieux amis des Kelly, Russel et Edith Austin, que Grace considérait comme oncle et tante quand elle était enfant, se rendirent dans le Sud de la France. Dentiste à Philadelphie, Austin possédait à Ocean City une villa proche de celle des Kelly.

Lors de leur séjour à Cannes, ils entendirent parler du bal de la Croix-Rouge de Monaco, le grand événement de la Côte d'Azur. Mais, quand le réceptionniste de l'hôtel leur annonça que tous les billets étaient vendus depuis longtemps, ils réagirent avec une vigueur toute américaine. Ils téléphonèrent au secrétariat du prince Rainier, expliquèrent que Grace était leur nièce et demandèrent si, au nom de cette amitié, le Prince ne pourrait pas intervenir en leur faveur. Le message atterrit sur le bureau du père Tucker, qui osa à peine croire à sa chance.

Il leur remit personnellement les billets avec les compliments du Prince, puis orienta la conversation sur la famille Kelly et sur Grace. Une attitude amicale et quelques plaisanteries lui permirent d'apprendre tout ce qu'il voulait savoir.

De retour au Palais, il mentionna l'incident à Rainier. Plus tard dans la semaine, sur la suggestion du père Tucker, les Austin furent invités à prendre le thé. De nouveau, la conversation fut consacrée à Grace.

En fin d'après-midi, en bons Américains, ils invitèrent le Prince à les voir à Ocean City, si jamais il devait se rendre aux Etats-Unis. Rainier répondit poliment qu'il y penserait.

Grâce au père Tucker, les Austin rentrèrent chez eux, persuadés non seulement que le Prince s'intéressait à Grace, mais aussi qu'il s'agissait d'une histoire d'amour. Il est aussi fort probable que, comme tous ceux qui sont impliqués dans ce genre d'affaire, ils aient un peu exagéré leur rôle, mais ce fut le prêtre qui leur mit cette idée en tête.

Grace Kelly à neuf mois *(en haut, à gauche)*, à deux ans *(ci-dessus)* et à douze ans *(en bas, à gauche)*.

Photos : Photo Arch, Palais princier, Monaco.

Les grands visages de Monaco. *En bas, à gauche*: Grace et Maria Callas ; *au centre*: au bal de la Croix-Rouge avec Sinatra ; *en haut*, avec Noureev, Margot Fonteyn et Maria Besobrasova ; en bas, Aristote Onassis.

Photos: SBM.

Brusquement, le prince Rainier annonça qu'il se rendrait aux Etats-Unis en décembre 1955. Dès que son confesseur en entendit parler, il contacta les Austin, qui persuadèrent les Kelly d'inviter le Prince pour le soir de Noël.

Le 25 décembre, les Austin arrivèrent au 3901 Henry Avenue avec Rainier, le père Tucker et le Dr Donat et, pour la première fois depuis le festival de Cannes, le Prince revit Grace.

Les Kelly l'aimèrent tout de suite, bien que, au début, personne n'ait su vraiment qui il était, ni comment on devait s'adresser à lui. Ma Kelly le croyait prince du Maroc et Grace dut lui expliquer qu'elle se trompait. Jack Kelly prit le père Tucker à part pour lui demander:

– Doit-on l'appeler Votre Majesté?

– Non, le titre approprié est Votre Altesse.

Jack Kelly joua le jeu et l'appela ainsi pendant toute la soirée, mais il confierait plus tard à Rainier que, pour lui, «la royauté, cela ne voulait rien dire».

Après dîner, Kelly raccompagna le père Tucker à la gare où il reprit le train de Wilmington, tandis que Rainier, Grace et le Dr Donat s'en allaient danser chez la sœur de Grace jusqu'à trois heures du matin.

Rainier et le médecin dormirent dans la chambre d'amis des Kelly, si bien que le Prince et Grace passèrent ensemble une partie de la journée du lendemain.

Sur le chemin de la gare, prétendument à l'insu de tous, le père Tucker confia à Jack Kelly que Rainier songeait à demander sa fille en mariage. Si Jack en fut surpris, il le cacha bien et répondit qu'il s'en doutait, tout en ajoutant que si Grace était d'accord ils auraient sa bénédiction. Le Prince attendit encore quelques jours avant de se déclarer, et les fiançailles du siècle furent annoncées publiquement.

Pour tout le monde et, en premier lieu, pour Rupert Allan, cette nouvelle était des plus inattendues.

«Je revenais à Los Angeles après une séance photo pour *Look* à Squaw Valley quand j'ai entendu l'annonce à la radio. Je n'arrivais pas à y croire. Je me disais que c'était impossible, qu'ils ne se connaissaient même pas.»

Oui, mais ce n'était pas vrai.

La version officielle – Rainier et Grace n'ont eu aucun contact entre le printemps 1955 et ce voyage à Philadelphie en décembre – ne reflète pas toute la vérité.

Jusqu'à présent, la véritable histoire de leur amour est restée secrète. Bien sûr, leur première rencontre ne fut pas exactement privée, mais après les politesses d'usage et la séance photo, quand ils allèrent se promener dans le jardin pour pouvoir se détendre et bavarder un peu, ils comprirent tout de suite qu'ils avaient beaucoup en commun.

Tous deux avaient été des enfants solitaires. Elle venait d'une famille pour qui seuls comptaient des succès sportifs auxquels elle ne s'était jamais intéressée. Lui était issu d'un foyer brisé et, dès l'enfance, on lui avait inculqué le sens de ses futures responsabilités en lui rappelant toujours qu'il n'était pas un petit garçon comme les autres, et devait se comporter en conséquence.

Tous deux étaient timides. Grace apprenait tout juste ce que signifie être une figure publique constamment assaillie par la presse et lui, qui en avait souffert toute sa vie, la comprenait parfaitement.

Elle n'aimait pas la mer autant que lui, mais partageait son amour des animaux, s'était sentie merveilleusement bien lorsqu'il lui avait fait visiter son zoo, et avait été fort impressionnée de le voir passer le bras dans la cage du tigre, pour jouer avec lui comme si ce n'était qu'un gros chat.

Grace appréciait les charmes de l'Ancien Monde et le raffinement des hommes européens. Lui aimait la spontanéité et la franchise de cette jeune Américaine.

Et tous deux étaient des catholiques fervents.

Aujourd'hui, Rainier ne sait plus très bien ce qu'il attendait exactement de la visite de Grace. Il savait qui elle était, mais l'idée de poser pour des photos publicitaires avec une vedette de cinéma ne l'enthousiasmait guère. Quand elle lui avoua qu'elle n'était venue qu'à contrecœur, cela ne fit que les rapprocher.

Il la trouva charmante, admira son élégance naturelle et fut captivé par son aura de pureté. Il lui parut fort intéressant, ni prétentieux ni guindé, contrairement à ce qu'elle craignait. Rainier aimait son rire. Grace découvrit en lui un homme sensible qui, une fois mis en confiance, témoignait d'un grand sens de l'humour.

Elle lui écrivit donc de Cannes pour le remercier. Il lui répondit qu'il avait eu grand plaisir à la rencontrer. Elle lui fit savoir qu'elle aussi avait apprécié sa présence. Il lui écrivit encore.

Et elle répondit.

Une correspondance régulière s'ensuivit. Peu à peu, ils nouèrent une amitié de plume. C'était facile, confortable, ils pouvaient se dissimuler derrière leurs lettres, s'accorder du temps.

Lentement, pas à pas, comme s'ils effeuillaient les pétales d'une rose, ils commencèrent à se révéler, à discuter du monde et de la vie. A parler d'eux, à exprimer leurs sentiments, à s'avouer leurs secrets.

A la fin de l'été, Rainier savait qu'il venait de rencontrer un être exceptionnel. Pourtant, il lui avait toujours été difficile d'aborder les femmes. On cite souvent une de ses remarques de célibataire: «Mon plus grand problème avec elles, c'est de les connaître assez long-temps et assez intimement pour savoir si j'ai rencontré l'âme sœur en même temps qu'une maîtresse.»

Comme pour tous les jeunes gens riches et beaux, il n'éprouvait aucune difficulté à avoir des maîtresses. Mais, trop souvent, il ne s'agissait que de maîtresses et, une fois la chose devenue publique, il était trop tard pour savoir si c'étaient aussi des amies de cœur.

Pour la première fois peut-être, l'inverse était vrai. Bien avant qu'ils s'effleurent la main, ils étaient déjà amis.

Rainier ne sait plus combien de lettres ils ont échangées, il n'est même pas sûr qu'elles existent toujours. Lui n'a plus celles qu'elle lui a envoyées.

«Non, j'aurais peut-être dû, mais je ne garde jamais rien.»

Et celles qu'il lui a adressées?

«Je ne sais pas, elle les a peut-être conservées. Je crois que les femmes ont tendance à garder les lettres. Mais, de toute façon, je ne sais pas où elles sont.»

Seriez-vous tenté de les chercher? lui demande-t-on.

Il reprend sa respiration et hoche la tête.

«Personne ne les a jamais vues, pas même mes enfants. Ces lettres, dit-il d'une voix à peine audible, pour être franc, je n'ai pas envie qu'on les voie. Même si je les trouvais... enfin, comprenez-moi... Je ne pourrais laisser personne les lire. Après avoir mené une vie si publique...»

Il détourne le regard et d'une voix plus faible encore ajoute :

«Ces lettres sont peut-être mon dernier jardin secret.»

Les photos de *Paris-Match*, laissant croire à un mariage imminent entre Rainier et Grace, eurent un tel impact que, le 11 octobre 1955, le Prince prit la parole à Radio Monte-Carlo pour dire qu'il ne s'agissait que de rumeurs, et rien de plus.

«Mon futur mariage, qui vous préoccupe à juste titre, m'intéresse énormément moi aussi, vous pouvez me croire.» Il poursuivit en expliquant que la presse s'était lancée dans toutes sortes de spéculations sans fondements. «Ma vie privée n'a pas été épargnée non plus. Accordez-moi encore deux ou trois ans, et nous verrons.»

Pourtant, avant la fin du mois, il était décidé à demander à Grace de devenir sa femme.

«Je savais que j'en avais envie, mais je ne pouvais être sûr qu'elle accepterait. Il fallait que je lui pose la question. Je suis donc allé la voir aux Etats-Unis. Pourtant, je ne pouvais le lui demander sans être certain qu'elle accepterait. Je ne pouvais courir le risque qu'elle me dise non.»

A ce moment, ils avaient décidé, en secret, de se revoir.

Rainier embarqua pour les Etats-Unis le 8 décembre, et arriva à New York une semaine plus tard en compagnie du père Tucker et du Dr Donat, tous deux venus pour des raisons personnelles. L'ecclésiastique pour rendre visite à sa famille dans le Delaware, et Donat pour se rendre à l'université John Hopkins de Baltimore. Officiellement, Rainier l'y accompagnait pour un check-up complet à l'hôpital universitaire. Il parlait aussi d'aller revoir des «amis» sur la Côte Est et de faire quelques parties de pêche en Floride.

Hormis le père Tucker, qui était dans le secret avant le départ, les seules personnes dans la confidence – excepté Grace qui, à l'époque, avait tout lieu de penser que les intentions de Rainier devaient être sérieuses – étaient ses proches conseillers dans la Principauté. Après tout, le mariage du prince de Monaco constituait bien une affaire d'Etat.

Selon le traité franco-monégasque de 1918, avant de rendre publiques leurs fiançailles, les prétendants au trône doivent auparavant demander l'autorisation du gouvernement français. Ce n'est bien sûr qu'une formalité, mais en 1920, quand la princesse Charlotte annonça ses fiançailles avec le comte Pierre de Polignac sans se plier à la règle, le Quai d'Orsay envoya aussitôt une lettre de reproches au ministre d'Etat : pourtant, il ne s'agissait pas à strictement parler d'une affaire d'Etat puisque son grand-père était sur le trône, son père était l'héritier de la couronne, elle-même ne venant qu'ensuite.

Début novembre, Rainier avait confié son intention au ministre d'Etat, qui avait consulté le consul général de France à Monaco, lequel, le 30 novembre 1955, huit jours avant le départ du Prince, répondit : « A la veille du départ de Son Altesse le Prince Rainier pour les Etats-Unis, où il a l'intention de demander une Américaine en mariage [le nom de la fiancée n'est jamais invoqué], mon gouvernement me suggère que c'est une bonne occasion de rappeler à votre attention le précédent de 1920. »

Le ministre transmit la lettre au Prince.

Si le nom de Grace n'apparaît sur aucune correspondance officielle à ce stade, c'est parce que Rainier n'en avait pas fait état.

Il y avait de bonnes raisons à cela. Il aurait été très gênant que des fuites se produisent avant même qu'il ait eu l'occasion de faire sa demande. Et, si elle acceptait, le protocole imposait que la nouvelle soit annoncée d'abord à Monaco, ou pour le moins en même temps qu'aux Etats-Unis.

Au moment où le Prince frappa à la porte des Kelly, le jour de Noël, seul le père Tucker était au courant de ses véritables intentions.

Dans la semaine qui suivit Noël, on vit Grace et Rainier à Philadelphie puis à New York, le 27 décembre, et la presse en tira aussitôt toutes sortes de conclusions.

Dans la version officielle, le Prince fit sa demande le soir du réveillon de Nouvel An, mais, en fait, cela se passa quelques jours après Noël.

Quand il lui demanda: «Voulez-vous m'épouser?», elle répondit aussi simplement: «Oui.»

Pourtant, ils ne pouvaient l'annoncer, car il ne s'agissait pas d'un mariage ordinaire; Rainier était prince, chef d'Etat, et elle allait devenir princesse. De nombreux obstacles restaient à franchir avant que la nouvelle puisse être rendue publique.

Tout d'abord, il fallait informer le père de Grace. Connu pour sa franchise, Jack Kelly prit Rainier à part et lui demanda si ses intentions étaient sérieuses. Rainier répondit: «Je veux l'épouser», sans préciser qu'il avait déjà fait sa demande.

Kelly donna immédiatement son accord mais le mit en garde: «J'espère que vous n'allez pas batifoler comme certains princes, parce que vous perdriez une sacrée chouette fille. N'oubliez pas, elle a du sang irlandais dans les veines et elle sait ce qu'elle veut.»

Ensuite, il y eut Ma Kelly, qui voulait que le mariage ait lieu à Philadelphie. «C'est comme ça en Amérique, disait-elle, ce sont les parents qui font les arrangements, et Grace m'a toujours dit qu'elle voulait que ce soit comme ça.»

Rainier dut expliquer que ce ne serait pas une cérémonie comme les autres, que Grace deviendrait princesse de Monaco et qu'à ce titre elle avait des responsabilités envers les Monégasques. Il fallut un peu de temps, mais Ma Kelly finit par céder.

Il fallut également négocier le contrat de mariage. Un document légal de plusieurs pages fut préparé à cette fin par les avocats du Prince, à Monaco, et ceux de Grace, à New York.

C'était un contrat classique, sous le régime de la séparation de biens.

«C'était la meilleure formule pour nous deux, c'était un contrat de mariage standard, qui n'a rien d'exceptionnel», explique Rainier.

Bien qu'il soit assez fréquent parmi les classes aisées en France – même si beaucoup de gens sont mariés sous le régime de la communauté –, les Kelly furent sans doute surpris que le contrat stipule que Grace devrait se charger de certaines responsabilités vis-à-vis des dépenses domestiques et aurait à payer sa part.

Il fut également question de la dot. Selon les termes du contrat, avec la main de leur fille, les Kelly offriraient une certaine somme au prince Rainier. C'était une coutume normale dans les vieilles familles européennes, même hors de France, mais cette pratique était quasiment tombée en désuétude à l'automne 1956.

Récemment, un livre, dont le but n'est autre que de noircir la vie de Grace et Rainier, a prétendu qu'on avait forcé un Jack Kelly plutôt réticent à verser deux millions de dollars. C'est absolument faux.

Le contrat de mariage, que j'ai pu examiner dans les dossiers du Prince, prévoit certains arrangements financiers, mais il n'est jamais question d'une telle dot.

L'auteur de cet ouvrage s'appuie, dit-il, sur le témoignage de gens qui affirment aujourd'hui n'avoir eu aucun contact avec lui, ou avoir refusé de collaborer. Les citations les plus sensationnelles du livre sont attribuées à des personnes décédées et, comme si cela ne suffisait pas pour jeter un doute sérieux sur les intentions de l'auteur, on relève d'énormes erreurs.

Il affirme par exemple que le Dr Donat a accompagné le prince Rainier pour faire passer un test de fertilité à Grace. Après tout, si elle était stérile, il ne pourrait pas l'épouser.

Pour le prince Rainier, cet argument n'a pas de sens.

«Dans les années 50, faire un check-up aux Etats-Unis était très à la mode. Beaucoup de mes connaissances ont passé quelques jours dans des endroits comme la clinique Mayo. Mon ami, Robert Donat, qui était chirurgien à Nice et m'avait opéré pour une appendicite, m'a conseillé de profiter de mon voyage aux Etats-Unis pour me faire examiner à John Hopkins. L'idée m'a semblé intéressante, puisque je n'avais encore jamais subi d'examen médical complet. Je suis donc allé avec lui à Baltimore. J'ai passé trois jours épouvantables avec des sondes et des tubes partout.»

De même, il refuse toute discussion sur la fertilité de Grace. Tout d'abord, il n'existe aucun test fiable. Selon un gynécologue de renom, on n'est jamais sûr de rien. On peut s'assurer que tout paraît normal, et c'est tout. Les descriptions de Grace les pieds dans les étriers, examinée par deux médecins pour s'assurer qu'elle pourrait donner un héritier à la couronne, relèvent donc de l'invention pure et simple.

En fait, on ne lui demanda même pas de se soumettre à un quelconque examen médical alors que, dans le cas de la princesse Diana, la couronne en avait exigé un avant qu'elle épouse le prince héritier. De plus, les médecins retracèrent l'histoire médicale de sa famille pour s'assurer qu'elle n'était porteuse d'aucune maladie génétique, comme l'épilepsie ou l'hémophilie.

Rien de tel dans le cas de Grace, Rainier est formel : «Elle n'a subi aucun examen médical, pas même une simple visite de routine et sûrement pas de test de fertilité. Si elle n'avait pas pu avoir d'enfant, nous aurions pu en adopter un, la loi est très claire à ce sujet. Selon le traité franco-monégasque, s'il n'y a pas d'héritier à la couronne, le souverain est autorisé à adopter un enfant pour perpétuer sa lignée.»

Le jeudi soir 3 janvier 1956, Rainier et Grace se rendirent au Stork Club de New York avec quelques amis. Jack O'Brien, critique de théâtre de l'*American Journal*, les aperçut et fit passer un billet par le garçon. «Ma chère Grace, j'ai cru comprendre que vous alliez

annoncer vos fiançailles jeudi ou vendredi. Cocher la case correspon-
dante.» En bas de la page, il avait tracé deux petits carrés.

Grace montra la feuille à Rainier et s'approcha de la table
d'O'Brien.

– Je ne peux pas répondre à votre question.

– Quand alors?

– Vendredi, dit Grace après avoir réfléchi un instant.

L'annonce officielle fut faite le jeudi 5 janvier, d'abord à Monaco,
puis, quelques minutes plus tard, dans un club de Philadelphie, au
cours d'un déjeuner organisé par Jack Kelly à l'intention des
personnalités locales.

Le vendredi matin, comme elle l'avait promis à O'Brien, la
nouvelle faisait la une de tous les journaux.

«J'ai déjà été amoureuse, déclara-t-elle à la presse, mais jamais
ainsi.»

Plus tard, elle avouera au cours d'une interview : «En me mariant,
j'entrais dans un monde nouveau, totalement inconnu, et je dois
dire que cela m'effrayait un peu. Mais j'étais prête à changer de vie.
Et le Prince aussi. Nous avons eu de la chance de nous rencontrer
au bon moment. J'avais toujours pensé qu'un homme qui épouse
une femme célèbre, plus célèbre que lui, risque de perdre sa propre
identité. Je ne voulais pas d'un futur M. Kelly, si vous voyez ce que
je veux dire. Je ne voulais pas trouver un mari, je voulais devenir la
femme de quelqu'un.»

Le prince chamant allait donc épouser la belle star de cinéma.

«C'était un véritable conte de fées, dit le prince Louis de Polignac,
cousin de Rainier, qui fut longtemps président de la SBM. C'était
absolument délicieux. Mais il faut que vous compreniez que, depuis
qu'il était monté sur le trône, le prince Rainier avait toujours gardé
à l'esprit le bien-être de son pays. Il n'a pas épousé Grace parce
que c'était la femme qu'il fallait à la Principauté, mais parce qu'il
l'aimait; pourtant, il ne se serait pas marié si ce n'avait pas été aussi
le cas.»

La magie de leurs fiançailles a frappé les imaginations, à tel point
qu'aujourd'hui encore cela reste une des grandes histoires d'amour
du XXe siècle.

«Nous étions assez grands pour savoir ce que nous voulions, dit
Rainier, et, quand nous nous sommes revus à Philadelphie, je crois
que nous avons compris tous les deux que nous voulions faire notre

92

vie ensemble. Nous n'étions plus des enfants. Nous savions ce que signifiait le mariage. Nous avions tous deux traversé des périodes difficiles, mais en avions tiré les leçons. Nous en avons parlé, nous y avons réfléchi et avons décidé de nous lancer. Nous sommes tombés amoureux. Beaucoup de gens n'y croyaient pas. Certains pensaient que cela ne durerait pas. Je crois que nous les avons bien eus.»

Ils ont également eu raison de la «malédiction des Grimaldi».

Au XIIIe siècle, le prince Rainier Ier s'était gagné une réputation de grand marin et de grand amant. Ses exploits en mer lui valurent de recevoir de la France le titre d'amiral. Pourtant, il eut moins de chance dans ses conquêtes amoureuses. Après l'une de ses batailles, on raconte qu'il avait enlevé une belle Flamande, qu'il prit pour maîtresse avant de la tromper. Peu après, elle se changea, ou fut changée en sorcière. Pour se venger, elle lui jeta un sort qu'accompagnait cette prophétie : Jamais un Grimaldi ne sera heureux en mariage. »

Qu'on croie ou non aux sorcières, il est fort possible que Charles III ou Albert Ier n'aient pas connu le bonheur, pas plus que Louis II et Charlotte, mais quand on parle de cette «malédiction» à Rainier, il répond en souriant : «Oui, nous l'avons vaincue.»

Le lendemain de l'annonce des fiançailles, Rainier fut debout de bonne heure mais, en venant prendre son petit déjeuner, il s'aperçut que Jack Kelly était déjà là.

Son futur beau-père se leva pour lui donner une chaleureuse claque sur le dos.

– Alors, bien dormi, fiston?

Rainier comprit aussitôt et sourit.

– Très bien, papa.

Leur amitié était scellée.

Peu après, Rainier revint dans Monaco en liesse pour préparer la cérémonie, tandis que Grace se rendait à Hollywood pour tourner son dernier film, la version musicale d'*Indiscrétions, Haute Société* de Charles Walters. Quelques mois plus tard, Rainier retourna aux Etats-Unis et loua une villa à côté d'Hollywood pour être plus près de Grace.

La bague de fiançailles qu'elle porte dans le film est le gage d'«amitié» que Rainier lui avait offert en lui demandant sa main.

Pendant les mois qui suivirent, la presse ne cessa de les harceler.

Où qu'il aille, le prince Rainier était pris en chasse par les journalistes. Et un troupeau de paparazzi suivit Grace lorsqu'elle partit acheter le trousseau du siècle, qui fit couler tant d'encre. Elle se rendit d'abord chez Neiman Marcus à Dallas, le magasin préféré des rois du pétrole texans. Ils lui coupèrent des tailleurs sur mesure, quelques robes, tout un assortiment de tenues de ville et même une tenue de mer, bien que sans le traditionnel short de marin.

Les robes des demoiselles d'honneur, en organdi de soie jaune sur du taffetas, furent également réalisées par Neiman Marcus.

Un journaliste décrit ainsi la lingerie achetée à Los Angeles : «Soie vaporeuse, chemises de nuit et déshabillés en dentelle rose, pêche ou noire.»

Les autres sous-vêtements, jusqu'aux bas, venaient de New York, ainsi que les robes d'après-midi, trouvées chez un grossiste anonyme de Manhattan.

Grace acheta ses chaussures chez Delman, sur la Cinquième Avenue : « des talons d'une hauteur modeste», précisèrent les journaux. Ses chapeaux, un turban de voyage en jersey de soie blanche, une toque de paille jaune tendre garnie d'une création de tulle et d'une voilette, furent choisis chez John, célèbre modiste de New York.

Mais sa plus belle robe, ce fut la MGM qui la lui offrit.

Les studios lui donnèrent non seulement toute sa garde-robe de *Haute Société*, mais demandèrent au créateur des costumes de la remise des oscars, Helen Rose, de dessiner sa robe de mariée.

Il fallut six semaines de travail à trois douzaines de petites mains pour tailler la robe style Renaissance, dans vingt-cinq mètres de lourd taffetas ivoire, vingt-cinq mètres de taffetas de soie, cent mètres de tulle de soie et de dentelle de Valenciennes pour les jupons.

La traîne mesurait trois mètres et demi.

Le bustier rose, à manches longues, fut rebrodé pour dissimuler les coutures. La robe s'attachait sur le devant, avec de minuscules boutons de dentelle pour couvrir un sous-bustier à manches bouffantes couleur chair. La jupe, sans un seul pli sur le devant, était en forme de cloche. L'ampleur du dos était maintenue par des plis à la taille et s'élargissait vers l'arrière ; le jupon était formé de trois couches de taffetas et crêpe de soie.

Le voile, brodé de roses de dentelle et orné de plusieurs centaines de petites perles, était spécialement conçu pour dégager le visage. Il était fixé sur une petite toque de dentelle assortie, avec une tresse de fleurs d'oranger et de feuilles en perles et, à l'arrière, deux oiseaux de dentelle appliquée.

Grace portait également un missel avec une reliure de taffetas identique à celui de la robe, avec une croix brodée de perles.

Rainier, quant à lui, décida de porter un uniforme qu'il dessina lui-même en s'inspirant de celui des maréchaux de Napoléon. Le pantalon était bleu, avec une bordure d'or sur les côtés, et la veste noire, avec des feuilles de chêne d'or incrustées sur les revers et des barrettes dorées aux épaules.

La nuit du 3 avril 1956, Grace Kelly dîna avec ses parents à l'hôtel Ambassador de New York.

Elle devait absolument dîner dehors, car elle partait pour Monaco le lendemain et, même si elle avait encore des bagages de dernière minute à boucler, le réfrigérateur de son appartement sur la Cinquième Avenue était vide. Elle ne put même pas se préparer du café le lendemain matin avant de partir pour le port, sur la 44e Rue, à l'ouest de Manhattan.

Ce matin-là, une petite bruine tombait. Pourtant, une foule d'admirateurs attendait déjà quand elle arriva en limousine. La presse aussi était venue en force.

Elle avait accepté de rencontrer les journalistes pendant vingt minutes dans le bar du bateau. Ils pourraient passer un moment avec elle, ensuite, il y aurait une séance photo, et, avant de partir, elle ferait un dernier adieu sur le pont pour les caméras de télévision. Mais le mauvais temps s'y opposa, et tout le monde se retrouva dans le bar.

Près de deux cent cinquante personnes s'entassaient dans un endroit à peine prévu pour cinquante.

– C'est terrifiant, dit-elle quand microphones et éclairs de flashes l'assaillirent. Je suis flattée de tant d'attention, mais j'aimerais que vous soyez plus respectueux les uns des autres.

Les questions fusaient de toute part.

– Miss Kelly, Miss Kelly, allez-vous renoncer à votre carrière?

– Il me semble que j'en commence une nouvelle.

– Miss Kelly, vous allez donc abandonner le cinéma?

– Pour le moment, je m'intéresse trop à mon mariage pour songer au cinéma.

– Miss Kelly, jurerez-vous obéissance et soumission à votre mari?

– Tout ce que veut Son Altesse sera un plaisir pour moi.

– Miss Kelly, comment imaginez-vous votre vie quand vous serez princesse?

– J'ai l'intention de prendre chaque jour comme il viendra.

– Miss Kelly, est-ce que le Prince a appelé pour vous souhaiter bon voyage?

– Nous ne nous sommes pas contactés par téléphone, mais nous nous écrivons tous les jours.

A onze heures précises, sur un dernier adieu de la corne de brume et des sirènes du bateau, sous une tonne de confettis et des milliers de cotillons lancés des ponts supérieurs, au son de l'orchestre de jazz du bateau, le *Constitution* descendit l'Hudson, en route pour Monaco.

Grace avait réservé la suite nuptiale, comportant un salon, une chambre et une véranda sur le pont supérieur, la cabine la plus luxueuse de tout le bateau. Elle était accompagnée de soixante-dix personnes, amis et membres de la famille, ainsi que de son caniche, Olivier. Elle n'avait oublié que la clé d'une de ses malles et un employé du bateau dut en scier les charnières.

Dès que le *Constitution* se fut éloigné, la statue de la Liberté dans son sillage, Grace s'aperçut qu'elle avait bien plus de compagnons de voyage qu'elle ne le croyait.

Très vite, le capitaine ordonna un exercice de sauvetage. Par les haut-parleurs on demanda aux passagers de se munir d'un gilet pneumatique et de se rendre immédiatement au canot correspondant à leur cabine. Sur le *Constitution*, ces embarcations étaient conçues pour cent cinquante personnes, mais Grace Kelly en partance pour Monaco était à bord, et tout le monde tenait à la rencontrer.

Elle arriva à son canot pour apprendre que plus de trois cents personnes prétendaient que c'était le leur. Toute une troupe de journaliste était là aussi; mais ils voyageaient en classe touriste, et l'accès des premières leur était interdit, ce qui ne les empêchait pas d'envoyer des articles quotidiens à leurs journaux respectifs. Grace fit même un petit discours à la radio, en français, pour dire aux Monégasques à quel point elle était impatiente de les rencontrer, et promettant d'essayer d'être une princesse digne de ce nom.

A Monaco, le Prince, occupé aux derniers préparatifs, n'avait guère de temps à consacrer aux journalistes, qui durent trouver d'autres sujets. Ils ne mirent pas longtemps à découvrir que leur meilleure source d'information était encore ce prêtre facétieux venu du Delaware.

«Elle est consciente de faire partie de l'histoire, leur dit le père Tucker. Elle connaît ses devoirs envers le peuple monégasque. Je suis sûr qu'elle n'essaiera pas de s'ingérer dans la politique du pays, pas plus qu'une Américaine démocrate n'essaierait d'influencer un mari républicain.»

Quand les journalistes lui demandèrent comment le Prince prenait cette attente, il les rassura : « Il est aussi nerveux que n'importe quel futur marié. Il feint de garder son calme, mais, sous la surface, c'est un jeune garçon tout excité.»

Quand on l'interrogea sur son propre rôle dans cette affaire, l'intermédiaire avoué répondit : «C'est le Prince qui a choisi Grace. Je n'ai été qu'une sorte de conseiller.»

Huit jours après son départ de New York, le *Constitution* arriva dans la baie d'Hercule, au large de Monaco. A bord de son propre yacht, le *Deo Juvante II*, le prince alla chercher sa future épouse.

Le temps était sombre et couvert et la mer un peu houleuse. Le yacht aborda le long du paquebot et, entouré d'une flottille de petits bateaux pleins de photographes et de cameramen, il attendit que Grace paraisse sur le pont.

Il avait le cœur battant.

Elle aussi.

Et soudain, elle apparut.

Elle avança sur la passerelle, le Prince l'aida à descendre. Sirènes et cornes de brume résonnèrent en signe de bienvenue.

Plus de vingt mille personnes l'ovationnèrent sur le pont, brandissant des drapeaux et applaudissant.

D'autres sirènes se joignirent au concert. Une salve de canon fut tirée et une escadrille d'avions survola le port. Des parachutes s'ouvrirent par centaines.

On ne pouvait souhaiter meilleur accueil. Il n'y avait qu'un léger revers. Le chapeau de Grace était trop grand, et le rebord dissimulait son visage.

Tous les habitants étaient venus l'attendre, mais hélas! ils ne virent que son chapeau.

Les larmes de joie, le bonheur, l'émerveillement qui illuminaient les plus beaux yeux bleus du monde leur échappèrent.

Le mariage fut un événement grandiose.

Plus de mille six cents journalistes et photographes étaient présents, près de trois fois plus que lors du mariage du prince Charles et de Lady Diana. Et, si l'on aime les statistiques, on n'a jamais atteint ce chiffre sur tout le théâtre des opérations lors de la Seconde Guerre mondiale.

Mais à Monaco personne n'avait l'habitude d'une invasion en masse de la presse, et jamais la Principauté n'avait connu telle splendeur.

On offrit des déjeuners, des dîners, des défilés et des bals de galas où l'on dansait jusqu'à l'aube. Il y eut huit jours de festivités, dont Grace et Rainier se seraient bien passés s'ils avaient eu le choix.

Aujourd'hui, le Prince réussit à rire au souvenir de ce qu'il leur a fallu endurer. «Mais à l'époque ce n'était vraiment pas drôle. Grace n'arrêtait pas de me dire que nous devrions nous sauver et nous marier dans une petite chapelle de montagne. En fait, j'aurais bien aimé moi aussi, c'est la seule chose qui nous aurait vraiment plu à tous les deux.»

Le mariage avait pris une importance démesurée pour l'époque.

«Cela ne fait aucun doute, on en a beaucoup trop parlé. La presse est arrivée en masse, mais, comme la plupart du temps nous étions en privé, les journalistes n'avaient pas grand-chose à faire. Un jour, nous sommes allés voir ma sœur à Eze dans sa villa. Sur le chemin du retour, un des photographes qui nous suivait sans arrêt s'est allongé sur la route. Il était étalé de tout son long. Je ne roulais pas vite, je l'ai vu de loin et je me suis donc arrêté. Erreur fatale. Tous ses amis se sont mis à prendre des photos et, le lendemain matin dans la presse, on aurait dit que je l'avais mis K.O. moi-même. Ils auraient fait n'importe quoi pour une photo.»

Caroline ajoute: «Ma mère m'a dit que cette semaine avait été si affreuse, qu'ils s'étaient sentis si mal à l'aise avec mon père qu'ils n'ont pas pu regarder les films d'amis avant une bonne année.»

Il fallut ne rien négliger pour établir la liste d'invités. Bien sûr, le couple désirait la présence de leurs amis et de la famille. Mais il fallait aussi penser aux familles royales européennes, et tenir compte du protocole.

La reine Elisabeth fut conviée, mais refusa.

Parents fort éloignés – elle et Rainier sont en fait cousins au quinzième degré –, leur tronc commun remonte au prince Albert, qui a épousé Lady Mary Victoria Douglas Hamilton d'Ecosse, elle-même liée à Henry VII, premier Tudor à monter sur le trône, et à Elisabeth d' York. En fait, la plupart des familles royales d'Europe sont issues de cette même lignée. Ainsi, Rainier est lié aux Suédois, aux Norvégiens, aux Danois, aux Belges, aux Hollandais, aux Luxembourgeois, aux Grecs, ainsi qu'à la Reine Mère et à Winston Churchill.

Bien que la plupart des familles royales aient accepté l'invitation, la reine Elisabeth la déclina. Quelles que fussent ses raisons personnelles, le prétexte fut un point de protocole : elle n'avait jamais rencontré Rainier ou Grace, donc ni elle ni aucun membre de sa famille ne pourraient assister à la cérémonie. Elle envoya malgré tout deux plateaux de service en or.

Cary Grant leur offrit un secrétaire ancien, la SBM un collier de diamants et de rubis, et le peuple monégasque une Rolls-Royce. Des amis de Philadelphie donnèrent à Grace un écran cinémascope et deux projecteurs 35 mm, afin que les films américains ne lui manquent jamais. La communauté américaine de Monaco offrit un cadre en or massif, la communauté allemande un service de table en porcelaine et le gouvernement français deux magnifiques barres décorées pour le yacht de leur lune de miel. Après la fin du tournage de *Haute Société*, l'équipe d'acteurs et de techniciens lui offrit un jeu de roulette.

Comme il n'y avait pas de liste de mariage, il y eut des cadeaux identiques. Bien qu'ils n'aient reçu qu'un lion pour le zoo, ils se retrouvèrent avec des ouvrages d'orfèvrerie, de l'argenterie, des peintures, des cadres anciens et des bijoux.

Plus touchant encore, les petits cadeaux envoyés par des gens qui ne connaissaient ni Grace ni Rainier, mais voulaient exprimer leur sympathie et prendre part à l'événement. Ils reçurent nombre d'objets de fabrication artisanale, des fromages, des jambons, des livres de cuisine, des cache-pots, des porte-bonheur, des objets tricotés et tout un bric-à-brac de cendriers, animaux de céramique, angelots de plâtre, qui sont encore, pour beaucoup, exposés sur les étagères du Palais.

Grace les déposa dans des boîtes de satin blanc; il y en aurait eu plus qu'assez pour remplir des dizaines de listes de mariage.

De manière quelque peu indélicate, la presse estima la valeur des cadeaux à plus d'un million de dollars. Et, comme si cela ne suffisait pas, le Conseil national y mit du sien.

Quelques semaines avant le mariage, il envoya un de ses anciens chez un joaillier de Paris, où il choisit un collier d'une valeur de trente-neuf millions de francs de l'époque, puis avança douze millions au bijoutier et ramena le collier à Monaco. A ses yeux, il était merveilleux.

Malheureusement, c'était une horreur.

Lourd, grotesque, avec des pierres de toutes les couleurs, il était difficile de l'imaginer sur une jeune femme moderne de vingt-six ans. Quand le Prince le vit, il estima que même l'impératrice douairière de Chine n'en voudrait pas.

Ajoutant l'insulte à l'injure, on apprit par la suite que le représentant du Conseil avait touché une commission de cinq milliers de francs accordée par le bijoutier.

Pour se couvrir, le Conseil se précipita chez Cartier, acheta une parure encore bien plus coûteuse et tenta de rendre le premier collier au bijoutier. Mais celui-ci refusa, et exigea que les vingt-sept millions restants lui soient payés. Le Conseil déclara que c'était hors de question et le menaça d'un procès. Insensible à ces menaces, le joaillier refusa de reprendre l'objet du délit – il était si hideux, qui aurait pu l'en blâmer? – et donna l'ordre à son avocat d'essayer de bloquer les biens de la Princesse à Monaco comme aux Etats-Unis. La tentative échoua. Le Conseil intenta un procès et gagna. Mais il perdit aux yeux de la presse, et l'affaire fut présentée comme un scandale.

A l'époque, le prince Rainier considéra toute cette histoire comme absolument «sordide», et son opinion n'a guère changé aujourd'hui.

«C'était fort embarrassant. Mais tout se passait en dehors de moi. C'est le Conseil qui a choisi le bijoutier, fixé un prix, c'était leur cadeau. Nous ne pouvions pas nous mêler à l'affaire. On n'a jamais demandé à Grace si elle préférait les perles aux diamants ou les émeraudes aux rubis, et, d'ailleurs, elle n'est pas allée le leur dire.»

Contrairement aux autres mariages monégasques, les bans ne furent pas publiés, sans doute pour que personne ne puisse s'opposer au mariage.

Ce n'était, il est vrai, pas le cas, mais, au fur et à mesure que le grand jour approchait, des signes de tension et de nervosité commençaient à s'emparer de tous.

Excédé par les photographes, Rainier annula la séance photo prévue pendant la répétition de la signature du registre, et Grace elle-même semblait fatiguée et se rongeait les ongles.

La cérémonie civile eut lieu le 18 avril.

Célébrée dans la salle du trône, elle fut réservée à la proche famille et à quelques amis, bien que les caméras de télévision fussent présentes pour que toute l'Europe puisse assister à l'événement. En robe rose pâle, Grace portait un bouquet de mariée. Rainier était en habit noir avec un pantalon gris rayé. Visiblement pris par le trac, aucun des deux ne souriait. Il faisait trop chaud sous les projecteurs de la télé – et de la MGM, qui détenait l'exclusivité des droits cinématographiques. La future mariée et son futur époux étaient assis à quelques sièges d'intervalle sur des fauteuils de velours rouge, Grace, mains gantées sur les genoux, et le Prince tiraillant nerveusement sa moustache. Comme les membres de la famille royale ne peuvent se marier qu'avec l'accord du Prince, le juge commença par demander à Rainier l'autorisation de procéder à cette cérémonie. Il répondit «Oui» et, quarante minutes plus tard, lui et Grace étaient mari et femme.

Dans la plupart des cas, les couples n'ont à subir cette épreuve qu'une fois.

Mais ce n'était pas un couple comme les autres.

Tous deux durent recommencer et faire une nouvelle mise en scène au profit de la MGM.

Le père Tucker confia à la presse : «Ils n'auraient recommencé pour rien au monde.» Pourtant, le plus dur était encore à venir.

Le lendemain matin, plus de trente millions de spectateurs dans neuf pays d'Europe et l'assistance de la cathédrale archibondée furent témoins de la cérémonie.

Ce fut un événement mondain – cravate blanche obligatoire.

Intrigué, Rupert Allan demanda à Grace un jour :

– Qui est-ce qui n'est pas venu?

– Frank Sinatra, lui répondit-elle.

Allan en resta stupéfait.

– Vous m'aviez placé entre Ava Gardner et Frank Sinatra?

Leur mariage houleux s'était brisé quelques années auparavant et, si le chanteur était venu, Allan n'arrivait pas à croire qu'il se retrouverait au centre de leur première rencontre depuis le divorce.

– Vous vouliez que je sois entre eux deux? Qui sait ce qui se serait passé?

– Je suis sûr que vous auriez su vous y prendre.

En fait, Sinatra s'abstint beaucoup plus par affection pour Grace que par crainte de revoir Ava Gardner.

Il avait quitté Los Angeles pour se rendre à Londres quelques jours plus tôt, afin de procéder au dernier essayage de sa queue-de-pie blanche. La première chose qu'il vit dans la capitale britannique, ce furent les titres de journaux annonçant l'arrivée d'Ava Gardner à Monaco. L'actrice retenait toute l'attention de la presse. Il savait qu'une fois qu'il serait là-bas les journalistes ne tarderaient pas à l'assaillir pour l'interroger. Il téléphona donc à Grace pour la prévenir qu'il ne viendrait pas. Comme elle lui demandait pourquoi, elle s'entendit répondre: «Je ne viendrai pas parce que c'est ton grand jour à toi.»

Grace confia plus tard à Allan qu'elle était persuadée que Sinatra était le seul homme qu'Ava Gardner ait jamais aimé. «Ils étaient faits l'un pour l'autre. Je vous avais mis entre eux deux parce que cela me semblait la meilleure façon de ranimer la flamme.»

La cérémonie religieuse se déroula avec une grande dignité.

Des lilas blancs et du muguet emplissaient l'antique cathédrale et se détachaient sur les draperies de soie et le tapis rouge qui allait de l'autel au perron. Le soleil matinal filtrait à travers les vitraux.

Les hommes en queue-de-pie et les femmes en chapeau prirent place.

Soudain, toutes les têtes se tournèrent. Grace avança, lentement, au bras de son père.

Rainier la rejoignit à l'autel.

102

L'orchestre entonna l'*Uxor Tua* de Bach puis l'*Alleluia* de Purcell.

Il y eut un léger moment de malaise, le Prince ayant du mal à glisser la bague au doigt de Grace, qui dut l'aider. Ils étaient si nerveux que leur oui fut un murmure tout juste audible pour l'évêque.

Elle dut retenir ses larmes.

Il regardait droit devant lui.

Soudain, tout fut terminé. L'évêque les déclara mari et femme.

Il y avait plus d'un œil humide dans l'assistance.

Il embrassa la mariée.

Les cloches de la cathédrale sonnèrent, annonçant qu'aux yeux de Dieu ils n'étaient plus qu'un.

Après six heures de défilés, de réceptions, d'apparitions au balcon, ils embarquèrent à bord du yacht princier pour aller passer un mois de lune de miel en croisière sur la Méditerranée.

Hollywood n'aurait pas mieux fait, bien que *Variety*, le journal professionnel du cinéma américain, ait annoncé : «Grace Kelly épouse le prince Rainier. La mariée est une star, le marié, un amateur.»

6

La SBM apprivoisée

Un beau matin de 1951, se promenant dans les rues de Monte-Carlo, Aristote Socrate Onassis remarqua que la vitrine du vieux club sportif était condamnée. A cette époque, son empire maritime – 91 navires dont 70 pétroliers – avait ses quartiers généraux à Paris, mais il était écrasé par la fiscalité.

Les locaux du club désaffecté lui auraient parfaitement convenu, d'autant plus qu'à Monaco il aurait été exonéré d'impôts. Il se renseigna, apprit que l'endroit était fermé depuis un bon moment et contacta la Société des Bains de Mer, pour le louer.

On lui opposa un refus. Il demanda des explications. Personne ne lui en fournit. Il proposa d'acheter le bâtiment. On lui fit la même réponse. Il offrit d'acheter également le terrain. Rien n'y changea. Il fit monter les enchères. En vain. Il demanda pourquoi tant d'obstination.

On lui montra la porte.

Puisqu'on refusait de lui vendre les locaux, il acheta la société.

La mère d'Honoré-Charles fut la première à s'intéresser à la prospérité de Monaco. Elle suggéra donc à son fils de songer aux collines désertes près du port, appelées à l'époque «Les Spelugues».

Le prince fonda la Société de Crédit de la Région Méditerranéenne, dans l'intention de construire un établissement de bains, un club sur la plage, un sanatorium et quelques villas. Mais il fut incapable de rassembler les fonds nécessaires, et le projet semblait condamné.

Comme elle avait beaucoup voyagé, Caroline savait qu'en Europe de nombreux établissements de bains étaient associés à des maisons de jeu, comme par exemple Bad Homburg, à Hesse-Homburg, petit royaume au nord de Francfort. Le jeu était bien sûr l'activité

104

principale, mais il était proposé comme loisir annexe, contre quelque argent. En fait, comme le célèbre Baden-Baden, c'était un casino sous couvert d'un établissement de bains.

Les jeux de hasard étant interdits par la loi sarde, il n'y avait alors aucun casino au Sud de la France. Caroline encouragea son fils à fonder la Société des Bains de Mer, et à ouvrir une maison de jeu.

Deux Parisiens, dont l'un était en faillite à l'époque, comptaient parmi les premiers financiers. Ils acceptèrent de construire un établissement de bains, un hôtel et de développer les communications par terre et par mer avec Nice. En échange, ils obtinrent le droit de fournir «des loisirs de toute sorte».

Caroline tint cependant à ce que le casino reste le plus éloigné possible du Rocher, pour que les habitants ne soient pas tentés. Aujourd'hui encore, l'accès du lieu est interdit aux Monégasques, et on n'y voit jamais aucun membre de la famille royale.

Honoré-Charles prit le titre de prince Charles III en 1856, et la première roulette de casino tourna sous son règne au mois de novembre de la même année, dans la Villa Bellevue, sur les pentes des Spelugues.

Pourtant, l'aventure était condamnée.

Monaco était trop isolée, et les rares clients ne permettaient pas de maintenir l'entreprise à flot. Pendant la semaine du 15 mars 1857, par exemple, il n'y eut qu'un seul joueur, qui gagna deux francs. La semaine suivante, deux clients perdirent deux cent cinq francs.

Dans les trois mois, les Parisiens vendirent à un autre Français, qui décida d'installer le casino près du Palais pour lui donner plus de prestige. Avant la fin de l'année, il avait revendu à un joueur parisien, qui tenta de faire des économies en entassant deux tables de roulette et une de trente et quarante dans une seule pièce sordide. La clientèle du casino n'était plus constituée que du rebut des établissements germaniques.

L'année suivante, on jeta les fondations du bâtiment qui devait abriter le casino au sommet des Spelugues. Mais, dès le début de la construction, un glissement de terrain se produisit. L'architecte partit, les ouvriers ne furent plus payés, les fonds s'épuisèrent et l'affaire fut une fois de plus revendue.

Un nouveau groupe reprit les choses en main en 1859, mais la construction fut encore interrompue par la guerre entre la France et l'Allemagne. Un casino fut enfin ouvert sur la rue de Lorraine; pourtant, les joueurs se faisaient toujours attendre.

Il existait une liaison maritime entre Nice et Monaco, mais les horaires annoncés ne correspondaient pas aux allées et venues fantaisistes du capitaine. Il y avait également un sentier le long de la côte reliant les deux villes, à l'emplacement de l'actuelle Basse Corniche, et une route au nord de la Principauté reliant Nice et l'Italie, là où se trouve aujourd'hui la Grande Corniche. Mais le trajet était infesté de bandits de grand chemin. Pour emprunter la route, il fallait faire un détour par Roquebrune puis revenir sur ses pas, ou laisser son coupé à La Turbie, et parcourir plusieurs kilomètres le long d'un sentier sinueux et escarpé fort dangereux. D'ailleurs, c'est sur la Grande Corniche que Grace Kelly et Cary Grant ont tourné la célèbre scène de poursuite de *La Main au collet*. C'est aussi sur le chemin qui descend de La Turbie, aujourd'hui la D37, que la princesse Grace a perdu la vie.

S'étant séparées de la Principauté, Roquebrune et Menton étaient considérées comme des «villes libres», bien que, aux termes du traité de 1861 qui mit fin au conflit avec l'Autriche, elles fussent annexées à la France. En compensation, Charles reçut trois millions de francs. On lui promit également de construire une route entre Nice et Monaco, et d'établir une ligne ferroviaire longeant la route, tout comme de le maintenir sur le trône.

Charles commençait à perdre patience. Le jeu n'avait pas rapporté le moindre centime. Il annonça au consortium de propriétaires que, si le casino n'était pas achevé à la fin de l'année, il leur retirait sa concession. Incapable de poursuivre plus avant, le principal actionnaire chercha quelqu'un pour lui succéder.

Cet homme fut François Blanc.

Propriétaire de la maison de jeu de Bad Homburg, c'était un hâbleur, un escroc, mais c'est lui qui, aidé par son sens de la mise en scène, inventa littéralement Monte-Carlo.

Né en 1806, il fut élevé à Bordeaux et quitta l'école dès l'âge de quatorze ans. Fier de son don des chiffres, il joua à la Bourse de Paris avec un tel succès que dès vingt et un ans il possédait sa propre agence de courtiers. Il donnait des indications si précieuses qu'il en était presque devenu une légende.

Jusqu'à ce que l'on découvre la vérité.

Alors que les Rothschild utilisaient des pigeons pour faire parvenir les informations boursières de Paris à Bordeaux, Blanc et son frère préféraient verser des pots-de-vin aux opérateurs du télégraphe du bureau de poste le plus proche, et s'informaient des cotes avant qu'elles ne soient connues des autres courtiers. Les Blanc furent condamnés à sept mois de prison pour fraude et corruption.

Ils quittèrent la France pour le Luxembourg, où ils ouvrirent un casino. Quelques années plus tard, ils persuadèrent le comte Philipp von Homburg de leur vendre la concession de Bad Homburg.

Les Blanc tendirent le casino de soies orientales et tapissèrent les sièges de cuir marocain. Ils vantaient leur établissement en des termes dithyrambiques: «Rendez-vous des voyageurs, retraite élégante réservée aux gens de goût et d'esprit, oasis paisible ouverte à des caravanes de touristes qu'on peut à juste titre considérer comme les "pèlerins du plaisir".»

C'est à Bad Homburg que François Blanc apprit, à ses dépens, à tenir une maison de jeu.

Le prince Charles Bonaparte, neveu de Napoléon, arriva un jour avec plus d'argent que n'en contenaient les coffres du casino et fit sauter la banque. Blanc se hâta de répandre la nouvelle, sachant qu'un gagnant attire toujours les foules de perdants, mais il prit soin de garnir ses coffres afin qu'un tel incident ne se reproduise plus.

Ensuite, un petit groupe eut raison de ses bénéfices pendant deux saisons de suite, en doublant les paris chaque fois qu'ils perdaient. Blanc finit par percer à jour cette tactique, et imposa des règles empêchant qu'on joue des sommes exorbitantes contre lui.

Personne n'eut besoin de lui apprendre qu'avec tant d'argent en jeu mieux valait garder un œil sur les croupiers. Mais, au fur et à mesure que Bad Homburg gagnait en réputation, il se mit également à surveiller les joueurs. Il engagea une équipe de physionomistes qui éloignaient les tricheurs et les indésirables.

Aujourd'hui, les principes de Blanc constituent le fondement de tous les règlements de casino.

Il acheta la concession de Monaco en avril 1863 pour 1,1 million de francs. La SBM fut rebaptisée Société des Bains de Mer et Cercle des Etrangers. En échange d'un pourcentage annuel sur les bénéfices et d'une promesse d'assurer une partie des frais de construction de la route menant à Nice, elle obtint le monopole du jeu pour cinquante ans.

Blanc meubla les salles avec élégance et raffinement, et usa de son influence pour hâter la construction, sur la place du Casino, de l'hôtel de Paris, qui devait être l'un des plus luxueux du monde. Le prince Charles accepta que l'on donne son nom aux Spelugues, bien qu'il fût déjà presque aveugle, et ne vît jamais le nouveau bâtiment. Enfin construite, la voie ferrée arriva à la Principauté le 19 octobre 1868.

Et les joueurs affluèrent.

Dès le début, Blanc jugea que Monte-Carlo devait être le domaine du rêve, du plaisir et du spectacle, et fit croire à tous ceux qui franchissaient la porte du casino qu'ils pouvaient faire sauter la banque. Pour perpétuer le mythe, lorsque l'établissement perdait gros, il faisait tendre de noir une table, en signe de deuil.

Aujourd'hui encore, les touristes vont à Monaco autant pour jouer que pour retrouver le passé, pour se montrer, dans l'espoir de capter un peu de l'aura de la haute société européenne. Blanc avait fait de Monaco la terre de plaisir des rois. Il y aura toujours de simples mortels qui, avec quelques jetons de vingt francs, pourront croire, pour un soir, qu'ils sont entrés dans un autre monde, plus riche, plus fastueux.

Blanc rétribua une légion de journalistes pour qu'ils écrivent des articles sur la Principauté. Un jour qu'un Polonais, ayant perdu jusqu'à son dernier sou, avait tenté de se suicider, il l'installa à l'hôtel de Paris et tint à ce qu'il soit soigné par les meilleurs médecins. Une fois guéri, Blanc lui offrit son billet de retour. Les journaux du monde entier rapportèrent l'incident et annoncèrent que Blanc était pêt à faire de même pour tous ceux qui auraient tout perdu chez lui. Ce n'était d'ailleurs pas tant par charité que pour s'attirer les faveurs du public.

Blanc avait sans doute beaucoup de talent, mais il eut également beaucoup de chance.

En 1872, les casinos belges et allemands étaient fermés, et le seul établissement analogue, à Saxonne-les-Bains, en Suisse, était sur le point de fermer. Sans lever le petit doigt, Blanc obtint le monopole du jeu en Europe.

Grâce au seul casino, au milieu des années 1870, Monaco s'était enrichie de quatre grands hôtels et de deux cents auberges.

En fait, Blanc était si respecté qu'il maria l'une de ses filles à une tête couronnée, ou peu s'en faut. En 1876, elle épousa le prince Constantine Radziwill, ce qui, ironiquement, fait de Blanc un lointain parent par alliance de Jackie Kennedy Onassis, dont la sœur est une Radziwill, et dont le second mari a été propriétaire de la SBM.

A la mort de Blanc, un an plus tard, un journaliste suggéra d'écrire sur sa tombe: «Que vous misiez noir ou rouge, c'est toujours Blanc qui gagne.» Cela ne manquait pas de vérité, car l'ex-escroc de Bordeaux laissa une importante fortune personnelle.

Les rênes de la SBM passèrent aux mains de Camille Blanc, qui n'avait pas le même sens des affaires que son père. Certes, le casino continuait à rapporter, mais faillit bien ne pas survivre à l'arrivée de la première princesse américaine.

Alice Heine, arrière-petite-fille de Solomon Heine, rival des Rothschild à Hambourg, naquit à La Nouvelle-Orléans en 1858. Sa mère était une Miltenberg, grande famille de Louisiane. Quinze jours après son dix-septième anniversaire, elle épousa Armand, duc de Richelieu, chef de l'une des plus grandes familles de France, et lui donna deux enfants avant de se retrouver veuve à l'âge de vingt-deux ans. Elle se retira dans l'île de Madère pour pleurer la mort de son mari.

A l'époque, le prince Albert s'y trouvait également pour ses expériences de plongée. Une amitié se noua bientôt et, rentrant à Paris, ils s'aperçurent qu'ils étaient voisins; très vite cela se transforma en histoire d'amour. Pourtant le père du prince Albert s'opposa à leur union, et ils vécurent ensemble jusqu'à la mort de Charles III, en 1889, avant de se marier.

Dès son arrivée à Monaco en janvier 1890, ses manières aimables et sans façon lui valurent l'admiration de tous.

Un chroniqueur de l'époque écrivit, comme on le ferait soixante-six ans plus tard pour la deuxième princesse américaine: «Elle est aussi intelligente que belle. Sa blondeur illumine le Palais.»

Malheureusement, elle détestait le jeu et voulait que le prince Albert fasse fermer le casino. Ce qui était loin de plaire à Camille Blanc, d'autant plus que le souverain avait la fâcheuse tendance de suivre les conseils de sa femme.

La dot de sa première épouse et la fortune d'Alice auraient largement permis au prince Albert de racheter la SBM. Cependant, grâce au casino, le Monaco dont il avait hérité était bien plus prospère que du temps de son père.

Finalement, il laissa les choses en l'état. Peu portée à s'avouer vaincue, Alice espéra que la musique, l'opéra et la danse pourraient rivaliser avec le jeu. Elle songea donc à transformer Monaco en grand centre artistique européen, et étouffer ainsi le reste.

De nouveau, elle perdit.

Pourtant, grâce à elle, Raoul Gunsbourg, imprésario de réputation internationale, fut nommé directeur de l'opéra de Monte-Carlo. Non seulement il fut le premier à monter Wagner hors de Bayreuth, mais il invita Diaghilev et les Ballets russes. Demeuré à son poste pendant un demi-siècle, il laissa sur la Principauté une empreinte indélébile.

Si Alice ne partageait pas la passion de son mari pour la navigation et préférait rester à terre plutôt que d'endurer un mal de mer permanent – autre trait commun avec la seconde princesse américaine –, elle l'encouragea à prendre la défense de Dreyfus.

Au nom de son amitié avec Guillaume II, Albert se rendit à Berlin demander au souverain allemand qui était le vrai coupable. Sans nommer personne, le Kaiser affirma que Dreyfus était innocent. Albert transmit la nouvelle au président Félix Faure puis, convaincu que justice serait faite, écrivit à Mme Dreyfus qu'il serait très heureux de l'accueillir, elle et son mari, dès qu'il serait lavé de tout soupçon, car la présence d'un martyr serait un honneur pour sa maison.

En réponse, il fut accusé d'ingérence et victime d'attaques antisémites.

Pourtant, l'opinion publique eut gain de cause, et Dreyfus fut amnistié. Six ans plus tard, le tribunal militaire révisa le procès et déclara que, les preuves présentées ayant été fabriquées de toutes pièces, l'arrêté de la cour martiale était cassé.

Albert, apprenant que la reine Victoria était en vacances à Nice, sollicita une audience de courtoisie. Il reçut une missive l'informant que Sa Majesté était occupée et le priait de renouveler sa demande plus tard. Acceptant d'autant plus mal cette rebuffade que lui et Alice étaient amis du fils de la reine, il s'exécuta. Cette fois, Victoria accepta de recevoir le prince, mais sans faire mention de la princesse.

Le mariage était condamné à l'échec. Ses recherches éloignaient de plus en plus souvent le prince de la Principauté. Alice s'intéressait surtout à l'opéra et défendait l'œuvre d'un nouvel ami, un jeune compositeur britannique, connu sous le nom d'Isidore de Lara, mais qui s'appelait en fait Cohen. Le couple se sépara en 1902. Pourtant, ils ne divorcèrent jamais. Alice devint l'une des grandes figures du socialisme à Paris et à Londres, et conserva le titre de·princesse douairière après la mort d'Albert.

Camille Blanc dirigea la SBM pendant les vingt ans qui suivirent, jusqu'à la Première Guerre mondiale. Au retour de la paix, pourtant, les choses changèrent radicalement sur la Côte d'Azur.

Les Russes étaient morts ou en exil, sans le sou. Les Habsbourg n'existaient plus. Les rois d'Italie, d'Espagne, d'Albanie et de Yougoslavie s'accrochaient désespérément à leur trône. La plupart des familles royales étaient en pleine déconfiture financière.

Mais les Américains avaient de l'argent. En touristes, ils partaient à la conquête de l'Europe. Juillet et août étaient les meilleurs mois pour la traversée de l'Atlantique. Peu leur importait que la Côte d'Azur soit une villégiature d'hiver, qu'un teint hâlé soit signe d'appartenance aux classes laborieuses.

A la même époque, en Suisse et en Autriche, les villages de montagnes cherchaient le salut en se transformant en stations de ski. Passer l'hiver sur les pentes devint la coqueluche de l'Europe.

Pour accueillir les foules estivales, des stations balnéaires comme Menton, Beaulieu, Nice, Juan-les-Pins et Cannes se développèrent sur la Côte et ouvrirent un casino. Monte-Carlo qui, pour la première fois, devait affronter une véritable concurrence n'était pas de taille à lutter.

Le prince Albert finit par se lasser de la SBM et de l'homme qui la dirigeait. Il se tourna donc vers l'un des personnages les plus mystérieux et les plus fortunés d'Europe, pour qu'il insuffle de l'argent frais et de nouvelles idées.

Basil Zaharoff, Grec originaire de Constantinople, vivait à Monaco une liaison adultère tapageuse avec une aristocrate espagnole.

Premier négociant en armements du monde, il était l'un des principaux actionnaires des plus grandes usines de matériel militaire, et avait des intérêts dans la navigation, le pétrole, les métaux et la banque.

Albert voulait qu'il reprenne la direction du casino, mais Zaharoff, dont la prudence était légendaire, tint d'abord à s'assurer de l'indépendance de Monaco. Comme il avait énormément de relations, il en discuta lui-même avec Georges Clemenceau. Quelques mois plus tard, la France signait le pacte franco-monégasque de 1918 qui renforçait la souveraineté de la Principauté.

Zaharoff avança cinq millions de dollars, annonça au prince qu'il prendrait la gestion des affaires en main quand bon lui semblerait et, en grand secret, monta toute une série de sociétés fantômes qui rachetèrent les parts de la SBM. Dès la mort d'Albert, en 1922, Zaharoff convoqua d'urgence le conseil d'administration, détrôna Camille Blanc et prit la direction de la société.

Peu après, à la mort du mari de la maîtresse, le couple illégitime se maria. C'est alors que Zaharoff déclencha la deuxième partie de son plan.

Bien qu'il ait eu, à l'époque, plus de soixante-dix ans, il tenta de persuader Louis de lui revendre toutes ses parts pour pouvoir installer la Señora Zaharoff sur le trône de Monaco.

Il s'ensuivit une lutte farouche, où les accusations de corruption et d'escroquerie fusaient de toute part. Zaharoff acheta un journal local pour attaquer Louis, qui fit de même.

Un jour, le combat cessa aussi brusquement qu'il avait commencé. La Señora Zaharoff mourut et, de ce jour, son mari cessa de s'intéresser au trône. Il vendit ses parts à une banque parisienne et disparut.

Pourtant, Monaco était toujours dans une passe difficile.

Au nom de Louis, le prince Pierre invita Elsa Maxwell à Monte-Carlo.

C'était une spécialiste de relations publiques, qui avait transformé le Lido de Venise en paradis pour les foules de vacanciers, et on s'attendait à ce qu'elle fît de même pour Monaco.

Plutôt laide, pianiste médiocre ayant travaillé dans les cabarets de Broadway et de Londres, Maxwell était née dans l'Iowa en 1883. En Angleterre, elle réussit à se faire une place dans la haute société, et s'acquit une réputation d'hôtesse émérite, qui savait organiser des soirées et des rencontres. En fait, ce n'était guère qu'une mondaine qui s'était attiré les faveurs de la haute société européenne, et se faisait inviter par les Windsor à Paris, comme par Douglas Fairbanks à Londres.

A son grand plaisir, elle fut engagée par la Principauté pour moderniser la SBM. Pour elle, les raisons de la déchéance de Monte-Carlo étaient évidentes. Le casino était sinistre, l'hôtel de Paris, démodé. Il lui semblait incongru que la Société des Bains de Mer n'ait même pas de plage, contrairement à ce que son nom laissait penser.

Sans même réfléchir, elle annonça aux journalistes américains que les Monégasques allaient construire une plage artificielle. Cette histoire étant susceptible de faire les gros titres, elle déclara même que la SBM installait déjà de grandes plaques de caoutchouc qu'on recouvrirait de sable. La réaction fut si positive qu'on discuta effectivement du projet, mais on se rendit compte que le sable serait vite balayé par les vagues, et que le sel rongerait le caoutchouc.

Finalement, elle voulut faire acheter, à l'est de la plage, un terrain situé en territoire français, pour y construire une immense piscine carrelée de bleu, à l'endroit exact où se trouve actuellement le Old Beach Hotel, magnifique bâtisse couleur mandarine, dans le style californien. Elle proposa également la création de courts de tennis.

C'est surtout à elle qu'on doit l'ouverture du Summer Sporting, en 1927, seul casino du monde où le toit amovible permet de lancer les dés sous un ciel étoilé.

Au début, la mezzanine du restaurant donnait sur les tables de jeu, jusqu'au jour où une femme laissa tomber une pièce de cent francs sur un tapis vert. La roue tourna, et elle gagna. Elle exigea sa pièce, qu'on lui rendit avec trois mille cinq cents francs. Peu après, un toit couvrait les tables au tapis vert.

Maxwell créa également la tradition des galas du vendredi soir, où l'on accueillait les célébrités européennes. Elle fit monter sur scène des gens comme Grace Moore et Maurice Chevalier, et emplissait la salle d'un public de choix, comme le roi Gustave V de Suède. Elle disait pourtant de lui: «Bien sûr, il faut faire des concessions. Faire semblant de ne pas voir qu'il regarde vos cartes de bridge, et supporter ses postillons.»

Grâce à elle, Monaco ne s'était pas si bien porté depuis longtemps.

113

La SBM estimait les pertes moyennes des joueurs à environ trente francs par visite.

Enfin, Rainier monta sur le trône. Et il dut faire face à la puissance de la SBM. Dès le début des années 50, il sentit qu'il était temps d'y mettre fin.

«Comme c'était le premier employeur de la Principauté, la SBM avait tendance à abuser de son influence et à s'ingérer dans les affaires de l'Etat. Il fallait absolument redéfinir les rôles. Avant que je m'y intéresse, les versements de la SBM tenaient du plus grand mystère. Pendant le règne de mon grand-père, on parlait d'enveloppes passées sous les tables. Pour moi, c'était inacceptable.»

Sous le règne de Louis, une partie des contributions de la SBM était versée au gouvernement, et l'autre directement au Prince. Rainier exigea que la totalité des sommes soit remise à l'Etat. Il établit ensuite une «Liste civile», somme forfaitaire – atteignant aujourd'hui les dix millions de dollars – votée par le Conseil national, que le Prince peut dépenser à sa guise en dépenses de fonction et en salaires, le sien compris.

Il s'attaqua ensuite à la question de l'influence politique de la SBM. Mais, sous la IVe République, avec un gouvernement qui changeait toutes les semaines, la France vivait dans une grande incertitude. De plus, richesse n'était plus synonyme d'élite. Bien des grandes familles se trouvaient désargentées, et bien des nouveaux riches manquaient de distinction.

De plus, la SBM ne s'était pas encore remise de la guerre. Le tourisme connaissait un tel déclin qu'en 1951 les employés se virent retirer un mois de salaire, car la société était à court d'argent. Avec un déficit de huit cent cinquante mille dollars, la saison 1952-1953 fut dramatique.

Rainier se mit en tête de chercher quelqu'un qui pourrait y remédier. Cette personne se présenta sous la forme d'un Grec mal vêtu, aux grosses lunettes à monture noire.

Aristote Onassis naquit à Smyrne en 1906, mais fut obligé de s'exiler à l'âge de seize ans quand les Turcs ravagèrent son village et tuèrent son père, un gros négociant de tabac. Il sauta dans un bateau pour Buenos Aires, avec soixante dollars en poche, et, pour ne pas qu'on le refoule, une fois arrivé à destination, prétendit avoir vingt et un ans. Pour vivre, il travaillait de nuit comme télégraphiste.

Très jeune déjà, Onassis savait profiter des bonnes occasions. Quand il remarqua que la demande de tabac dépassait l'offre, il se lança dans ce commerce et créa bientôt une manufacture. Pour que ses bateaux ne rentrent pas à vide, il importa du cuir et des céréales. Très vite, il se trouva à la tête d'une petite flotte de vieux cargos, négocia un traité commercial entre la Grèce et l'Argentine et se fit nommer consul général de son pays. Il diversifia sa flotte en baleiniers et pétroliers. Quand, après avoir acheté, à la suite de la Seconde Guerre mondiale, vingt anciens bateaux américains à prix défiant toute concurrence, il les fit enregistrer sous pavillon pana-méen, les Etats-Unis l'accusèrent d'avoir rompu l'accord de vente et le condamnèrent à une amende de sept millions de dollars. Mais Onassis avait un tel sens des affaires que, tout en payant sa dette, il convainquit les Américains de lui prêter quatorze millions de dollars pour se faire construire vingt autres navires.

S'il n'était pas encore l'homme le plus riche du monde quand il passa sa lune de miel à Monaco avec sa jeune épouse de dix-sept ans, Tina Livanos, il n'en était pas loin.

«Onassis était toujours à la recherche de nouveaux endroits à visiter, dit Rainier, alors je l'ai persuadé de devenir, en quelque sorte, le touriste privilégié de Monaco. Ils passaient de plus en plus de temps ici, lui et Tina. Il a établi les locaux de sa flotte dans la Principauté et le *Christina* mouillait ici pendant l'hiver. Peu à peu, Monaco est devenue son second foyer.»

Stupéfait par l'attitude de la SBM, quand il avait tenté de louer puis d'acheter les locaux du Sporting Club, Onassis étudia la société et découvrit qu'elle était en déficit. Il apprit également que Rainier n'était pas du tout satisfait de la façon dont elle gérait ses affaires.

Onassis n'eut aucun mal à apprendre que le Prince ne possédait que 2% des parts, le reste circulant librement sur la Bourse de Paris. Il se rendit vite compte qu'avec des actions de moins de mille francs (anciens) la société était très sous-évaluée.

Lentement, mais sûrement, un peu comme Basil Zaharoff trente ans plus tôt, il recourut à des sociétés fantômes pour acheter des actions par petits paquets. En deux ans, il en acquit ainsi trois cent mille, dispersées dans divers portefeuilles, sans qu'on s'aperçoive de ce qui se passait.

Ce fut une opération coûteuse qui lui causa quelques problèmes de trésorerie, mais quand il manquait d'argent il se tournait vers Stavros Niarchos, l'amateur grec qui avait épousé la sœur de Tina.

Niarchos confia plus tard à Elsa Maxwell: «J'ai acheté Monaco avec Onassis, mais au moment de passer un accord je n'étais plus dans le coup. Bof! ça, c'est bien mon beau-frère!»

«Ses manières n'étaient pas celles du Beau Brummel, déclara Maxwell. En fait, le seul ami qu'il respectait vraiment, c'était Winston Churchill. Mais il avait beaucoup de charme.»

Quand la prise de participation d'Onassis fut enfin découverte, celui-ci se montra très fier de son coup: «J'ai acheté entre trois cent mille et cinq cent mille actions, je ne sais plus très bien. Mais, de toute façon, j'en ai assez pour faire ce que je veux.»

Avant tout, il désirait installer sa compagnie, l'Olympic Maritime, à la place du Sporting. Ensuite il essaya de convaincre Rainier que la SBM était en de bonnes mains. Comme le Prince avait certains droits de veto, Onassis lui assura qu'il allait moderniser la société, ajouter de nouvelles chambres à l'Hôtel de Paris et construire un restaurant-grill au dernier étage.

«Cela me coûtera des millions s'il le faut, mais Monte-Carlo deviendra un grand centre touristique et culturel.»

De toute évidence, ces propos rassurèrent Rainier.

«Au début, je croyais qu'Onassis se révélerait très utile, même s'il avait des idées un peu étranges, comme démolir l'opéra, par exemple, tout simplement parce qu'un architecte grec avait dit que l'acoustique était mauvaise.»

Dès le début, sous la direction d'Onassis, la SBM redevint bénéficiaire, en partie parce que lui et Tina connaissaient toute la haute société d'Europe centrale, que leurs amis dépensaient sans compter et que l'économie française commençait à se redresser.

Pourtant, au fil des années 50, Onassis investit de moins en moins dans la société, et opta pour une politique d'obstruction.

Sachant que tout gouvernement, si petit soit-il, dépend d'une administration dirigée par des bureaucrates, sur lesquels on peut compter pour qu'ils se conduisent comme de bons ronds-de-cuir, quand le Prince le poussa à construire le nouveau Sporting, Onassis demanda à l'Etat de lui fournir des plans d'aménagements routiers, d'arrivée d'eau et de gaz. Les bureaucrates, après un temps de réflexion passablement long, répondirent que l'infrastructure serait étudiée en fonction des plans de la SBM. Celle-ci objecta qu'elle ne pouvait rien faire sans connaître les intentions du gouvernement. Il y eut un abondant échange de courrier jusqu'à ce que l'administration obtempère. La Société des Bains de Mer posa quelques questions d'ordre technique, avant que d'autres problèmes de détail ne soient soulevés. Ce dialogue de sourds permit à Onassis de différer les projets sans dépenser un sou.

Très déçu par son attitude, Rainier s'inquiétait.

«Tant qu'il était majoritaire, il n'a mené à bien aucun des gros investissements promis. Il procédait aux réfections nécessaires, mais laissait le reste en l'état. Comme cela l'intéressait, il a effectivement fait construire le restaurant au dernier étage de l'Hôtel de Paris et repeindre les salles de jeu. Mais il n'a rien fait pour créer de nouvelles activités. Il ne manifestait plus le même enthousiasme qu'avant.»

Pour être juste, la responsabilité n'incombait pas seulement à Onassis. Rainier était peut-être le prince de Monaco, mais, en tant que propriétaire du casino, Aristote venait juste après. Il adorait régaler la haute société, alors que le Prince voulait transformer Monaco en villégiature pour la bourgeoisie montante.

Certains ont simplifié les choses en disant qu'Onassis voulait du caviar et Rainier des saucisses, ce qui n'est pas tout à fait vrai non plus.

Pour Onassis, la SBM était un merveilleux jouet et, comme pour son yacht, il adorait dire qu'elle lui appartenait. Cet aspect de sa personnalité était loin d'amuser le Prince, qui usa de son droit de veto pour s'opposer à des projets qu'il désapprouvait. Rainier menaça même de ne pas renouveler le bail des bureaux de l'Olympic. Onassis déclara que c'était un acte d'ingérence, et menaça de quitter Monaco. Comme il ne tenait pas à ce que les choses aillent si loin, le Prince fit quelques concessions.

En 1959, Onassis abandonna Tina pour Maria Callas et devint une véritable célébrité. Que Rainier l'ait admis à l'époque ou non, la présence de l'armateur et de la cantatrice améliora nettement la situation. Mais à cette époque, aux yeux d'Onassis, la SBM n'était guère plus qu'un investissement immobilier.

Quand Rainier comprit ce que l'autre avait en tête, il en fut effrayé. «Il y avait vraiment de quoi se faire du souci. J'ai été amené à croire qu'un jour ou l'autre il vendrait des parts. C'était un homme intelligent et très dur en affaires. Mais quand il s'agissait de diriger la SBM dans le sens que j'espérais, c'était comme s'il était trop occupé.»

Finalement, Onassis déclara qu'il n'investirait plus dans la société, hormis pour la décoration des chambres.

«Même sur ce point, nous étions en désaccord. Il voulait s'adresser à plusieurs décorateurs et confier deux chambres à chacun en leur laissant carte blanche. C'était incroyable! Il aurait complètement rompu l'harmonie des lieux. Deux clients dans deux chambres différentes n'auraient jamais pu croire qu'ils étaient dans le même hôtel. Nous avons eu de nombreuses discussions personnelles, pour tenter de trouver une solution. Mais nous étions arrivés à un point de non-retour.»

En novembre 1962, Onassis laissa quatre-vingt-dix jours à Rainier pour racheter ses actions à près de trente dollars, alors que leur cote en Bourse était à peine de la moitié. A un tel prix, Rainier laissa le délai expirer.

Un peu plus tard, Onassis annonça qu'il scindait la société en trois groupes autonomes, un pour le casino, l'autre pour l'hôtel-restaurant et la plage, et le troisième pour l'immobilier. Il songeait même à céder la concession de jeu pour se concentrer sur le seul immobilier.

Ce fut la goutte d'eau qui fit déborder le vase.

Au Palais, on lâcha le terrible mot de nationalisation et, pour une fois, Rainier avait le Conseil derrière lui.

«Nous n'avons pas eu de querelle avec Onassis, nous défendions simplement nos positions respectives», précise le Prince.

Pourtant, à l'époque, Rainier aurait déclaré selon certains commentateurs: «M. Onassis n'est qu'un vulgaire agent immobilier, qui ne s'intéresse pas le moins du monde au bien-être de Monaco.»

Comme il ne trouvait aucune issue, le Prince ordonna une augmentation de capital de huit cent mille nouvelles actions, qui furent achetées par l'Etat, si bien qu'Onassis ne disposa plus de la majorité.

A Monte-Carlo, on aime raconter une version romanesque de cet incident, qui fait de l'affaire une sorte d'OK Corral monégasque. Rainier aurait offert de racheter les parts d'Onassis à quatorze dollars, alors qu'il les avait acquises entre deux dollars quatre-vingts et cinq dollars soixante. Ce dernier en aurait exigé dix-neuf. C'est alors que le Prince aurait emmené l'armateur à l'imprimerie officielle pour lui montrer les nouvelles actions sortant des rotatives. «Je vais être ruiné, se serait écrié Onassis. Mes parts vont tomber à moins de cinq dollars!»

Rainier aurait répondu: «Ou vous acceptez gracieusement mon offre, ou vous trouvez quelqu'un qui vous les rachète à meilleur prix.» L'armateur aurait cédé.

Mais, en fait, c'est inexact.

«Ce n'est pas mon genre, dit le Prince, tout en admettant que les nouvelles actions ont bel et bien été imprimées, et qu'Onassis les a vues. Il est vrai que la loi me permettant cette augmentation de capital était une véritable épée de Damoclès, mais nous n'avons pas nationalisé la SBM. Nous avons acquis les nouvelles parts et racheté les siennes à un prix correct. Mais le plus remarquable, c'est qu'une fois qu'il eut perdu la majorité Onassis s'est montré plus raisonnable, et beaucoup plus impliqué dans les affaires. Il a gardé un petit portefeuille, il avait un représentant au conseil d'administration et s'intéressait vraiment à l'avenir de la société.»

Bien sûr, dès qu'il vit les nouvelles actions, Onassis comprit aussitôt ce qui se passait et, malgré les explications du Prince, hurla à la nationalisation et intenta un procès. Malheureusement pour lui, les dés étaient pipés, car la seule juridiction compétente était le tribunal de Monaco. Il perdit donc.

Pourtant, il ne resta pas sans le sou. Les cinquante et une sociétés panaméennes créées pour acheter ses parts firent un bénéfice de plus de sept millions de dollars, près de cinq fois la mise de départ. Mais, à l'issue du procès, Onassis s'exclama: «Nous nous sommes fait rouler!»

Rainier conteste cette conclusion.

«L'affaire Onassis a fini aussi bien pour lui que pour Monaco. Aujourd'hui, la Principauté détient un million deux cent mille parts, ce qui correspond à la majorité, si bien qu'il n'y aura jamais plus un seul homme à la tête de la SBM. De toute façon, à l'époque cela lui a énormément rapporté, mais ce n'était pas ça l'important. Il ne l'aurait jamais avoué, mais il était soulagé d'être libéré d'une activité pour laquelle il n'était pas fait. J'en suis franchement persuadé, car, dès que l'affaire fut conclue, nos relations se sont améliorées. En fait, elles n'avaient jamais été si bonnes, car il n'y avait plus rien pour nous barrer le chemin.»

Leur amitié s'est poursuivie jusqu'à la mort d'Onassis en mars 1975.

«Je l'aimais beaucoup. Il était très humain. Bien sûr, la mort de son fils, dans un accident d'avion en 1973, a été une véritable tragédie pour lui. Je crois qu'il ne s'en est jamais remis. Je ne pense pas non plus qu'il ait été très heureux en mariage. Je suis sûr que Maria Callas est la seule femme qu'il ait jamais aimée.»

Rainier et Grace sont souvent partis en croisière avec le couple sur le *Christina*.

«Ils s'entendaient très bien, ils se comprenaient parfaitement. Ils étaient célèbres tous les deux, ils s'étaient faits tout seuls, à la force du poignet. Grace et moi, nous pensions vraiment qu'ils étaient faits l'un pour l'autre. Maria Callas avait beaucoup d'humour. Elle se moquait toujours gentiment de lui. Elle était très facile à vivre, mais il ne supportait pas ses vocalises matinales. Ça le rendait fou. Quand elle faisait ses gammes, il courait dans tout le bateau pour pousser toutes les radios à fond.»

Mais Rainier se souvient surtout d'Onassis comme d'un grand solitaire.

«Je me rappelle la première fois qu'il nous a montré le *Christina*. Il y avait douze cabines sur le bateau et je lui ai dit qu'elles étaient splendides. "Oui, mais elles sont toujours vides", m'a-t-il répondu. Je lui ai demandé pourquoi et il a dit: "Parce que je ne connais pas douze personnes avec qui j'aie envie de partir."»

7

Un travail d'équipe

En octobre 1971, Rainier et Grace furent invités par le Shah d'Iran pour fêter le 2500ᵉ anniversaire de la monarchie perse.

Les festivités, qui coûtèrent de cent millions à un milliard de dollars, furent peu banales.

Après s'être retrouvés à Téhéran, le Shah, l'impératrice Farah et leurs six cents meilleurs amis – dont trente-sept chefs d'Etat et les représentants de soixante-neuf nations – se rendirent à Persépolis, l'ancienne capitale de l'Empire perse, en convoi blindé.

Le banquet se déroula sous une immense tente, au milieu d'un village de toile spectaculaire, installé pour l'occasion au milieu du désert.

Préparé par cent quatre-vingts chefs de chez Maxim's, de l'hôtel de Paris de Monaco et du Palace Hotel de Saint-Moritz, le repas s'ouvrit sur des œufs de caille farcis au caviar impérial doré, accompagnés de champagne et de Château-Serrant, suivis d'une mousse d'écrevisse, arrosée d'un haut-brion blanc, 1964. Puis vint la selle d'agneau truffée, servie avec un Château-Lafite Rothschild 1945, immédiatement suivie d'un sorbet au champagne Moët et Chandon 1911. Les garçons apportèrent ensuite cinquante paons sur des plateaux d'argent, avec leur roue de plumes reconstituée, entourés de cailles rôties. Pour accompagnement, une salade de noix et de truffes, et un musigny Comte de Vogüé 1945. Au dessert, des figues fraîches, des framboises et du porto, ainsi qu'un dom pérignon 1959, du café et du cognac Prince Eugène.

La seule entorse au menu fut réservée au Shah, qui eut des cœurs d'artichauts à la place du caviar qu'il n'aimait pas.

Pour les invités de marque, ce fut l'occasion de connaître des gens qu'ils n'auraient jamais pu rencontrer de façon aussi cordiale. Grace aperçut quelqu'un qu'elle voulait rencontrer, s'approcha de lui et se présenta: «Bonsoir, je suis Grace de Monaco.» Tel était le ton de la soirée. L'homme lui tendit la main et répondit simplement: « Bonsoir, je suis Tito.»

Les Grimaldi se trouvaient parmi les quatre-vingt-quatorze invités assis à la longue table du Shah. Rainier avait à son côté le duc d'Edimbourg, et Grace un premier ministre du bloc de l'Est. Elle conversa aimablement avec lui en français et en allemand, mais à la fin du repas son voisin alluma un cigare et, sans le faire exprès, envoya une bouffée de fumée dans sa direction. Grace éternua.

Les boutons de sa robe Givenchy lâchèrent. Et la robe s'ouvrit. Horrifiée, sa gouvernante se précipita à son secours. Le Prince aussi. Trop tard!

Ils ne purent que rester cois tandis que Grace, qui jugeait que faire craquer ses boutons constituait une fin parfaite pour un dîner parfait, éclatait de rire.

La royauté paraît être, à la fin du XXᵉ siècle, un concept un peu étrange.

La plupart du temps, elle remonte à de lointains ancêtres maraudeurs qui se sont emparés des terres d'autrui, dépensant toute leur fortune nouvellement acquise à défendre leurs droits de possession.

Dans les pays où elle subsiste, son existence même dépend du bon vouloir des sujets, ne serait-ce qu'au moment d'entonner le *God Save the Queen*. Pourtant, là où la monarchie existe depuis longtemps, elle tient lieu de lien incarnant le caractère national et, paradoxalement, donne plus de crédibilité au concept de démocratie, en conférant un statut aux nombreux éléments qui composent le climat social d'un pays.

Et surtout, cela fait vendre des cartes postales. A Monaco, il n'y en a jamais moins de deux cent douze différentes représentant l'un ou l'autre des Grimaldi. Mais ce n'est pas un hasard si la famille royale a pris tant d'importance dans les affaires de la Principauté.

Il y a bien d'autres casinos en Europe, comme à Divonne, Evian, Deauville. On trouve également d'autres villes-Etats, ainsi Andorre, le Liechtenstein ou Saint-Marin. Ce qui fait la gloire de Monaco, ce n'est pas seulement la célébrité du casino. Ceux de Las Vegas sont connus dans le monde entier. En fait, tout tient à Rainier, Grace, Caroline, Albert et Stéphanie.

Comme le dit Louis de Polignac: «Il y a quelque chose de particulier dans une monarchie. Je me souviens avoir vu le maréchal Tito lors d'un défilé, les gens le regardaient comme si c'était un animal échappé du zoo. C'est un peu la même chose avec les présidents. Mais j'ai également vu la reine Elisabeth, dans les rues de Paris, passer sous les applaudissements et les cris de joie. Tout le monde peut devenir dictateur ou président, mais être reine ou prince, cela fait rêver. Il y a d'autres familles royales, bien sûr, comme en Scandinavie, mais on les voit très peu, en dehors du pays, à part la famille royale d'Angleterre, qui est la plus fastueuse. Pourtant, Monaco représente un cas unique, et c'est sans aucun doute Rainier et Grace qui font que ce pays grand comme un mouchoir de poche est connu dans le monde entier.»

En fait, cette célébrité est largement due à un travail d'équipe.

John Lehman, le cousin de Grace, explique comment il les a vus unir leurs efforts.

«A l'époque, Monaco était une sorte de galerie de portraits, avec des princesses douairières russes et des rois balkans destitués. Monaco était une ville d'eaux pour les millionnaires européens, et les aristocrates sans le sou. Mais les changements s'amorçaient déjà. Rainier était bien décidé à faire entrer Monte-Carlo dans le XXe siècle, tout en lui conservant une certaine grandeur. Il ne se voyait pas en prince des millionnaires, et voulait donner une nouvelle dynamique à l'économie, créer des emplois et un environnement plus sain. Aujourd'hui, tout cela compte au rang de ses réussites. Grace et Rainier y sont parvenus ensemble. C'est le mariage le plus harmonieux que j'aie jamais connu. Ils avaient des personnalités fort différentes, mais on ne peut pas les imaginer l'un sans l'autre. Les vues de Rainier ont clairement servi de guide, c'est lui le patron. Mais Grace n'était pas une timide violette dès qu'il s'agissait de défendre son point de vue.»

Comme dans toute bonne équipe, il y avait partage des responsabilités. Grace ne s'est jamais ingérée dans les affaires d'Etat. C'était le domaine du Prince. Elle s'occupait de tout ce qui touchait les arts, la vie sociale, la tenue du Palais et ce que l'on peut appeler les relations humaines.

Parfois Rainier lui parlait des affaires de la Principauté, mais Grace déclara un jour à son attachée de presse, Nadia Lacoste, qu'à ces occasions c'était un peu comme s'il se parlait à lui-même. «Je ne lui ai jamais donné de conseils sans qu'il me l'ait demandé.»

Cela ne signifie pas pour autant qu'elle taisait ses opinions. François Blanc avait introduit le tir aux pigeons vivants dans la Principauté. Assistant à ce massacre, Grace supplia son mari d'y mettre fin. Et il s'exécuta. Plus tard, lors de la construction du nouveau centre, elle proposa qu'on lui donne le nom de Rainier. «Ce n'est pas vraiment le genre de chose qui m'intéresse», répondit le Prince. Pourtant, Grace finit par l'emporter, mais Rainier ne prise guère de se mettre en avant, et ce ne fut pas facile.

Comme dans tous les couples, chacun changea au contact de l'autre.

Nadia Lacoste estime que Grace a aidé Rainier à s'ouvrir. «Elle se fiait à lui et le soutenait, cela lui a donné confiance en lui. Et il l'a aidée à tenir son rôle de princesse. En quelques années, elle n'avait plus rien à prouver à personne, et se sentait parfaitement à l'aise.»

Gant Gainther ajoute : «Rainier a le sens de l'humour, et lui a permis de développer le sien. Grace était très spirituelle, mais pas du temps de sa jeunesse. Cela ne s'est révélé qu'après le mariage. Et elle cherchait constamment à s'améliorer. Elle était toujours en train de se cultiver. Je n'aurais pas été surpris d'apprendre qu'elle se plongeait dans l'étude du chinois ou des hiéroglyphes.»

La SBM était peut-être le premier fournisseur d'emplois de la Principauté, mais Rainier et Grace en sont vite devenus le meilleur produit d'exportation.

Ils furent à l'origine de la rénovation de l'orchestre de Monte-Carlo, et attirèrent des artistes de renommée mondiale. Grace, en tant que présidente de la Croix-Rouge locale, persuada ses amis de Hollywood de participer au gala d'été annuel, qui devint l'événement le plus grandiose du calendrier européen. Ils encouragèrent la modernisation des hôtels de la SBM, firent construire une nouvelle aile de l'hôpital, sponsorisèrent des courses automobiles, des rallyes, et des régates, améliorèrent les réseaux de communications, ouvrirent un nouveau terrain de golf sur le Mont Agel, ainsi que la piscine du port. Ils voyagèrent dans le monde entier – se montrer attire les touristes. Ils travaillèrent dur pour se donner une image. Et cette image a bénéficié à la Principauté.

«Elle semblait parfaitement à sa place, qualité rare chez les gens qui sont soudain élevés à une telle position, dit Elsa Maxwell peu après le mariage. Et tout ce qu'ils ont fait, elle s'est bien assurée que c'était ensemble.»

André Saint Mleux, ancien ministre d'Etat, remarque : «La plus grande réussite de la princesse Grace, c'est sans doute d'avoir compris comment vendre Monaco au monde extérieur, sans jamais donner l'impression de vendre quoi que ce soit.»

Pourtant, leur travail d'équipe ne se limitait pas à la promotion de Monaco. Ensemble, ils conçurent une nouvelle salle de projection pour le Palais, et la piscine bleue, de forme ovale, dans les jardins. Ils achetèrent une ferme à Mont Agel et le Prince surprit beaucoup de monde en s'occupant lui-même du verger.

Les premières années furent beaucoup plus difficiles pour elle. Elle avait abandonné sa carrière et il resterait toujours un gros point d'interrogation sur ce qu'aurait été son avenir si elle avait continué. Elle avait également renoncé à ses amis. A part Rainier, elle ne connaissait pas grand-monde dans le pays. Elle était passée d'une maison confortable en Californie et d'un magnifique appartement sur la Cinquième Avenue à un palais vide dans le Sud de la France, presque inhabité depuis des années.

«Le Palais lui-même était magnifique, disait Grace. Il était gigantesque, mais un peu triste. La plupart du temps, il restait vide, mais nous avons décidé d'y vivre tout au long de l'année et d'en faire notre "chez nous". Alors, j'ai ouvert toutes les fenêtres, mis des fleurs en pots et embauché une légion de femmes de ménage pour enlever toute cette poussière.»

Petit à petit, le Palais devint un véritable foyer. Tous deux firent appel à des sculpteurs italiens et des charpentiers français, dépensèrent des fortunes en ameublement et tapisseries. En même temps, ils aménagèrent au mieux leur petit appartement privé. Il donnait sur une terrasse, un peu en retrait, avec des pièces en enfilade. Il y avait un salon, une salle à manger, un bureau, la chambre de maître, un dressing, et la chambre des enfants. Ceux-ci naquirent dans le bureau, reconverti pour l'occasion en salle de travail. Caroline et Albert partageaient la même chambre, divisée, la nuit, par une cloison coulissante. A l'arrivée de Stéphanie, on l'installa du côté de sa sœur, mais quand les enfants grandirent Rainier et Grace firent construire une aile supplémentaire avec de nouveaux appartements privés.

Aujourd'hui, plus de cent personnes travaillent au Palais, personnel d'entretien compris. La plupart des deux cent vingt-cinq pièces sont occupées par des bureaux. Il n'y a que huit appartements d'invités. Le personnel de maison proprement dit comprend une vingtaine de personnes, cuisiniers, valets de pied et femmes de chambre. Quelques-uns d'entre eux seulement travaillent dans l'appartement privé occupé par Rainier et le prince Albert.

Une semaine après le mariage, Grace était enceinte et souffrit de nausées matinales pendant une grande partie de l'été 1956. A l'automne, le couple partit pour les Etats-Unis. Ce fut leur première visite à la Maison Blanche.

«Nous sommes allés voir Eisenhower à Washington, dit Rainier. C'était un personnage, mais il avait l'air un peu terne, comme tous les militaires hors de leur élément.»

Ils revinrent à Monaco avec deux tonnes de meubles laqués de blanc, un berceau en osier et des jouets. La chambre d'enfant serait décorée de petits lapins.

Caroline Louise Marguerite vint au monde sous la pluie, au matin du 23 janvier 1957. C'était bon signe. Selon les superstitions locales, un enfant né quand il pleut a du caractère et apporte la prospérité. C'était donc l'héritière présomptive, car elle perdrait ses droits au trône si naissait un enfant mâle. Pourtant, à Monaco, c'était la joie, car la descendance était désormais assurée.

Vers la fin de l'année, le couple alla présenter Caroline à sa grand-mère paternelle. Grace voulait apaiser les tensions qui opposaient Rainier à sa mère. Charlotte avait transformé Marchais en un refuge pour les ex-prisonniers, mis à leur disposition les cent chambres du château, et leur fournissait du travail sur son immense domaine entouré de cinq kilomètres de douves. Rainier estimait ces personnages trop dangereux et s'était disputé à ce sujet avec sa mère. Grace pensait pouvoir mettre un terme à la querelle. Ce n'était pas le premier petit-enfant de Charlotte, mais Caroline tiendrait toujours une place privilégiée dans le cœur de sa grand-mère, tout comme « Mamou» dans le sien.

Cinq mois après la naissance de Caroline, Grace fut de nouveau enceinte. Albert Louis Pierre, prince héritier de Monaco, naquit le 14 mars 1958.

Dix-huit mois plus tard, Rainier nomma Grace régente par un décret déclarant qu'elle devrait reprendre les affaires s'il mourait avant la majorité d'Albert. Entre-temps, il avait renoncé aux courses automobiles et à la plongée.

Les enfants occupaient l'essentiel des loisirs de Grace et Rainier. Ils voyageaient toujours, mais la Princesse prenait un autre avion avec Albert, alors que le Prince partait avec Caroline. Ils partageaient l'été entre la maison des Kelly, sur la côte du New Jersey, et le Mont Agel. Ils naviguaient beaucoup également, bien que Grace n'ait jamais eu le pied marin. Elle persuada Rainier de remplacer le *Deo Juvante* par un autre bateau qui tanguerait moins. Il acheta donc un vieux cargo espagnol, mais cela ne résolut pas tous les problèmes car, comme le dit le Prince: «Sans bananes dans les cales, il y a du roulis quand même.»

Grace préférait de beaucoup le *Christina*.

En 1962, Rainier et Grace partirent avec Onassis, Maria Callas et quelques amis en croisière pour Palma de Majorque. Rainier avait des intérêts dans un hôtel local, le château de Son Vida. D'autres amis les attendaient à l'arrivée, parmi lesquels l'inimitable Elsa Maxwell.

Allant sur ses quatre-vingts ans, elle vivait ses dernières années en très grande dame, et prenait plaisir à rappeler qu'elle avait compris la première que la Côte d'Azur pourrait devenir une villégiature d'été. Elle avait passé sa vie à connaître les gens qui en valaient la peine, et se vantait souvent d'avoir compté parmi ses amis, en 1923, Sergei Diaghilev, créateur des Ballets russes, et l'Aga Khan, sans doute l'homme le plus riche du monde à l'époque. Nijinsky, le plus grand danseur de tous les temps, faisait partie de la compagnie de Diaghilev, accueillie à Monte-Carlo pendant une partie de la saison. C'était un homme sombre et peu causant, à la limite de la schizophrénie quand il n'était pas sur scène. Mais Diaghilev savait comment exploiter ses talents incommensurables, et persuada les plus grands compositeurs du siècle, tels que Stravinski et Debussy, d'écrire des musiques spécialement pour lui. En commandant décors et costumes à Picasso, Matisse et Chagall, Diaghilev dépensait l'argent plus vite qu'il ne rentrait, même si l'opéra était toujours plein à craquer. En dépit des créanciers qui faisaient la queue à sa porte, il disait souvent: «Je ne dépense rien pour moi. J'ai des goûts très simples; le meilleur me suffit.»

En l'honneur du quarantième anniversaire de Maxwell, Diaghilev monta non pas un, mais deux ballets. Comme c'était sa nuit, il lui demanda l'autorisation de faire appel à un pianiste russe pendant l'entracte. Redoutant la présence d'un amateur, Maxwell lui fit remarquer qu'il ne serait peut-être pas à la hauteur. Diaghilev la supplia. Elle finit par accepter, mais se tourna vers l'Aga Khan et s'excusa en déclarant n'avoir pas eu le choix. Le jeune pianiste n'était autre que Vladimir Ḥorowitz.

A Majorque, ce fut au tour de Maxwell de se mettre au piano. Rainier, Grace, Onassis, Maria Callas et quelques amis se trouvaient au bar du Son Vida. D'humeur musicale, l'armateur pria Maxwell de leur jouer quelque chose. Elle tenta de s'esquiver, mais, pour l'encourager, il lança: «Si vous acceptez, Rainier se mettra à la batterie, et moi je chanterai.» La Callas s'empara d'une paire de castagnettes, Grace s'improvisa chef d'orchestre. Et les musiciens jouèrent jusqu'à l'aube.

Quelques jours plus tard, ils assistèrent à une corrida privée. Au milieu d'un combat, Rainier sauta dans l'arène et saisit une cape.

Elsa Maxwell écrira plus tard: «Son jeu de jambes était magnifique, presque digne d'un professionnel, et il s'en est sorti sans la moindre égratignure. Quand il est revenu à sa place à côté de sa femme, elle lui a donné une claque affectueuse dans le dos.»

Leur ami libanais Khalil el Khoury participait également à cette croisière.

«Dans un petit groupe d'intimes, on voyait à quel point Grace et Rainier s'entendaient bien. Il était latin à cent pour cent, et elle américaine jusqu'au bout des ongles, mais, malgré leurs différences de culture, ils travaillaient en équipe. C'est quand ils étaient forcés de se montrer en public qu'ils paraissaient parfois tendus, le Prince surtout. Elle l'obligeait à voir plus de gens qu'il ne l'aurait voulu. Mais c'est ainsi dans la plupart des couples. Ils se sont changés mutuellement. Il est devenu plus sociable, elle lui a fait apprécier les vertus des relations publiques. Le monde a été fasciné par Monaco et la famille royale. Je ne dirais pas que cela lui plaisait toujours, car il est réservé et préfère les relations interpersonnelles, mais il s'y prêtait de bon gré, car cela apportait beaucoup à Monaco.»

Rainier et Grace savaient aussi à quel point il était bénéfique d'encourager les gens célèbres à s'associer à la Principauté.

Ils sponsorisèrent des tournois de tennis et firent venir la télévision américaine pour qu'elle enregistre des émissions. Les galas hebdomadaires attiraient des noms de plus en plus connus, ainsi que l'opéra, les concerts et les ballets. Pourtant, ils ne voulaient pas se limiter au show-business, et invitèrent des écrivains, des peintres, des savants et des hommes politiques.

De nouveau, Monaco devenait l'endroit où il fallait être vu, ce qui attirait tous ceux qui voulaient voir.

Il y eut une époque où en se promenant dans la rue on pouvait rencontrer tout le monde, d'Henry Kissinger – «Il a séjourné avec nous au Palais. Il était très professoral. Vous lui posiez une question simple, et il vous faisait un cours complet», dit Rainier – à Albert Schweitzer. «Il a donné une conférence et la Principauté a offert une salle d'opération complètement équipée à son hôpital. Je trouvais son attitude excessivement noble. Je crois qu'on n'a pas assez parlé de lui. On l'a même un peu oublié. C'est dommage. Il a donné le bon exemple, d'autant plus qu'il ne s'occupait pas du tout de politique. Il était au-dessus de cela. Il se consacrait au bien-être de l'humanité par pure bonté, sans penser à rien d'autre.»

Rainier n'a jamais douté qu'attirer les célébrités n'ait fait prospérer les affaires.

«C'est une des raisons pour lesquelles j'ai encouragé Onassis à venir. Sa présence était une forte motivation, surtout pour la jet-set. C'était une attraction, si vous voulez. Quand Frank Sinatra est à l'hôtel de Paris, l'établissement et les bars ne désemplissent pas. Mais de telles personnalités se font de plus en plus rares. Cary Grant n'est plus là, Winston Churchill non plus. Combien en reste-t-il?»

On ne les a pas oubliés pour autant.

Churchill vint dans la Principauté dans les années précédant la guerre, et revint pour le premier de ses séjours de dix semaines à l'hôtel de Paris, juste après la défaite allemande.

Alex de Taglia y était alors valet. Comme il parlait anglais, on le mit au service personnel de Churchill.

«La plupart du temps, Churchill restait seul, même s'il allait tous les jours voir son ami Lord Beaverbrook à Cap-d'Ail. Parfois, je rangeais sa chambre, et il me demandait d'arrêter pour bavarder avec lui. J'ai connu les deux visages de Churchill. Il était très aimable et ouvert avec moi, mais en présence des autres il redevenait distant et poli. Un jour que j'admirais ses peintures, il m'a donné une brosse.

Il m'a aussi offert un cigare, un de ces très gros modèles qu'il ne fumait jamais entièrement, il les écrasait à la moitié.»

Pour la petite histoire : c'était parce qu'ils n'étaient pas fameux. Selon son fournisseur londonien, Churchill n'a fumé de bons cigares que très tard. Au demeurant, il les payait rarement. Avant la guerre, il n'en avait pas les moyens. Les Cubains lui en offrirent dix mille d'excellente qualité. A l'époque, il en fumait dix par jour. Vers la fin de sa vie, amis et admirateurs lui en offraient sans cesse. Il n'arborait de gros cigares qu'en public, pour défendre son image. Seul, il en fumait des plus petits, de meilleure qualité.

Churchill passait ses matinées à lire et écrire, et ses après-midi à peindre, avec pour seuls compagnons son chien et son perroquet.

Un jour, l'oiseau sortit de sa cage et s'envola par la fenêtre. Churchill, désespéré, ne cessait de l'appeler du balcon. De Taglia alla prévenir la direction, qui envoya aussitôt le personnel retourner tout Monte-Carlo.

Ils finirent par repérer l'oiseau, perché sur un palmier. Toutes sirènes hurlantes, une grande échelle arriva, et quelques minutes plus tard le volatile fut rendu à son propriétaire.

Churchill commanda aussitôt du champagne, et invita tous ceux qui avaient pris part au sauvetage à venir boire un verre dans sa suite.

«Des années plus tard, il est revenu, et je suis allé l'aider à descendre l'escalier, se souvient de Taglia, mais il m'a repoussé en disant qu'il y arriverait. Il était très orgueilleux.»

Rainier a bien connu Churchill : «Si tant est qu'on pouvait le connaître. Il venait souvent quand Onassis était là. C'était une personnalité formidable. J'ai découvert qu'il aimait le cinéma ; aussi, nous l'invitions à assister à des projections avec nous. Nous avions installé une salle dans l'une des vieilles étables et, une ou deux fois par semaine, nous passions un film et servions un buffet. Mais il était si difficile sur la nourriture qu'il mangeait toujours avant à l'Hôtel de Paris. Il aimait regarder les films chez nous parce qu'il n'y avait pas trop de monde, et que nous placions toujours une bouteille de cognac à côté de lui. Je me souviens qu'un jour il a vu. *Lawrence d'Arabie*. Il a été enthousiasmé et ne cessait de répéter: "Je l'ai connu, ce type."»

Cary Grant était, lui aussi, un des habitués de Monaco.

Plus beau que jamais, les cheveux poivre et sel mettant en valeur son bronzage, il occupait toujours l'une des chambres d'invités du Palais. D'abord avec sa fille, puis avec sa dernière épouse, il revenait chaque année prendre part au festival du Cirque comme membre du jury, conférant ainsi à l'événement cette élégance qui n'appartenait qu'à lui.

Mais de tous les noms associés à la Principauté, hormis Grace et Rainier, dès les années 70, le plus prestigieux fut celui de Frank Sinatra.

Parfois, il ne venait que pour le bal de la Croix-Rouge, parfois, il restait un mois entier. Il occupait la suite du huitième étage de l'Hôtel de Paris, jouait au tennis et se montrait dans les meilleurs restaurants. Mais c'est surtout le soir qu'il se faisait remarquer en tenant sa cour au bar de l'hôtel.

Comme le dit Rainier, quand Sinatra était là, les affaires prospéraient. Avec l'âge, il s'était adouci et ne se laissait que rarement emporter par son légendaire mauvais caractère. Il avait les paparazzi en horreur, et ses gardes du corps n'hésitaient jamais à leur montrer la porte, mais lui-même n'intervenait qu'exceptionnellement. Un jour, pourtant, qu'on le prenait en photo dans une boîte de nuit, il s'empara de l'appareil et le brisa. Le photographe n'était qu'un malheureux touriste.

A une autre occasion, toujours dans un club, Sinatra et ses amis avaient les poches pleines de pétards qu'ils s'amusaient à lancer partout. L'un d'eux atterrit sur la table d'une Cubaine qui ne trouva pas la chose très drôle, et vint témoigner de son mécontentement. Faute de se voir présenter des excuses, elle gifla Sinatra, mais accepta très mal qu'on lui rende la politesse sur-le-champ.

La jeune femme se précipita chez elle et raconta l'incident à son riche mari. Celui-ci s'empara d'un fusil, se rua dans sa grosse américaine, ouvrit le toit, et passa la nuit à sillonner la ville, tel un shérif du Far West.

Jugeant qu'il valait mieux se montrer discret, Sinatra quitta Monaco le soir même, et prit à l'aéroport de Nice le premier vol pour Biarritz.

Ce fut également au cours des années 70 que les Arabes fortunés affluèrent à Monaco, pour profiter de la décadence occidentale autant que leur permettaient leurs pétrodollars.

Adnan Khashoggi était l'un des trois hommes les plus riches du monde et l'un des plus éminents.

«Il s'enorgueillissait de faire partie de la haute société, dit Rainier, mais en fait c'était faux. De toute façon, son étoile s'est ternie, ces derniers temps.»

Adnan Khashoggi aimait jouer très gros, mais voulait avoir accès à des salons privés, seul ou avec quelques-uns de ses amis, comme le prince Fahd d'Arabie Saoudite. Comme à Monaco tout est possible, Louis de Polignac, en tant que président de la SBM, eut tôt fait d'arranger les choses. Pourtant, il remarqua vite que les deux hommes ne jouaient à la roulette que tant qu'ils gagnaient.

Une des lois du jeu veut qu'on mette le plus de joueurs possibles autour de la table, sinon les gagnants infligent de lourdes pertes à la banque. C'est une simple mesure de précaution, en fait, car un gros gagnant attirera de nombreux petits perdants.

Lorsque Adnan Khashoggi et Fahd jouaient seuls, le casino risquait de grosses pertes, car c'était comme s'il avait parié contre eux.

— Si vous continuez à gagner, vous allez nous ruiner, leur dit Polignac. J'ai donc donné l'ordre de fermer la table dès que vous perdrez.

— Vous n'en avez pas le droit, protesta Fahd. Au casino, ce sont les joueurs qui choisissent le moment d'arrêter.

— Mais vous jouez seuls contre nous, vous êtes plus riches que nous. Si vous arrêtez dès que vous gagnez, nous ne pourrons plus continuer. C'est pour cela que je suis obligé d'arrêter quand la banque gagne.

Polignac proposa donc un compromis. Ils pourraient jouer en privé, à n'importe quelle heure du jour ou de la nuit, mais devraient rester jusqu'à six heures du matin et s'arrêter, quel que soit le résultat.

«Et ils ont accepté. C'est là qu'ils ont commencé à perdre et nous à gagner.»

Prince héritier de la couronne, Fahd était une figure éminente de Monaco. Un soir, vers minuit, il arriva au Summer Sporting avec son entourage, et paria aussi gros que le permettait le règlement. Vers cinq heures du matin, il avait gagné deux millions quatre cent mille dollars. Un peu plus tard, il était en déficit de plus d'un million quatre cent mille dollars. En quelques heures, trois millions huit cent mille dollars avaient changé de main!

«A l'époque, l'aristocratie arabe fréquentait beaucoup Monaco, dit Polignac. Certains arrivaient avec des valises pleines de billets. Je ne comprends pas très bien ce qui les amusait dans le jeu. Cela devait leur être complètement indifférent de gagner ou de perdre.»

Mais de tous les aristocrates arabes que Polignac a connus, le plus étonnant n'était même pas joueur. Un bel après-midi, il arriva de Londres avec sa fille, dans son Boeing 727 privé, et expliqua qu'il voulait voir le Prince pour que sa fille puisse se lier d'amitié avec la princesse Caroline.

«Je lui ai répondu qu'il n'avait pas pris rendez-vous, et qu'il était impossible de lui obtenir une audience. Il n'a jamais voulu comprendre que Rainier et Caroline n'étaient pas disponibles, en dépit du collier qu'il voulait offrir à la Princesse. Il se mit en colère et partit en emmenant sa fille et le bijou. Je n'avais jamais entendu parler de lui, et je n'ai plus jamais eu de nouvelles. Bizarre, non?»

Tout comme lui, bien d'autres milliardaires arabes ont trouvé de plus verts pâturages. Ils semblent à présent préférer Cannes.

«La raison en est simple, poursuit Polignac. Quand ils sont arrivés ici – je parle des grandes familles royales –, ils voulaient tous rencontrer le Prince. Ils venaient me demander de leur obtenir une audience, et je tentais de les satisfaire. Bien sûr, Rainier rencontrait toujours les plus importants, mais il n'avait pas le temps de les voir tous, surtout les lointains parents qui s'attribuaient le titre de prince. Ils se sont fâchés et sont partis à Cannes. Bon voyage», dit Polignac en haussant les épaules.

Grace fit venir des précepteurs au Palais dès que Caroline et Albert atteignirent l'âge de la maternelle. Quoi qu'ils n'aient qu'un an d'écart, elle jugea bientôt qu'il était préférable de leur donner des cours séparément.

Pendant une bonne partie de sa jeunesse, Albert souffrit de bégaiement, et certains pensent que l'origine en remonte à cette période. Quelle qu'en fût la cause, cela inquiétait beaucoup ses parents.

Ce défaut de langage venait encore s'ajouter à la timidité naturelle d'Albert, qu'il tenait de son père et de sa mère. En grandissant, il s'aperçut pourtant qu'il pouvait le surmonter. Aujourd'hui, il n'en reste plus trace. Il parle lentement, en prenant parfois garde à ses mots, mais le handicap qui a hanté son enfance a disparu.

Caroline, sans doute parce qu'elle était l'aînée, devint le leader. C'était elle qui organisait les distractions et, quand les enfants jouaient à l'école, c'était toujours elle la maîtresse et les autres les élèves.

Le 1er février 1965, Grace mit au monde Stéphanie Marie Elisabeth.

«L'étonnant, dit Nadia Lacoste, c'est qu'ils formaient une véritable famille. La Princesse lisait des histoires aux enfants avant qu'ils s'endorment, le Prince les prenait sur ses épaules, ou se mettait à quatre pattes pour jouer avec eux. En famille comme en affaires, ils fonctionnaient en équipe. Ils savaient à quel point il est important d'être ensemble, de se serrer les coudes. Le Prince et la Princesse tenaient à ce que leurs enfants aient une enfance plus heureuse que la leur.»

Rainier et Grace les élevèrent selon des règles simples et leur inculquèrent les bonnes manières car, comme tout ce qui est rare, la bonne éducation n'a pas de prix.

Ils se montraient plutôt stricts, selon les critères modernes, exigeaient une grande politesse et rejetaient toutes les facilités de la «société permissive».

«Si l'on n'apprend pas la discipline aux enfants, la vie la leur apprendra plus tard, mais sans doute avec plus de brutalité que leurs parents. A une époque, les institutions religieuses palliaient les carences familiales en matière d'éducation. Et les garçons allaient à l'armée. Mais l'Eglise a perdu son pouvoir, et l'armée n'est plus très cotée.»

Grace disait souvent avoir dispensé quelques principes moraux à ses enfants, mais admettait qu'il lui avait fallu mener un combat acharné.

«On leur enseigne des valeurs éternelles, auxquelles on croit, pour les voir tournées en dérision dans la presse, au cinéma, à la télévision et au théâtre. J'ai essayé de tenir compte de la personnalité de chacun, j'ai toujours respecté l'adulte qu'il deviendrait un jour. Je ne leur ai jamais menti, car cela aurait été les traiter en inférieurs. A la maison, j'insistais pour qu'ils respectent les règles de vie que mon mari et moi avions établies. Et, sur ce point, nous sommes inflexibles. Nous sommes tous les deux convaincus que l'autorité reflète l'amour que l'on éprouve pour les enfants. Un enfant laissé à

134

lui-même se sent abandonné, et abandonner un enfant, c'est la pire des injustices.»

Bref, si Rainier et Grace faisaient tout pour élever leurs enfants normalement, il ne fait aucun doute que Caroline, Albert et Stéphanie aient été très privilégiés. Même s'ils disposaient de moins de liberté que les autres enfants de leur âge – un garde du corps les accompagnait partout –, le Prince et la Princesse leur ont toujours fait comprendre qu'on devait mériter ces privilèges, et ne pas se contenter d'en profiter.

Caroline fut la première à s'apercevoir qu'elle n'était pas une fillette ordinaire.

«J'avais à peu près quatorze ans. Cela ne m'a pas fait un trop gros choc de m'apercevoir que je n'étais pas comme les autres, parce que j'y étais déjà un peu habituée, on nous prenait tout le temps en photo, par exemple. Mais c'est à cette époque que je me suis rendu compte que mes camarades pouvaient faire des tas de choses qui m'étaient interdites. Nos parents étaient très sévères. Ils ne nous laissaient pas aller à la plage tous les jours, ils voulaient qu'on lise et qu'on fasse nos devoirs. Je devais être toujours bien habillée. Ma mère m'obligeait à mettre des maillots une pièce, alors que toutes mes amies étaient en bikini. Oui, ils étaient sévères. Il fallait toujours que quelqu'un nous accompagne à l'école. On ne pouvait pas jouer avec les autres. Nous ne comprenions pas très bien pourquoi, et je ne suis toujours pas sûre d'avoir compris. Pour moi, tout cela n'était pas vraiment nécessaire.»

Pour la jeune princesse, il n'était pas facile de se faire des amis.

«Quand j'avais douze ans, c'était toute une histoire pour aller dormir chez une amie. Tout le monde le faisait, mais maman ne voulait jamais, sauf si elle connaissait très bien les gens. Et nous ne pouvions inviter personne. Il fallait d'abord demander la permission. Alors je passais d'abord à la maison, mais parfois elle n'était pas là ou travaillait dans son bureau, et c'était trop tard. Je reposais la question le lendemain, et on me répondait : Peut-être une autre fois. A huit ans, quand on a envie de jouer avec sa poupée Barbie, ce n'est pas facile de s'entendre dire "une autre fois". Maman disait toujours "peut-être". Elle le répétait si souvent que je m'amusais à l'imiter. "J'ai dit peut-être, un point c'est tout." En fait, nous étions un peu trop protégés.»

Albert éprouvait exactement le même sentiment.

«Moi non plus, je ne pouvais amener personne à la maison. Il fallait que je demande à maman et papa et ils voulaient toujours savoir de qui il s'agissait. Parfois, c'était un peu dur, mais Caroline avait déjà brisé la glace et, quand elle remportait une victoire, cela valait pour moi aussi.»

Sur ce plan, Stéphanie a été privilégiée.

«J'avais moins d'ennuis, car j'allais à l'école à Paris où je vivais avec ma mère. Les règles n'étaient pas aussi strictes à l'appartement qu'au Palais. Je pouvais inviter des amis, même pour dormir. A Paris, la vie était plus facile.»

Si on demande aux enfants lequel des deux était le plus sévère, ils répondent en chœur: «Ils se valaient.»

Mais Caroline et Albert s'accordent à dire que, des trois enfants Grimaldi, Stéphanie a été la plus gâtée. De sept ans plus jeune que son frère, c'était le «bébé» de la famille, qui jouissait de toutes les libertés durement acquises par les aînés.

«Stéphanie avait l'art de mener maman par le bout du nez. Et encore plus papa, mais, surtout, ne lui dites pas», confie Albert.

Stéphanie n'est pas tout à fait d'accord :

«J'étais la plus jeune, alors on a l'impression qu'on s'occupait plus de moi. Ils n'avaient pas beaucoup de différence d'âge et, souvent, ils avaient les mêmes amis. Ils allaient à l'école, et puis Caroline s'est mariée, et je me suis retrouvée toute seule à la maison. C'est pour ça qu'ils pensent que je menais mes parents par le bout du nez. Ce n'était pas difficile, il n'y avait plus de concurrence.»

Pourtant, à l'époque, elle aussi trouvait ses parents sévères.

«Quand j'avais quinze ou seize ans, je croyais que mon père était le plus sévère du monde, que mes parents étaient toujours sur mon dos. Bien sûr, tous les adolescents pensent la même chose, et je ne me suis rendu compte de ma chance que plus tard. En y réfléchissant, ce n'est pas moi qui les menais par le bout du nez, c'est eux qui se montraient très compréhensifs, et qui m'ont aidée à devenir adulte. Tous les enfants ont des reproches à faire à leurs parents, mais maintenant je suis persuadée qu'ils ont fait de leur mieux.»

Le Prince comme la Princesse ont essayé d'inculquer à leurs enfants le sens de la famille. Pour Stéphanie, ce point est primordial.

«Nous étions élevés dans le respect l'un de l'autre. On nous a appris à être francs avec les autres, à communiquer. Nous formions une vraie famille. Quand il y avait un problème, nous en parlions au lieu de le garder pour nous. Il en a toujours été ainsi, et cela continue.»

Dès leur plus jeune âge, les filles furent initiées à la danse, à l'opéra, à la musique, alors qu'on encourageait Albert à pratiquer le sport. Rainier lui fit même installer un but dans le jardin pour qu'il s'entraîne au football. Caroline est toujours très attirée par les arts classiques, Albert continue de jouer au football et au tennis ou fait des courses de hors-bord. Tous deux ont participé au Paris-Dakar, et Albert a pris part à des courses de bobsleigh et aux JO d'hiver de 1988.

Stéphanie se situe entre les deux.

«J'ai fait de la danse classique quand j'étais jeune, puis j'ai arrêté pour la gymnastique et la natation. J'ai même failli faire partie de l'équipe française de gymnastique, mais j'étais trop grande. Je lis beaucoup, cependant, je ne peux pas dire que ce soient des ouvrages très intellectuels, comme Caroline. Elle s'intéresse à l'histoire et à la philosophie. Je préfère les livres plus romanesques. Nous aimons toutes les deux la musique, mais là non plus nous n'avons pas les mêmes goûts. Je ne supporte pas l'opéra. Et je ne suis pas sûre qu'elle apprécierait beaucoup un concert de rock.»

Tous trois ont pourtant un point commun : ils sont polyglottes. Ils parlaient anglais avec leur mère et leur nounou, et français avec leur père et le personnel du Palais. Grace et Rainier les ont également encouragés à apprendre d'autres langues. Aujourd'hui, ils parlent un anglais impeccable, avec une légère pointe d'accent américain de la Côte Est. Ils pratiquent également l'allemand, l'italien et l'espagnol.

Entre eux, le Prince et la Princesse parlaient essentiellement anglais; pourtant, Grace a fait des efforts pour améliorer son français «car les enfants [l'] y poussaient. Ils se moquaient de moi quand je faisais des fautes».

En 1964, le père de Rainier mourut. Six mois plus tard, ce fut le tour de celui de Grace. En juillet 1967, lors de l'Exposition de Montréal, Grace fit sa troisième fausse couche. Le couple aurait aimé avoir un quatrième enfant, mais il ne devait pas en être ainsi.

Aux années 60 succédèrent les années 70, et cette décennie marquera sans doute les heures les plus brillantes de la Principauté.

Comme on pouvait le remarquer lors de leurs apparitions publiques, Rainier et Grace étaient parfaitement à l'unisson. On les photographia lors de la course de voitures anciennes Londres-Brighton. Il faisait un peu froid pour la Princesse, si bien qu'elle tricha un peu et fit la plus grande partie du trajet dans une voiture confortable, pour rejoindre son mari dans sa de Dion-Bouton 1903 un peu avant la ligne d'arrivée.

Un jour, ils participèrent à un bal masqué. Rainier arborait une énorme moustache et un faux crâne chauve, tandis que Grace, dissimulée sous un masque aux joues rondes, portait des nattes sorties de son chapeau de paille.

Ils élevèrent leurs rejetons de telle façon qu'ils soient aussi à l'aise lors des cérémonies officielles que lors des parties de foot dans un camp de vacances en Pennsylvanie.

«Je ne crois pas qu'il y ait une formule magique pour élever les enfants, déclara Grace lors d'une interview à un magazine féminin. Tout ce qu'on peut faire, c'est rester à l'écoute et espérer que tout ira bien. Et leur donner beaucoup d'amour et d'humour.»

Aucun de ceux qui les ont approchés ne peut douter de leur amour familial, mais Caroline juge que les photos des magazines et des livres ne font pas assez la place à l'humour.

«On ne nous voit jamais rire, et pourtant, ma mère avait un grand sens de l'humour et mon père aussi. Personne n'en parle jamais. Pendant les repas, nous échangions toujours des plaisanteries. Mes parents tenaient à ce que nous prenions au moins un repas par jour ensemble. Et nous riions toujours beaucoup à ces occasions.»

L'anecdote la plus célèbre à ce sujet est sans doute celle de la Princesse, d'Alec Guinness et du tomahawk.

Tout avait commencé lors du tournage du *Cygne*. Grace apprit que Guinness avait reçu une lettre d'une grande admiratrice dont tout le monde a oublié le nom. Pendant plusieurs semaines, Grace servit d'intermédiaire et transmit les billets de son admiratrice. Il en devenait fou, au grand plaisir de la future princesse. Afin de lui rendre la monnaie de sa pièce, Guinness confia au portier un tomahawk qu'on lui avait offert, pour qu'il le glisse dans le lit de Grace. Quelques années plus tard, le même objet se retrouva mystérieusement dans les draps de Guinness à Londres.

Il attendit des années avant de prendre sa revanche, et de le faire déposer sur l'oreiller de la Princesse lors d'un voyage aux Etats-Unis. En 1979, rentrant à son hôtel de Los Angeles après avoir reçu un oscar, il trouva le tomahawk qui l'attendait.

La hache de guerre fit ainsi l'aller et retour, sans que ni l'un ni l'autre y fasse jamais allusion.

«Je ne l'avais jamais entendue rire autant», dit Stéphanie qui se trouvait un soir avec sa mère quand elle découvrit l'objet dans son lit.

Un jour, la famille organisa une fête d'anniversaire pour le chien.

«Je devais avoir onze ans. Ma mère et moi nous sommes aperçues que c'était l'anniversaire du chien, alors, nous avons donné une petite fête. Nous avions invité une dizaine de chiens. Ils n'étaient pas tous à nous, bien sûr. Nous avions acheté des chapeaux, mis une nappe en papier sur la pelouse, organisé des jeux, et il y avait des prix pour les gagnants. On leur a offert des os, et on avait planté des bougies dans les biscuits pour chiens. Ils ont adoré ça.»

En 1957, Rainier et Grace engagèrent une jeune Anglaise, Maureen King, comme gouvernante de Caroline. A la naissance du prince Albert, elle s'occupa des deux enfants. A la même époque, Grace embaucha une jeune secrétaire américaine, Phyllis Blum. Dès le début, toutes deux remarquèrent que leur sens de l'humour n'était pas du tout déplacé au sein de la famille royale.

Rainier revint des Etats-Unis avec quelques chemises dont il était très fier. Maureen se souvient qu'elles avaient quelque chose de spécial, mais ne sait plus très bien quoi. Quoi qu'il en soit, le bureau de Phyllis se trouvait sous le portique du Palais, dans l'appartement familial ou presque, et Maureen se voyait souvent confier le repassage de quelques chemises, dans une petite pièce, attenante au bureau. Le Prince ne cessait de lui rappeler d'y faire attention. Maureen et Phyllis échangèrent un clin d'œil. Elles en trouvèrent une vieille, y firent quelques trous avec le fer à repasser et la laissèrent sur la planche en attendant qu'il vienne surveiller le travail. Passant la tête par la porte, il vit Maureen s'acharner sur des haillons brûlés.

Elles s'en amusèrent fort. Rainier rit aussi – une fois qu'il eut comprit qu'il ne s'agissait pas de ses précieuses chemises.

Un autre jour, le Prince et Grace sortirent pour la soirée. Maureen en profita pour fourrer dans le lit des traversins habillés dans les vêtements de nuit du couple royal. L'homme contemplait un poster de Brigitte Bardot, et la femme lisait un magazine. En laissant peu de lumière allumée, on aurait vraiment cru qu'il y avait deux personnes dans le lit. Comme à l'époque la Princesse avait un nouveau petit chien qui n'était pas encore propre, Maureen se procura des étrons en plastique, et les dissémina sur la moquette pour faire bonne mesure.

Quand Rainier et Grace rentrèrent, on aurait pu les entendre hurler à des lieues.

Maureen prépara une autre farce du même genre avec l'aide de Caroline. Elles prirent une vieille chemise et un pantalon qu'elles bourrèrent de coussins, et cachèrent le mannequin improvisé dans les buissons. Le gag leur paraissait très drôle. Ce ne fut pas, hélas! l'opinion des gardes de sécurité. «Ça n'a pas très bien marché», reconnaît Maureen.

Mais elle et Phyllis ne s'en tirèrent pas toujours à si bon compte.

Un soir, en Suisse, lors de vacances d'hiver, elles dînaient à une table dans le même restaurant que Rainier et Grace. Le garçon leur demandant ce qu'elles voulaient boire, elles répondirent en plaisantant : «Ce que nous enverra le Prince sera parfait.»

Elles virent arriver une bouteille de chianti accompagnée d'un petit mot : «Et vous avez intérêt à le boire!»

Elles en consommèrent un ou deux verres chacune et, plus tard, retrouvèrent la bouteille à moitié vide dans leur chambre avec une carte: «Finissez-la, s'il vous plaît.»

Lors d'un autre voyage, Maureen et Phyllis avaient laissé leur fenêtre ouverte pendant la nuit. Mais elles étaient à peine endormies que le combat commença. Rainier et Grace avaient entamé une bataille de boules de neige en règle.

Toujours lors de vacances de neige, un pianiste sourit à Phyllis. Cela n'était pas passé inaperçu du Prince, qui la taquina abondamment. Elle protesta de son innocence. Mais, dès son retour à Monaco, elle reçut des fleurs de la part du musicien, accompagnées de lettres lui jurant amour et fidélité éternels. Embarrassée, et ne sachant pas comment éconduire son amoureux, Phyllis finit par découvrir que c'était Rainier qui avait tout manigancé.

Vivre au Palais n'était pas toujours facile et, parfois, Caroline et Albert regrettaient que leurs parents soient pris par des obligations officielles au lieu de dîner avec eux. Ils furent vexés le jour où le roi Constantin fut invité à dîner, mais pas eux. Au lieu de les laisser bouder, Maureen leur organisa une petite soirée de gala dans la nursery, leur fit revêtir leurs plus beaux atours, et demanda au majordome de servir le repas sur des plateaux d'argent.

Caroline adorait Maureen et, aujourd'hui encore, elles gardent des liens d'amitié. Caroline lui a même demandé de venir l'aider à la naissance d'Andrea et de Charlotte et d'assister à l'accouchement de Pierre.

«J'étais avec elle. J'avais eu deux enfants, mais je n'avais jamais assisté à un accouchement. J'ai été bouleversée, j'ai même dû sortir prendre l'air. Quand je suis retournée près de Caroline, le bébé était là. J'ai frappé, et le Prince a ouvert en me disant : « On est en train de vous préparer un lit, ma chère.»

Lors du vingt-cinquième anniversaire de l'accession du Prince au trône, les quatre mille cinq cents citoyens de Monaco furent invités à une gigantesque garden-party. Et il y avait beaucoup de choses à fêter. Rainier avait assuré la transition économique du pays et multiplié le chiffre d'affaires par près de deux cents. La Principauté comptait près de sept cents sociétés, employant dix-huit mille personnes.

La SBM avait perdu de son importance et n'entrait plus que pour 30% dans l'ensemble des activités commerciales de Monaco.

C'était une famille élégante, riche et unie, et, sans la pression constante des photographes, tout aurait été parfait.

Grace fut décrétée la «femme la plus jeune du monde» dans un sondage d'un magazine, devançant ainsi Jackie Kennedy-Onassis et Sophia Loren.

Rainier et Grace achetèrent un nouvel appartement à Paris et tombèrent amoureux de l'Irlande. Grace collectionnait les livres sur ce pays, s'intéressait à la musique traditionnelle. Le couple racheta la maison ancestrale des Kelly. Aujourd'hui les ouvrages rassemblés par la Princesse constituent la bibliothèque irlandaise de Monaco, qui est sans doute le fonds le plus important sur le sujet hors de l'île d'Emeraude.

Caroline alla faire ses études à Paris et, un peu plus tard, Albert partit pour les Etats-Unis. Grace passait à l'époque une partie de l'année à Paris, pendant que Stéphanie allait à l'école. Lorsque Caroline annonça ses fiançailles, la famille ne manifesta que peu d'enthousiasme. Il y eut des larmes le jour du mariage, mais peut-être trahissaient-elles les réticences du couple royal vis-à-vis de leur gendre. Dix-huit mois plus tard, tous deux furent aux côtés de Caroline quand les époux se séparèrent.

Pour l'été 1981, tous décidèrent de partir en croisière en famille, Stéphanie exceptée, car elle était en vacances aux Etats-Unis. Rainier, Grace, Caroline, Albert et quelques amis, comme Louis de Polignac, embarquèrent sur le *Mermoz* et partirent admirer le soleil de minuit sur la côte norvégienne.

Comme dans toute croisière digne de ce nom, il y eut un bal masqué. Les Grimaldi participèrent aux festivités déguisés en pirates, mais forcèrent Louis de Polignac à s'habiller en naine, avec de grosses nattes de petite fille.

Une autre soirée fut consacrée à la magie. Caroline et Albert connaissaient déjà l'illusionniste qui les invita à prendre part au numéro. Sans rien dire à leurs parents, le jour venu, ils s'esquivèrent pour la répétition.

Pour clore le spectacle, le magicien annonça qu'il allait couper une femme en deux, demanda une volontaire, puis appela Caroline. Rainier et Grace en restèrent bouche bée.

Elle se glissa dans une boîte que l'illusionniste transperça de longs poignards.

Grace et Rainier retenaient leur respiration.

Après avoir précisé que, parfois, les choses tournaient mal, il coupa Caroline en deux.

Au grand soulagement de tous, elle réapparut indemne.

Aujourd'hui, Rainier affirme avoir tout de suite compris qu'elle était de mèche, et espérait simplement qu'elle serait à la hauteur. Caroline, elle, en rit encore. «C'était très amusant.»

Quelques semaines plus tard, Grace mourut.

Plus rien ne serait comme avant.

8

Midi

A Monte-Carlo, tous les parcmètres sont occupés.

En été, la plage, le long de l'avenue principale, accueille une foule d'estivants qui se font bronzer sur des matelas pneumatiques ou des serviettes de bain. Des jeunes gens au ventre plat, chaîne en or autour du cou, jouent au backgammon. Les jeunes femmes, le haut de leur bikini négligemment ôté, s'enduisent de crème, tandis que des perles de sueur coulent entre leurs seins bronzés. Les enfants s'amusent au bord de l'eau, où le flux et le reflux démolissent leurs châteaux de sable.

Un hélicoptère venant de Nice traverse le ciel.

A l'est, tout près de la frontière française, avec ses rangées de cabines roses protégées par des auvents blancs rayés de bleu, le club de la plage privée ressemble à un décor hollywoodien des années 30. Une petite jetée de bois, au-dessus des rochers – il n'y a pas de sable, ici –, mène à la mer, d'un calme olympien. Un peu plus loin, deux pontons de bois permettent de prendre le soleil, de se reposer, ou de s'écrouler après avoir nagé quelques brasses.

Un garçon dresse les tables au café de Paris.

Devant le port, des hommes bedonnants, Rolex en or au poignet, peignoir d'une blancheur immaculée sur les épaules, quittent le solarium de la piscine couverte, chauffée toute l'année à vingt-huit degrés, pour aller au bar. Ils commandent une coupe de champagne, ainsi qu'un kir royal et une salade niçoise à deux cents francs pour la femme plus très jeune, montre Rolex assortie, en maillot de bain une pièce, installée sur la chaise longue d'à côté.

L'homme qui tient la petite supérette au coin de la rue, en face de la gare, rentre son étal de fruits et légumes et baisse son rideau en prévision de ses trois heures de sieste.

En hiver, la plage n'est fréquentée que par les courageux qui se baignent tous les jours, qu'il vente ou qu'il neige, et le club privé est fermé. Mais le club de santé est ouvert trois cent soixante-cinq jours par an et, si on a un ami qui loue une salle de sauna, on peut y rencontrer sa maîtresse, pour ce qu'on appelle ici, comme un peu partout dans le monde, «une matinée».

A Monaco, un melon avec une fine tranche de jambon de Parme peut coûter jusqu'à trois cents francs, selon le restaurant.

Sur un des grands yachts, une serveuse chinoise installe un buffet pour le propriétaire et sa vingtaine d'invités, qui partiront bientôt pour une croisière de deux heures à destination de nulle part, brûlant au passage pour quarante mille francs de gazole. Les hommes en blazers bleus et pantalons blancs parleront affaires, tandis que ces dames en robes d'été discuteront du prix des chaussures dans les nouvelles boutiques des arcades.

Penché sur sa table à dessin, un architecte tente désespérément de terminer les plans d'un petit immeuble, où un studio minuscule coûtera un million cinq cent mille francs. Et encore, pour ce prix, il faudra, dangereusement penché sur le balcon, se hisser sur la pointe des pieds et se tordre le cou pour apercevoir la mer.

Moins d'une centaine de mètres plus loin, une vieille femme de Beausoleil, en France, de l'autre côté de la frontière, toujours vêtue de noir, dans son étroite villa à étage, avec une vue époustouflante sur la mer, ferme ses volets pour se protéger du soleil de l'après-midi. Elle se rend dans le jardin, en glissant sur des patins pour ne pas ternir le brillant impeccable de son linoléum, et va ramasser dans le petit poulailler des œufs qu'elle prépare à la coque pour son déjeuner.

A Monaco, tous les jours, entre les omelettes, les salades niçoises, les soufflés, les quiches, les flans et les pâtisseries, il se consomme deux mille deux cents douzaines d'œufs.

9

Grimaldi, Inc.

Au début du XIXe siècle, les Etats-Unis étaient très impliqués dans les affrontements maritimes le long de la côte nord-africaine.

Après quelques expéditions coûteuses contre les pirates libyens, Washington estima qu'il était temps d'acquérir une base navale en Méditerranée.

Florestan, sachant que la plus précieuse ressource naturelle du pays était le port, bien abrité, songea à vendre la Principauté aux Etats-Unis. L'idée était moins ridicule qu'il n'y paraît. Plus tard, les Russes tentèrent d'acheter des terres près de Villefranche, afin de disposer d'une base pour la flotte du tsar, et le petit-fils de Florestan, Albert Ier, recevrait un jour une proposition similaire de la part de la Suisse.

Personne ne saura jamais ce que serait devenue l'histoire si les projets de Florestan avaient abouti. Monaco serait peut-être le cinquante et unième Etat des USA.

Mais aujourd'hui ceux qui voient les touristes américains envahir le casino par cars entiers sont tout excusés s'ils croient qu'en fait la vente a bien eu lieu.

Au siècle dernier, les revenus du jeu représentaient 100% du budget de l'Etat. Quarante ans après l'accession de Rainier au trône, le chiffre est tombé à 4%.

Sans la moindre hésitation, le Prince affirme: «Nous faisons plus de bénéfice sur la vente des timbres que sur la roulette.»

En pantalon gris et chemise bleu pâle ouverte, ses armes personnelles brodées sur la pochette, Rainier est installé sur un divan, en face de la cheminée du salon, au cœur de son appartement personnel qui occupe toute la nouvelle aile gauche du Palais.

C'est une pièce lumineuse, avec un sol de marbre, de gigantesques plantes vertes qui montent jusqu'au plafond et d'immenses portes-fenêtres donnant sur les jardins.

«En 1976, nous avons retrouvé une série de vieux plans et de croquis pour le Palais, et avons décidé de faire construire une nouvelle aile du côté ouest. Il y en avait eu une vers la fin du XVIIIe siècle, mais elle a été détruite lors de la Révolution française, quand le Palais avait été occupé et transformé en hôpital. Malheureusement, à cette époque, le Palais a été totalement dépouillé. Depuis, nous avons récupéré quelques meubles et tableaux d'origine et nous les avons rapportés, mais il est impossible de tout reconstituer. Nous avons fait reconstruire l'aile, et Grace a conçu elle-même l'appartement. C'était chez nous.»

Meublée de façon moderne, avec des photos de famille dans des cadres d'argent sur toutes les tables, la mezzanine du salon abrite un bureau où le Prince travaille parfois pendant la soirée, à côté de la petite pièce où Grace faisait de même.

Il y a également une salle à manger et une cuisine et, en dessous du vestibule, un salon plus intime, qui sert de pièce familiale.

A l'étage se trouvent la chambre de maître, des dressings et une grande salle de bains. Albert, Caroline et Stéphanie disposaient chacun d'une suite de deux pièces, séparées par une salle commune où ils faisaient leurs devoirs.

«Grace s'occupait beaucoup de la restauration du Palais. Elle s'intéressait aussi énormément au Rocher, qui est aujourd'hui devenu monument historique. Tout le quartier du Palais est protégé. Pour y construire quoi que ce soit, il faut obtenir un permis, en présentant des plans très précis. Il faut respecter le style traditionnel des autres édifices du Rocher. Grace tenait tant à préserver une certaine harmonie historique qu'elle a fait changer la couleur du Palais! Il était jaune paille, mais elle estimait qu'un rose saumon s'intégrerait mieux dans l'ensemble. C'est sa couleur actuelle.»

Grace mise à part, même ceux qui ont travaillé longtemps avec le Prince et prétendent bien le connaître concèdent que personne ne peut se vanter d'être son confident ou son conseiller. Tous reconnaissent que sa grande force est d'avoir su compartimenter tous les domaines.

D'autres font reposer son succès sur son instinct infaillible. Ils décrivent un homme fidèle à son héritage méditerranéen, bouillon-

146

nant d'émotions, qui fait confiance à ses impressions et se fie à son intuition.

Il n'est pas du genre à examiner les choses de manière clinique.

Bien qu'on croie souvent qu'il dirige Grimaldi Inc., une affaire familiale à la tête d'un pays – Rainier dit parfois qu'il est P-DG d'une société nommée Monaco –, il admet qu'il est plus enclin à voir l'occasion favorable qu'à se pencher sur les bilans et à s'inquiéter pour des erreurs de centimes.

«La Principauté est une sorte d'affaire de famille. Je ne crois pas qu'on puisse vraiment parler de Grimaldi Inc., et je ne pense pas que ce soit jamais le cas. Mais cela ressemble plus à une entreprise qu'autrefois. De la façon dont le monde évolue, c'était inévitable.»

Pourtant, tout ne s'est pas fait en un jour. Lentement, mais sûrement, Rainier a provoqué des changements considérables, transformant une entreprise municipale en un véritable Etat industriel.

«C'est là que je suis né, c'est là que j'ai vécu toute ma vie. Ce qui me permet de comprendre les gens, et de traiter avec eux bien plus facilement que mes prédécesseurs. Pour les Monégasques, il était peut-être moins important que le Prince soit un enfant du pays à l'époque, disons, de mon arrière-grand-père. Peu importait qu'il voyage six mois par an en mer, et vive à Paris ou à Marchais la plupart du temps. Il se passait peu de choses, et le rythme des affaires n'avait rien de comparable. Aujourd'hui, cela compte. On ne peut plus être prince en dilettante, car c'est un travail à temps complet, et les Monégasque en sont conscients. Ils me disent qu'ils se sentent plus en sécurité quand ma bannière flotte sur la résidence. Grace et moi, nous pensions qu'il était essentiel que les enfants naissent et soient élevés ici. Je n'ai pas fait mes études sur place, et j'ai trouvé que c'était un handicap de ne pas bien connaître ma propre génération. Nous avons donc décidé qu'Albert irait en classe au lycée et userait ses fonds de culottes en compagnie des autres. Quand il montera sur le trône, il connaîtra tous ses compatriotes. C'est un privilège que je n'ai pas eu.»

Les Monégasques sont surtout commerçants, chauffeurs de taxi, croupiers, fonctionnaires, médecins ou avocats, et rares sont ceux qui sont liés au commerce international. A l'exception de quelques-uns qui se sont fait un nom dans l'immobilier, ils connaissent le paradoxe de vivre dans un pays au niveau de vie très élevé, sans en avoir les moyens.

«Lors du grand boom de l'immobilier, les Monégasques ne pouvaient plus acheter d'appartements. C'est pourquoi j'ai établi une loi pour qu'ils leur soient vendus au prix coûtant, et pour qu'ils puissent bénéficier de prêts à long terme.»

Rainier traite ses sujets comme s'ils faisaient partie de la famille. C'est peut-être le seul monarque qui, sans les connaître par leur nom, les a sans doute tous rencontrés.

Sous l'œil bienveillant de l'Etat, enfants et vieux sont pris en charge. Il est impensable qu'un Monégasque perde son travail et, à Monaco, les gens vivent mieux que leurs pareils de Nice ou de Menton, car le Prince y veille.

«La jeune génération ne se tourne plus vers la SBM pour trouver un emploi. Elle va à l'Université et se rend compte que d'autres portes lui sont ouvertes. Le vieil adage qui prétend que les Monégasques viennent au monde avec un râteau de croupier en main n'a plus de fondement. Beaucoup sont encore tentés par la SBM, car les salaires sont élevés et il y a beaucoup d'avantages sociaux, mais ce n'est pas la seule possibilité. Nous dispensons un bon enseignement et beaucoup vont étudier à l'étranger.»

Malgré la constitution de 1962, qui définit le partage du pouvoir, Rainier manifeste une telle compréhension de la mentalité de ses sujets – qui le respectent toujours après quarante ans de règne –, fait preuve d'une telle détermination à tenir la barre qu'il se passe rarement quelque chose d'important sans son accord.

Il est à lui seul la force dominante, même s'il ne peut pas tout contrôler.

«Bien sûr, nous ne pouvons guère influer sur le taux de change du dollar. Et quand il est faible, les affaires s'en ressentent. En 1986, la France a obligé les Américains à demander un visa, cela aussi nous a affectés. Le terrorisme joue également un rôle important. Les Américains ne voyagent plus s'il y a des risques en ce domaine, bien que Monaco soit un des Etats les plus sûrs du monde. Ils se montrent très sensibles aux relations internationales. En 1986, quand Jacques Chirac, alors Premier ministre, a refusé l'accès de l'espace aérien français aux bombardiers américains qui partaient attaquer la Libye, le tourisme s'est ralenti en France, et par conséquent à Monaco.»

Ce phénomène ne date pas d'aujourd'hui. Les influences extérieures ont toujours pesé sur la vie de Monaco, mais jamais autant que dans les années 60 et 70.

Il y a un quart de siècle, Monaco attirait la haute société, véritable microcosme où tout le monde se connaissait. Comme Onassis et Niarchos. Et Dino de Laurentis, qui semblait être là en permanence, du moins tant qu'il fut amoureux de Silvana Mangano.

Ce petit clan, uni par la poursuite de l'argent et des plaisirs, se retrouvait à l'hôtel de Paris, donnait des soirées pour les amis sur ses yachts et jouait dans des salons privés.

Sous l'influence de la princesse Grace, les Américains rejoignirent ce petit monde. Henry Ittleson, président de la CIT Financial, puis le producteur de cinéma Sam Spiegel furent vite rejoints par Charles Revson, des cosmétiques Revlon, et le magnat de l'immobilier Bill Levitt. Revson amarrait toujours son bateau, l'*Ultima II*, à côté de la *Belle Simone* de Levitt et, pendant longtemps, ces deux yachts furent considérés comme les plus beaux du monde.

Il y eut de nombreux industriels italiens. L'un d'eux avait commencé par réparer des bicyclettes, puis monta la plus grande société italienne de produits congelés. Il ne s'intéressait qu'au football et à ses visites à Monte-Carlo. Il venait tous les trimestres environ dans son avion privé, et jetait des plaques de cinq mille francs comme de vulgaires centimes. Il perdait près d'un million de dollars par an, et continua ainsi, jusqu'à sa mort, huit ou neuf ans plus tard. Mais pendant quelques jours, tous les ans, il aimait à se croire le roi de Monte-Carlo.

En fait, c'était plutôt un dinosaure d'un autre âge. Le grand directeur de la Fiat, Gianni Agnelli, qui fut l'un des habitués du lieu, avoua un jour au directeur de la SBM : «Je ne peux plus me le permettre.» C'était encore l'un des hommes les plus riches d'Europe, mais il était surveillé de près par les syndicats. Et si on l'avait vu perdre des fortunes au jeu, il n'aurait guère été en situation de négocier avec ses employés.

Ces nouvelles contraintes diminuèrent vite le flux des joueurs invétérés, qui partageaient désormais leur temps entre la plage et le casino.

Au milieu des années 60, le Summer Sporting, devenu trop exigu, commençait à se démoder. Il n'avait pas l'air climatisé, et son «ambiance tropicale» se réduisait à une rangée de lumières colorées qui se reflétaient sur quelques palmiers.

Les joueurs misaient toujours aussi gros, mais 75% des recettes de l'établissement provenaient des trois mois d'été et des vacances de Noël. De plus, 80% des bénéfices étaient réalisés grâce à deux mille fidèles.

Pendant le reste de l'année, on ne voyait que quelques vieilles dames prenant le thé à l'hôtel de Paris. Nombre des établissements fermaient pendant la morte saison.

Pas de haute société présente toute l'année, pas d'entreprises étrangères, peu d'industrie. Hors saison, Monaco était bien morne. Si morne, en fait, que, lorsque la Pan Am commandita une enquête en vue de construire un hôtel Intercontinental, les résultats furent négatifs.

L'Etat n'avait pas les moyens de financer le projet, et le seul homme qui aurait pu être intéressé, Onassis, n'avait aucune raison de venir au secours d'une entreprise concurrente.

La Pan Am renonça donc au projet, faute de pouvoir trouver le moindre soutien financier croyant à l'avenir de Monaco. «Il était évident qu'aucune société n'aurait pu tenir longtemps sur une saison aussi courte, et avec une clientèle régulière inférieure au nombre des employés permanents», avoue Rainier.

Pourtant, à cette époque, plusieurs événements modifièrent la situation. Tout commença lorsque Rainier retira le contrôle de la SBM à Onassis.

Jusque-là, l'infrastructure était restée très désuète. Les fours du restaurant dataient de 1899. Aux cuisines, des hommes avaient pour seule tâche de les alimenter en charbon, et un commis était chargé de recevoir les pains de glace, puis de les casser au marteau pour les redistribuer, dans des sacs en plastique, aux différents bars de la ville.

Pis encore, les employés de la SBM se servaient abondamment du matériel mis à leur disposition.

S'ils travaillaient à la cuisine, la nourriture était à eux; ils disposaient de l'argenterie. Tapis, meubles, verres, tout ce qui pouvait manquer à la maison venait de la société. Si vous travailliez pour la SBM, elle vous prenait en charge pour la vie.

Un an après la reprise de contrôle de la SBM par l'Etat survint Mai 68. Grèves, révolte étudiante paralysaient la France. Par

150

solidarité, les syndicats de Monaco cessèrent le travail. Les croupiers eux-mêmes se joignirent au mouvement, bien que ce fussent sans doute les seuls piquets de grève à venir monter la garde en Cadillac ou Mercedes!

Tout cela mena à des bouleversements, tels que la modernisation des cuisines, la création d'une centrale d'achat, l'instauration d'un salaire minimum pour tous les employés de la SBM, des congés supplémentaires et l'assurance d'un travail à l'année pour tous.

Pourtant, la SBM n'était toujours pas préparée au XXIe siècle, loin de là!

Quinze ans passeraient avant que la société investisse cent millions de dollars dans un programme de rénovation, ameublement, construction de parkings souterrains et d'un nouveau café de Paris, dans le style XIXe, étalé sur cinq ans.

On renonça aux jeux américains, machines à sous, craps, pour les installer au fond de la salle de café, dans le style Las Vegas, afin que le casino retrouve sa grandeur passée de l'époque edwardienne, lorsque les ducs russes venaient y jouer.

Monte-Carlo tentait de retrouver son statut de Mecque du jeu.

Les néons sont plus éclatants à Atlantic City, le jeu plus frénétique à Las Vegas, mais, tant qu'on n'a pas déposé quelques jetons sur une table de Monte-Carlo, on ne fait pas partie des grands. Tels les pèlerins partant pour Lourdes, les joueurs revinrent aux sources. Quel que fût le résultat de cette visite, au moins avaient-ils approché l'autel sacré.

«On ne peut pas comparer Las Vegas ou Atlantic City avec Monte-Carlo, dit Rainier. Là-bas, les casinos sont dépourvus d'élégance et n'ont pas beaucoup de charme. Je ne voudrais pas retrouver ici certaines choses que j'ai vues là-bas. C'était déprimant de voir des gens en chaise roulante installés pendant des heures devant les machines à sous. A Monaco, le casino n'est pas seulement un établissement de jeu, c'est un monument historique.»

C'est à juste titre que le Prince peut être fier, car il y a peu d'endroits au monde où un petit parc comme la place du Casino est entouré de telles splendeurs architecturales : le nouveau café de Paris et l'hôtel de Paris rénové.

Pourtant, à l'intérieur du célèbre café, on trouve ces machines à sous et ces tables assaillies par les touristes qui descendent de leur bus en bermudas et hurlent en lançant les dés. A quelques pas, au pied de la colline, à l'hôtel Loews, d'autres touristes se consacrent aux mêmes activités dans une salle accessible à tous, pourvu qu'ils soient majeurs.

Le café de Paris, tout comme l'hôtel Loews, ressemble beaucoup à Las Vegas et l'ambiance y est aussi bruyante, ce qui offre un contraste surprenant avec le vieux casino.

Certains prétendent que pour concurrencer les casinos américains, ou même les petits établissements de Nice et Cannes, la SBM a dû créer un mini-Vegas.

Mais à Monaco on ne voit pas les choses ainsi. En fait, deux types d'activités se superposent. Les Américains, par exemple, veulent retrouver les Etats-Unis où qu'ils soient, la SBM leur offre donc un petit morceau d'Amérique, des jeux modernes, simples. On y trouve même des hot-dogs, si on y tient. Une autre clientèle préfère des loisirs plus raffinés, et la Principauté leur propose des établissements traditionnels dans une autre partie de la ville.

Mais, une fois encore, tout cela ne s'est pas fait en un jour. Il faut beaucoup de temps pour que les choses évoluent à la SBM, ne serait-ce que pour modifier la carte des desserts!

Au début des années 70, Rainier était plus convaincu que jamais que la Principauté ne pouvait plus vivre uniquement du jeu. La SBM générait d'autres activités, mais cela ne suffisait pas à l'économie du pays. Le Prince se tourna donc vers la création d'une industrie légère.

Deux éléments très importants étaient à prendre en compte. Tout d'abord, Rainier voulait attirer un certain type d'industrie.

«Nous avons choisi soigneusement, car nous ne voulions pas abîmer le paysage. Et puis, la taille de la Principauté ne permettait pas d'attirer des industries qui auraient eu besoin de beaucoup de place, comme des ateliers de construction automobile par exemple. De plus, nous désirions des entreprises non polluantes, que ce soit pour l'air, pour la mer ou pour les oreilles.»

Pourtant, il fallait trouver de la place.

«Nous avions des contraintes d'espace très sévères. Mais, en 1974, nous avons récupéré vingt hectares en bord de mer. Cela nous a permis de créer Fontvieille, un nouveau quartier où nous avons hébergé l'industrie légère. Nous pouvions attirer des capitaux étrangers, et nous démarquer un peu plus du tourisme. Nous nous sommes étendus pacifiquement, chose plutôt rare aujourd'hui, non ?»

Il y a actuellement une centaine d'usines à Monaco, installées pour la plupart à Fontvieille. La Principauté a également fait construire des logements sociaux et un hôtel trois étoiles.

«Nous avons cherché des produits à haute valeur ajoutée, comme les parfums et l'électronique. Nous fabriquons des composants pour le Concorde et la NASA. Saviez-vous que les rasoirs des premiers astronautes venaient de chez nous? Nous faisons également des pièces en plastique et en caoutchouc pour Renault, Citroën et Peugeot. Des produits pharmaceutiques et cosmétiques sont préparés ou emballés à Monaco. Ici, le chômage n'existe pas. En fait, nous avons même quatre mille Français et trois mille Italiens qui viennent tous les jours.»

Comme le tourisme se limite toujours à quatre mois par an, Rainier chercha des moyens d'occuper les hôtels pendant le reste de l'année. Ce fut le début de la politique des congrès. Mais, pour ce faire, Monaco devait offrir des installations et il n'y avait guère de lieu prévu pour des rassemblements de ce type. L'hôtel de Paris n'avait même pas de salle convenable pour donner un cocktail.

On construisit donc un nouveau centre, qui pourrait accueillir sans problèmes près de mille délégués et, tout à côté, la société Loews fit installer un hôtel de cinq cent soixante-treize chambres, le plus grand de toute la Côte. Au cours des dix dernières années, 25% des visiteurs sont venus pour un congrès.

Pourtant, tout cela ne se fit pas sans anicroches. Lors de la construction du nouvel hôtel, quelqu'un fit remarquer qu'aucun bidet n'était prévu. Aux Etats-Unis, expliquèrent les architectes américains, c'était là chose inconnue, et il s'agissait bien d'américaniser Monaco. Ah non! s'exclamèrent les autorités locales, il n'en est pas question, le bidet est un élément indispensable du monde civilisé. On les ajouta donc sur les plans.

Ce fut à peu près à la même époque que Monaco fut prise de la fièvre de l'immobilier.

La création d'une ligne de chemin de fer souterraine ainsi que la vague de terrorisme et la menace de l'arrivée des communistes au pouvoir en Italie firent monter vertigineusement les prix des appartements dans la Principauté.

Pour se protéger, eux et leurs biens, les Italiens s'installèrent en masse à Monte-Carlo.

Alors qu'on trouvait un appartement à Nice à quinze mille francs le mètre carré, il fallait compter le double dans la Principauté. Les immeubles poussèrent comme des champignons. A la fin des années 70, il y avait neuf grands projets en construction, dont 85% des appartements avaient été vendus sur plan.

L'emballement du marché était tel que certains changeaient de main deux ou trois fois, avant même que la première pierre fût posée. Tout le monde se mit à spéculer dans l'immobilier. La ruée vers l'or recommençait!

Des fortunes énormes se bâtirent, mais la prospérité a son prix.

Certains estiment que le Prince n'a pas élevé la voix assez tôt et que trop de bâtiments hideux ont défiguré Monaco. Les choses auraient pu être faites différemment, disent-ils, avec plus de goût, car l'argent ne manquait pas. Tout est arrivé trop vite, sans qu'on impose le moindre critère esthétique.

On finit par autoriser la construction d'immeubles en bord de mer et les plans en furent si mal conçus que certains projettent une ombre désastreuse sur la plage à trois heures de l'après-midi.

Grace, surtout, fut très déçue.

«Effectivement, tout s'est passé trop vite, regrette Rainier. Cela ne me plaisait guère non plus, mais que faire? Les lois ne peuvent jamais tout prévoir. Tant que les promoteurs observent les règles, on ne peut pas refuser un permis de construire sous prétexte que cela ne vous plaît pas. Mais je ne pense pas que Monaco ait été défigurée. Autrement, on ne pouvait que laisser les choses en l'état, ou construire une multitude de petits bâtiments. Et il faut tenir compte des investissements. Les gens ne placent pas leur argent dans un projet qui n'a aucune chance de rapporter. Dès que nous nous sommes rendu compte de ce qui se passait, nous avons essayé d'intervenir. Nous avons imposé des limites de hauteur à ceux qui construisaient à titre individuel, mais les promoteurs se sont associés pour contourner la loi. Alors, nous avons imposé des règles plus sévères.»

Ce boom de l'immobilier s'est beaucoup ralenti, ce qu'on a connu dans les années 70 ne se renouvellera plus. Les permis de construire sont plus difficiles à obtenir et, comme il reste peu de place disponible, l'esthétique est devenue une priorité.

154

Pourtant, ceux qui pensent que Monaco est arrivée à un point de saturation se trompent. Le Prince affirme qu'aucun permis de construire ne sera accordé pour des immeubles très élevés. Les promoteurs se tournent donc vers les bâtiments, près du port essentiellement, qui sont devenus obsolètes. Ils vont en construire de nouveaux et, quand ils seront terminés, ceux du boom de l'immobilier auront vieilli, eux aussi, et il faudra les remplacer.

Pour l'essentiel, on ne peut faire que deux choses avec les timbres-poste, les coller sur une enveloppe ou les collectionner. Mais cette deuxième solution permet de faire payer un service sans avoir jamais à le rendre; c'est bien pourquoi, dans le monde entier, les postes encouragent cette activité.

A Monaco, ce ne fut qu'en 1885 que Charles III fit émettre les premiers timbres monégasques à l'effigie du souverain.

Les mille deux cent cinquante émis au fil des ans retracent l'histoire de la Principauté et illustrent faune, flore, bateaux, avions, trains, églises, œuvres d'art, courses automobiles, sport, etc. En bref, tous les genres possibles et imaginables.

Il y a généralement deux émissions par an, au printemps et en automne, comptant chacune, en moyenne, une trentaine de timbres. Grâce aux cinquante mille souscripteurs, disséminés dans le monde entier, la poste est assurée de tout vendre en quelques semaines.

Rainier s'y intéresse de près, non qu'il soit collectionneur, bien que le musée du Palais possède un ensemble complet, mais pour Grimaldi Inc. c'est une affaire lucrative.

«Nous avons volontairement visé le marché des philatélistes, explique-t-il. Bien que la plupart des pays recourent au procédé d'impression offset, nous utilisons encore la gravure à l'ancienne, pour leur conserver toute leur qualité artistique et attirer d'autres collectionneurs. Mais le dosage est délicat. Si on fait une trop grosse émission, personne n'en veut, et si l'on n'en tire pas assez, on ne rentre pas dans ses frais.»

Les timbres monégasques ont une réputation mondiale, contrairement à la monnaie. Suite à un accord avec la France, la Principauté peut émettre la sienne, symbole de sa souveraineté. Monaco bat monnaie depuis 1640 et, aujourd'hui, une collection complète compterait cinq cents spécimens. Pourtant, la valeur totale des pièces en circulation n'atteint pas le million de dollars.

La plupart du temps, on utilise la monnaie française, et souvent les touristes ne s'aperçoivent même pas qu'ils ont des pièces monégasques en poche. Elles ont la même taille, le même poids et la même dénomination que leurs équivalents français, seule l'effigie du souverain indique leur origine. Elles n'ont de valeur légale qu'à Monaco, dans les Alpes-Maritimes et dans le Var.

Essayez d'en écouler une à Paris et on vous la rendra avec une grimace, comme une pièce étrangère. C'est d'ailleurs dans ce but qu'elles ont été frappées.

Il n'y a pas de prison à Monaco, mais simplement trente-sept cellules modernes destinées aux prisonniers attendant leur procès. Partagées en trois zones pour séparer hommes, femmes et mineurs, elles se trouvent sur la paroi extérieure du Rocher, face à la mer. Mais dire qu'il s'agit de «La tôle-sur-mer», avec vue sur la Méditerranée, est contraire à la réalité. La seule vue dont disposent les prisonniers, c'est le ciel.

Pourtant, c'est sans doute la prison du monde où on mange le mieux, car c'est la femme du gardien qui fait elle-même la cuisine.

Dans la Principauté, la justice se rend au nom du Prince, qui peut gracier les condamnés ou alléger la sentence. Mais, comme le Conseil national a aboli la peine de mort, il ne peut pas proclamer : «Qu'on lui coupe la tête!» Même s'il en avait la possibilité, Rainier pense qu'il n'en userait pas. «C'est toujours sordide.»

Pourtant, le Prince a un droit d'expulsion. Il peut même, en accord avec la France, l'étendre aux Alpes-Maritimes, au Var et aux Alpes-de-Haute-Provence.

C'est une décision exceptionnelle, qui touche souvent des gens condamnés pour avoir triché au casino, par exemple.

«La France a autant intérêt que nous à tenir les indésirables à l'écart de la région. Mais je n'ai pas le droit d'expulser les Monégasques, sinon, ils n'auraient nulle part où aller.»

Pourtant, dans le passé, les expulsions ne touchèrent pas seulement les criminels. Le cas le plus célèbre est certainement le bannissement de Lady «Champagne» Docker.

156

Née dans le Nord de l'Angleterre en 1907, Norah Turner travailla comme danseuse à Londres au café Royal où, en 1930, elle prit goût au champagne rosé – ce qui lui valut son surnom – et rencontra le premier de ses trois maris millionnaires.

Celle qui avouait : «Je ne crois pas que j'aurais épousé quelqu'un de pauvre, même par amour», devait se marier avec Clement Callingham, qui l'initia aux joies de la Rolls-Royce, de la Daimler, des week-ends sur une péniche en Hollande et des vacances sur la Côte d'Azur.

A sa mort, en 1945, il lui laissa cent soixante-quinze mille livres, qu'elle investit dans la recherche du mari numéro deux, Sir William Collins. Il lui offrit un manoir avec seize chambres à coucher et quinze voitures.

Quand il mourut, trois ans plus tard, lui léguant toute sa fortune, elle épousa Sir Bernard Docker.

De loin le plus riche des trois, il la séduisit en lui offrant une Daimler plaquée or, qu'elle fit tapisser de zèbre – car tout le monde sait que le vison, «c'est bien trop chaud» –, un domaine de mille hectares, une suite au Claridge, un drapeau aux emblèmes de la famille, qui flottait sur le toit quand les Docker étaient là, et un yacht de soixante-cinq mètres, le *Shamara*.

Il va sans dire que les Docker attiraient l'attention. Bien que Norah ait été bannie de la tribune royale à Ascot et se fasse généralement remarquer, dans le mauvais sens du terme, le couple comptait parmi les fidèles du bal de la Croix-Rouge et réussit à se faire inviter au mariage de Grace et Rainier.

Quand, en 1958, on refusa une invitation à son fils pour le baptême du prince Albert, Norah manifesta violemment son mécontentement en maudissant le nouveau-né et en déchirant un drapeau de Monaco en papier.

La nouvelle parvint sans tarder au Palais, où l'on renvoya sur-le-champ la montre en or et le plateau d'argent offerts par les Docker. Une heure plus tard, le ministre d'Etat faisait part d'un communiqué: «Le Prince a été contraint de prendre des mesures administratives pour expulser de son territoire Lady Docker, qui a publiquement insulté la Principauté.»

Comme cette mesure s'appliquait également aux trois départements français voisins, toute la Côte d'Azur était désormais interdite aux Docker. Un mois plus tard, privés de leur terrain de jeu favori, ils envoyèrent un émissaire, qui offrit sept millions de francs pour la levée de l'arrêté d'expulsion.

Mais la princesse Grace, en tant que présidente de la Croix-Rouge, refusa. «Nous n'acceptons ni pots-de-vin ni marchandage.»

Quand il y repense, Rainier en est encore furieux.

«Elle est allée trop loin. Elle avait mauvais caractère et était généralement ivre dès onze heures du matin. Après l'incident, j'avais accepté de rencontrer Sir Bernard. J'étais sidéré. Je ne suis pas snob, mais voir un homme de cet âge, dont la femme avait provoqué un scandale, arriver dans mon bureau en pantalon blanc, tennis et blazer, cela ne m'a pas paru très sérieux. Je me suis montré très froid. Il a essayé de m'expliquer, mais il ne s'est jamais excusé. Il venait sur le Continent et traitait les gens comme des indigènes.»

La mesure fut donc maintenue, bien que, d'après le Prince, il leur ait donné leur chance à plusieurs occasions. Rainier demanda des excuses publiques, mais les Docker refusèrent obstinément. «Si le Prince ne veut pas reconnaître ses torts, nous non plus.»

Norah Docker ne revint pas dans le Sud de la France avant 1982, quatre ans après la mort de Sir Bernard, et bien après avoir dilapidé l'essentiel de leur fortune.

Son fils habitait dans la Principauté et Rainier leva la mesure pour qu'elle puisse le voir. Elle avait soixante-quinze ans.

Au fur et à mesure que les affaires prospéraient, les rapports entre la Principauté et la SBM se modifièrent. Le Conseil national changea également d'attitude.

«Aujourd'hui encore, la SBM a beaucoup d'influence sur les électeurs. Politiquement, ce n'est pas toujours facile. Elle constitue un lobby très puissant. Les candidats doivent tous s'attirer les faveurs de la société s'ils veulent disposer de son réservoir de votes. Et, en conséquence, son pouvoir s'étend au Conseil national.»

Sur trois mille électeurs inscrits aujourd'hui, presque la moitié ont des liens directs avec la SBM, en tant qu'employés ou membres de la famille d'un employé.

Cela lui confère donc un poids énorme au sein du Conseil national et lui permet de s'ingérer dans les affaires de l'Etat. Avec une telle influence, et en grande partie à cause de cela, la SBM a toujours été une société difficile à gérer.

C'est un labyrinthe de petits empires, ce qui signifie que l'art de vivre à Monaco consiste à savoir jusqu'où on peut aller sans abuser.

Le lobby le plus impressionnant est sans doute celui des croupiers, groupe fermé, qui n'hésite pas à s'opposer à la direction.

Même dans les meilleurs moments, les directeurs ne cessent de changer, bien que la société soit toujours bénéficiaire, presque malgré elle.

Au regard de cette influence, et comme le Conseil national n'a jamais été conçu pour dire amen au gouvernement, la monarchie constitutionnelle de Monaco représente un cas particulier.

Inévitablement, les pouvoirs sont inversés.

Pour surmonter ce problème, Rainier a toujours cherché à améliorer le dialogue entre le Conseil et le gouvernement.

«On avait parfois la mauvaise impression que le gouvernement était le pire ennemi du Conseil et que, pour remettre les choses à égalité, ce dernier refusait de voter le budget. Je suis content d'avoir amélioré la situation.»

Le Prince a instauré des commissions de travail pour que les deux groupes collaborent plus étroitement.

«Je voulais qu'ils se comprennent. Touchons du bois, mais, pour le moment, tout va bien. Bien sûr, les membres du Conseil refusent parfois de voter une partie du budget parce qu'ils ne comprennent pas à quoi cela sert, mais, au lieu de rejeter le projet en bloc, ils demandent des précisions au gouvernement. Il existe un véritable dialogue. Le gouvernement n'impose pas son diktat au Conseil national, qui ne fait pas opposition à tous les projets officiels. Autrefois, il y avait toujours des conflits, pour le plaisir, ou presque. Il est vrai que, de temps en temps, le Conseil a tendance à se mêler de l'exécutif, mais cela se produit de moins en moins. Le gouvernement et le Conseil n'échangent pas toujours des mots tendres, mais à présent, on peut parler de véritable coopération. C'est à moi qu'on le devra.»

Le climat politique étant désormais plus paisible, Rainier pouvait songer à attirer de nouveaux capitaux étrangers à Monaco. Un des moyens fut d'accueillir des sièges sociaux de sociétés étrangères.

Par exemple, si un armateur a, disons, vingt bateaux, naviguant sous pavillon de complaisance panaméen ou libérien pour des raisons commerciales, il préfère les affilier à des sociétés séparées. Ainsi, si l'un d'eux sombre, seule une compagnie fera faillite.

Pourtant, dans ce cas, il faut en gérer vingt et au Panama ou au Liberia personne ne veut s'en charger. L'armateur installe donc son siège social à Monaco. Là, il s'occupe des équipages, prend les contacts, règle les aspects techniques pour le compte d'une société basée au Panama ou au Liberia. Les bureaux de Monaco reçoivent alors un pourcentage en échange de leur gestion.

Pour la Principauté, cette activité ne produit aucune pollution, les directeurs perçoivent de bons salaires, généralement dégrevés d'impôts, peuvent se permettre un haut niveau de vie et offrir à Monaco une clientèle de marque, présente toute l'année.

«Tout le monde y trouve son compte. Mais, direz-vous, pourquoi Monaco plutôt que Genève? La réponse est simple. Genève a des lois très restrictives en ce qui concerne le travail, alors qu'ici tout est ouvert. Si vous voulez faire venir votre secrétaire avec vous, la seule chose qu'elle a à faire, c'est demander son permis de travail. Bien sûr, si vous préférez engager quelqu'un sur place et que, sur cinq candidats à compétence égale, il y a un Monégasque, vous êtes obligé de l'engager. Mais c'est la moindre des choses.»

En créant une atmosphère propice à l'installation de sièges sociaux, Rainier disposait d'un produit exceptionnel sur le marché international.

Bien sûr, d'autres pays offrent des commodités au monde des affaires. Certains ont fait des sociétés «boîtes aux lettres» une part essentielle de leur économie. Ils autorisent, moyennant finances, la création d'une société, par le biais d'hommes de paille agissant au nom du lointain propriétaire anonyme qui, la plupart du temps, cherche à échapper à toute fiscalité.

Le cas de Monaco est tout à fait exceptionnel car, pour y installer une société, il faut se conformer à des règles très strictes.

«Nous ne voulons pas de "boîte aux lettres". C'est hors de question, je ne le permettrai jamais. Nous ne sommes pas au Liechtenstein ni aux îles Caïman. Je ne tiens pas à avoir la même réputation. Je ne voudrais pas médire, mais cela leur a beaucoup rapporté de laisser n'importe qui s'installer. A Monaco, nous ouvrons toujours une enquête et les entreprises ont toutes une véritable activité. Sinon, nous leur interdisons d'exercer.»

Plus que tout, Rainier tient à préserver l'image de marque de Monaco, même si, de l'extérieur, la Principauté est vue comme un paradis fiscal. Le Prince n'est pas d'accord.

160

«Etre un paradis fiscal ne présente aucun intérêt financier. Les gens vivent ici, consomment ici, et c'est parfait. Si quelqu'un ne paie pas ses impôts en Angleterre ou en Suède, cela ne nous concerne pas. Quand Björn Borg s'est installé à Monte-Carlo, le gouvernement suédois a estimé que c'était un scandale, car il ne paierait plus d'impôts chez lui. Mais pourquoi Monaco passerait-il un accord fiscal avec la Suède? Je ne crois pas qu'aucun Monégasque y vive. Et je n'imagine pas qu'on impose un jour les gens d'ici. Ça n'en vaudrait pas la peine.»

Contrairement aux autres pays d'Occident, Monaco n'a pas besoin de dépenser quoi que ce soit pour la défense nationale, le chômage, l'aide aux étrangers, la construction d'autoroutes ou d'aéroports. Plus de la moitié de ses revenus vient de la TVA et la plus grande partie est transférée en France, en vertu d'accord fiscaux. Le reste provient des impôts sur les sociétés, des timbres, des cigarettes, de l'alcool, du monopole de la SBM, des taxes sur les transactions immobilières et du téléphone. Monaco a la plus grande densité d'appels du monde entier, et plus de 80% d'entre eux sont internationaux.

Il n'y a donc aucune raison d'instaurer un impôt sur le revenu. Mais il est possible qu'un jour Monaco doive fixer un quota de résidents étrangers.

Au cours des dernières années, on a assisté en Europe à un mouvement de population nord-sud. Les gens du nord s'installent dans le sud, mais les Niçois vont rarement vivre à Oslo. Avec le progrès des communications, ce processus s'accentuera et modifiera toute l'anatomie de la région. Les avantages fiscaux deviendront un facteur de moins en moins décisif. Si un jour nous devons imposer les étrangers, je ne crois pas que nous en souffrirons beaucoup, s'ils y trouvent toujours un avantage. La plupart savent que les impôts sont nécessaires et sont prêts à payer. Mais ils n'accepteront jamais qu'un gouvernement prenne 80 ou 90% de leurs revenus. Cela ôte toute envie de faire des bénéfices et d'investir.»

Mais en 1992, quand l'Europe ouvrira ses portes, que deviendra le monde?

«Monaco n'est pas membre de la CEE, mais nous sommes inexorablement liés à la France par nos frontières et nos accords fiscaux. Nous ne savons pas ce que nous réserve l'avenir. La France non plus, tout le monde en est là. Je ne pense pas que nous devrions nous intégrer à la CEE, car nous n'avons pas le potentiel industriel. Il n'y aura toujours pas de contrôles à la frontière française, mais ils seront également supprimés entre la France et l'Italie. L'Europe du Grand Marché aura peut-être besoin d'un avant-poste financier pour attirer les investissements étrangers. Un peu le "petit Hong Kong" de la Méditerranée, où Monaco aurait son propre système fiscal et son propre statut.»

Pourtant, le Prince pense qu'il n'y a pas grand-chose à faire pour se préparer à 1992 tant que les membres de la Communauté européenne ne savent toujours pas ce qu'ils vont décider.

«Je ne pense pas qu'il ne se passera rien en 1992, mais en même temps je n'ai pas l'impression que tout va changer du jour au lendemain. Comment va-t-on unifier les systèmes fiscaux des différents pays? Comment convaincre les Français de réduire la TVA au même niveau que l'Allemagne? Cela portera un sacré coup à l'économie si les choses ne se font pas graduellement. Avec les socialistes, les Français en sont revenus à un impôt sur la fortune. Je ne suis que spectateur, mais à quoi servira-t-il en 1992, quand les mouvements de capitaux seront libres? On ne pourra empêcher personne d'investir où bon lui semble au sein de la CEE. Si la France a un système moins libéral que les autres pays, les capitaux fileront en Allemagne, en Belgique ou en Angleterre. Mme Thatcher a parfaitement raison de laisser les gens investir où ils veulent, et d'encourager les mouvements de capitaux.»

Et les impôts?

«Bonne question. Si un Belge vit en France, où les paiera-t-il? Ils n'y ont pas encore réfléchi. Et quand on pense à tous les problèmes agricoles que cela va poser, je suis peut-être pessimiste, mais j'ai l'impression que la réflexion n'est pas encore très avancée. Alors, quand on parlera impôts et qu'on s'adressera aux Anglais, aux Allemands et aux Français, qui sait ce qui va se passer? Est-ce qu'on pense à une manière d'Etats-Unis d'Europe? Non. Qui serait le président? Vous imaginez les Français laisser un Allemand à la présidence de l'Europe? Il y a encore beaucoup trop de barrières nationalistes.

«On dit qu'il n'y aura plus de contrôles d'identité aux frontières, poursuit Rainier en haussant les épaules. Cela va faire le bonheur des terroristes. Et des trafiquants de drogue. Que vont devenir tous les douaniers? Ils contrôleront les gens d'autres nationalités, mais c'est tout. Je n'arrive pas à croire que ce sera l'événement grandiose dont on parle.»

162

La seule chose qu'il envisage, ce sont de nouvelles relations avec la France. Tout comme l'Angleterre possède les îles de la Manche, tout comme l'Allemagne se sert du Luxembourg et la Chine, un jour, de Hong Kong, il espère que la France se tournera vers Monaco pour en faire un grand centre financier.

«Les fondements du traité franco-monégasque remontent au traité de Versailles. La France ne peut pas nous forcer la main ni s'ingérer dans nos affaires. Mais, de toute façon, ce n'est pas son intérêt. Beaucoup d'hommes politiques ont une vision moderne du monde et comprennent que l'indépendance de Monaco ne peut que bénéficier à la France. Si la Principauté devient un petit Hong Kong, elle provoquera un afflux d'étrangers, avec leurs capitaux. Et nous parlons de véritables investissements. La plupart des banques monégasques disposent de réserves énormes et ces banques se tournent vers la France pour investir. C'est de l'argent frais qui arrive. Cela m'étonnerait que les Français aient envie de tout gâcher.»

En fait, l'évolution de Monaco en petit Hong Kong intéresse énormément Rainier.

«Mais il y aura des limites. Il faut acquérir la bonne réputation de Hong Kong, mais pas la mauvaise. Par exemple, je ne pense pas que Monaco puisse devenir un port franc. Nous n'avons aucune frontière, cela serait trop difficile à contrôler. Il y aurait trop d'abus. Quant aux banques, nous leur offrons divers avantages ici, mais elles sont strictement contrôlées. Nous ne voudrions pas que Monaco devienne un paradis bancaire comme les Caraïbes.»

Aujourd'hui, il y a trente-cinq banques à Monaco, mais elles sont intégrées au système monétaire français et sujettes aux règles édictées par la Banque de France. Cela pourrait bien changer en 1992. Si elles ont été si nombreuses à s'installer à Monaco, c'est parce que les banquiers estiment qu'à cette date la Principauté jouera un rôle important, en tant que porte ouverte sur le Grand Marché.

«Avec le développement des ordinateurs et des satellites, les agents de change n'ont plus besoin de rester à la City ou à Wall Street. Ils peuvent, comme beaucoup d'Italiens le font déjà, vivre à Monaco. Avec les communications modernes, il est inutile d'ouvrir un bureau minable à Amsterdam pour traiter avec vos clients. Tout peut se faire d'un balcon de Monte-Carlo. Et j'espère que, dans les années à venir, beaucoup de gens y penseront.»

10

Le chic de Monte-Carlo

Le 18 décembre 1933, la principauté de Monaco déclara la guerre aux Etats-Unis. Au Mississippi, plus précisément.

Une série de bons au porteur émis par l'Etat en 1830 avaient été placés dans des coffres, et oubliés pendant plus de quatre-vingt-dix ans, jusqu'à ce que les héritiers des premiers acheteurs les découvrent et décident de récupérer leur argent. Avec les intérêts, les bons, d'une valeur nominale de cent mille dollars, étaient montés à cinq cent soixante-quatorze mille trois cents dollars.

Mais le Mississippi refusait d'honorer l'emprunt depuis 1841.

Les porteurs voulurent intenter un procès, mais s'aperçurent qu'une telle action était impossible, car un Etat américain ne peut être poursuivi que par le gouvernement fédéral ou un pays étranger. Etant résidents étrangers de Monaco, les plaignants rencontrèrent le prince Louis II, à qui ils proposèrent 45% des revenus, si la Principauté assumait la propriété des titres et intentait un procès.

Monaco en demanda donc l'autorisation à la Cour Suprême des USA. Pourtant, le Mississippi ayant promulgué, en 1875, un amendement à sa constitution pour barrer la route à toute réclamation sur ce point, la Principauté devait d'abord prouver le caractère anticonstitutionnel du décret.

De plus, plusieurs Etats du Sud s'étant trouvés dans la même situation, un jugement en faveur de Monaco aurait ouvert les vannes. En fait, avec les intérêts, ces bons représentaient une valeur de plus de soixante-dix-huit millions de dollars. Avec une telle somme en jeu, les Américains redoutaient de voir ce genre d'affaires se multiplier.

Les avocats de Monaco avancèrent que le Mississippi avait là une belle occasion de se «libérer d'une dette qui entachait sa réputation».

Même le *New York Times* semblait pencher du côté des Monégasques. L'éditorial du 19 décembre 1933 déclarait que «le Mississippi devrait se montrer courtois avec un Etat qui ne doit rien aux Etats-Unis». Deux jours plus tard, ce même journal se demandait si finalement la solution ne serait pas de jouer l'affaire aux dés.

Un peu plus tard, dans le *Brooklyn Daily Express*, John Alden écrivit un pamphlet contre le Mississippi.

«Monaco, ce haut lieu de perdition,
Où l'on vogue vers l'enfer et la damnation,
Si pervers soit-il, est frappé par la grâce,
Car de toutes ses dettes s'acquitte de bonne grâce.»

La Cour Suprême américaine examina l'affaire en janvier 1934 et demanda au Mississippi de prouver que Monaco ne pouvait pas le poursuivre.

Les avocats de l'Etat firent valoir que Monaco n'était pas un Etat indépendant, puisque le traité de 1918 l'obligeait à exercer ses droits «en accord avec les intérêts navals, économiques et politiques de la France». Le ministère des Affaires étrangères français affirma pourtant que Monaco n'avait pas renoncé à ses droits propres.

La Principauté semblait partir gagnante. Pourtant, seule l'ultime bataille compterait. Le juge Hughes émit un arrêt disant que, tout comme les premiers propriétaires des bons, Monaco n'avait pas le droit de poursuivre le Mississippi sans le consentement de cet Etat, consentement qu'il refusait et ne donnerait jamais.

La guerre était terminée. Et, depuis, la Principauté a toujours été en paix avec les Etats-Unis.

On pénètre dans le plus célèbre casino du monde par des marches de marbre qui conduisent à un immense hall, avec un grand escalier de chaque côté.

L'opéra se trouve juste en face et les bureaux au premier. En bas, dans les ateliers, tous les matins, on rééquilibre les roulettes, on vérifie les boules et les râteaux.

Les jetons ont été conçus de manière à rendre toute contrefaçon extrêmement délicate, ce qui n'a pas empêché les gens d'essayer. Au cours de leurs six mois de formation, les croupiers apprennent à reconnaître les faux ainsi que la fausse monnaie de tous les pays et à repérer les tricheurs. Des inspecteurs en civil suivent eux aussi le déroulement du jeu, mais, comme Monaco est tout petit, on les fait régulièrement venir de l'étranger, pour que ni les joueurs ni le personnel ne puissent savoir qu'ils sont là.

On compte et on range l'argent dans une petite pièce, au bout d'un couloir si étroit qu'une seule personne peut y passer à la fois. Inutile de vouloir s'emparer du magot en coupant le courant, le casino possède son propre groupe électrogène. De plus, en appuyant sur un simple bouton, les croupiers peuvent faire disparaître la caisse dans une trappe donnant directement sur les coffres au sous-sol.

Il ne faut pas non plus oublier l'équipe des «physionomistes.» D'un regard vigilant, des hommes en smokings (mal coupés) s'assurent qu'aucun indésirable ne franchit les portes. Le plus célèbre est certainement M. Le Broq, qui affirmait avoir mémorisé plus de soixante mille visages, dont il pouvait nommer près de la moitié. Il savait qui laisser entrer et qui repousser, y compris les joueurs invétérés, qui s'étaient volontairement fait interdire, et, quelles que fussent leurs prières, supplications ou insultes, rien ne faisait oublier leur visage à M. Le Broq.

Les salles de jeu se trouvent à gauche du hall. Ce sont de grandes pièces, aux plafonds hauts, aux peintures extravagantes. Dans l'une d'elles, *Les Grâces florentines*, peintes par Gervais, dominent les tables de roulette et de chemin de fer et, dans l'ancien fumoir reconverti en bar, les nus du plafond de Gelleli tiennent des cigares entre leurs doigts.

Ces salles sont ouvertes au public. N'importe qui peut jeter cent francs sur le rouge, et hurler de joie s'il gagne. En fin d'après-midi, elles s'emplissent de petites vieilles qui laissent leurs commissions au vestiaire, de touristes qui mettent une heure à perdre cent francs et passent les deux suivantes à chercher un restaurant ou une pizzeria pour économiser dix francs sur le menu.

Ces petits joueurs ne verront jamais les plus belles des onze salles, car les salons privés sont réservés à ceux qui risquent – et perdent – gros en essayant de faire sauter la banque.

On n'y accède pas sans décliner son identité ni sans porter une tenue correcte – veston et cravate pour les hommes, robe pour les femmes. De plus, un prix d'entrée suffit à dissuader les touristes ordinaires.

Là, qu'on gagne ou qu'on perde, personne ne crie.

En fait, on dit que personne n'y élève jamais la voix depuis ce soir de 1950 où un Grec s'obstinait à miser sur le cinq. Les gros joueurs attirent toujours les foules et, bientôt, l'affluence fut telle que le croupier, un peu nerveux, lança par erreur la boule dans le même sens que la roulette. Le chef de partie remarqua l'erreur et fit arrêter le jeu. Le Grec s'en plaignit, refusa d'écouter la direction qui lui expliquait que c'était la règle et, furieux, reprit tous ses jetons. Et devinez quel chiffre sortit? Cet indicent lui coûta quarante mille dollars.

A ce prix, il se permit d'élever la voix!

C'est dans ces salons que les grands-ducs russes venaient jouer dans la seconde moitié du XIXe siècle quand ils choisirent Monaco pour chercher des hivers plus doux et de longs après-midi de loisir. Ils arrivaient avec des boîtes de pièces d'or et d'argent et, tant qu'il leur en restait, la partie continuait.

La princesse Souvorov, petite-nièce du général Souvorov, héros des guerres napoléoniennes, arriva à Monaco en 1869 avec des milliers de fiches cartonnées, classées par date, contenant tous les numéros sortis à la roulette dans l'Europe entière. Comme tout bon joueur armé de méthodes infaillibles, dès les premières heures, elle perdit trois cent mille francs.

Puis, comme par magie, son système sembla fonctionner.

Avant la fermeture, le lendemain matin, elle combla ses pertes initiales, et fit un bénéfice de sept cent mille francs. Elle répéta sa prouesse le lendemain, mettant le casino dans le rouge pour la deuxième fois. En fait, elle gagna pendant huit nuits consécutives, avant d'annoncer que cela lui avait suffisamment rapporté.

Afin de fêter l'événement, elle voulut donner la soirée la plus luxueuse jamais vue sur la Côte d'Azur. Pour sa liste d'invités, elle n'avait retenu qu'un seul critère : que les gens soient distrayants. Prince ou pickpocket, rentier ou escroc, peu lui importait tant qu'ils étaient de bonne compagnie.

Cela ne plut guère à François Blanc qui lui annonça poliment que l'hôtel de Paris ne pourrait accueillir sa soirée. Elle haussa les épaules et chercha un autre endroit. On lui parla d'une villa à vendre. Elle alla trouver l'agent immobilier et demanda à la louer pour une nuit. Mais celui-ci, au courant de ses intentions, refusa. «Très bien, dit-elle, je la loue pour le reste de la saison et je paie trois mois d'avance.» Elle promit également que les invités libéreraient les lieux pour huit heures du matin. Stupéfait, l'agent céda.

Les préparatifs de la fête prirent plusieurs semaines. La princesse fit venir un orchestre de Paris ainsi qu'un groupe de Budapest pour la musique tzigane, très en vogue à l'époque, engagea le chef de l'Hôtel de Paris pour la soirée et commanda mille caisses de champagne pour s'assurer que ses invités n'auraient pas soif.

Son carton d'invitation précisait qu'on pouvait amener qui on voulait, à condition que ce soient des gens sympathiques.

Le jour prévu, il arriva plusieurs centaines de personnes, que, pour la plupart, la princesse Souvorov ne connaissait pas.

A l'aube, alors que la réception battait toujours son plein, elle envoya un serviteur expliquer à l'agent qu'elle serait incapable de libérer les lieux en temps voulu. L'homme vint voir sur place, se rendit compte de l'étendue des dégâts et exigea que tout le monde s'en aille dans l'heure. Comme c'était impossible, la princesse résolut le problème en achetant la villa.

Apprenant la nouvelle, une actrice parisienne ôta son escarpin, le remplit de champagne et porta un toast à l'hôtesse – geste appelé à un grand avenir!

Peu après cette soirée mémorable, un certain Blanchard, perpétuel perdant au casino, longeait la promenade pour rejoindre les tables quand un pigeon en vadrouille s'oublia sur son chapeau. Cet après-midi-là, M. Blanchard gagna une petite fortune. Il refusa ensuite de retourner au casino tant qu'un autre pigeon ne recommencerait pas. Le fait se reproduisit et, là encore, il gagna. Mais, comme il ne parvint pas à s'assurer une fois de plus les services d'un oiseau bienveillant, il ne rejoua plus jamais à Monte-Carlo.

En 1891, Charles Wells arriva et devint mondialement célèbre: c'était l'homme qui avait «fait sauter la banque». Inventeur de la corde musicale, tombée dans l'oubli, mais très à la mode à Londres à l'époque, Wells eut un magnifique coup de chance et épuisa toutes les réserves de la table. Il s'installa donc à une autre et la fit fermer elle aussi. Dans la soirée, sa mise de quatre cents livres lui en avait rapporté quarante mille.

William Jaggers fit encore mieux. Cet ingénieur britannique arriva au début du siècle avec six assistants pour vérifier sa théorie selon laquelle la roulette parfaite n'existe pas, et que de petites imperfections feront sortir certains numéros plus souvent que d'autres. Après des mois de recherche, il passa quatre jours à jouer et... gagna un million cinq cent mille francs de l'époque.

Guillaume II tenta, lui aussi, de faire sauter la banque. Il arriva un jour sur son yacht, muni d'une méthode mise au point par un professeur de l'université de Heidelberg, qui avait misé tout son avenir sur le succès du souverain. Il se rendit au casino sur-le-champ, perdit une petite fortune et ne revint jamais. La carrière du professeur prit fin aussitôt.

Bien que les jetons soient la monnaie habituelle du casino, avant la Première Guerre mondiale, les joueurs préféraient les pièces d'or. Selon la petite histoire, un gentleman anglais perdit un jour un des boutons en or de la manche de son smoking. Le croupier le vit tomber par terre et demanda : «rouge ou noir?» Sans se rendre compte de l'incident, le gentilhomme répondit : «Rouge, toujours.» Il se leva avant que la roue ait fini de tourner et s'éloigna de la table. Le rouge dut sortir plusieurs fojs car, avec son bouton, on lui tendit vingt-cinq mille francs en pièces d'or.

Entre 1870 et 1901, le prince de Galles, fils de la reine Victoria, qui deviendrait un jour Edouard VII, vint tous les ans à Monaco, bien qu'un jour sa mère, traversant la Principauté, eût ordonné qu'on tire les rideaux de son carrosse, pour ne pas assister au spectacle de tant d'iniquité.

Sous divers pseudonymes, pour éviter d'attirer l'attention, Edouard ne voyageait qu'avec deux écuyers, son médecin, deux valets de pied et un majordome. Il jouait parfois au baccara, mais préférait se consacrer à ses deux passions, les femmes et la bonne chère.

Séjournant au Grand Hôtel, il se lia d'amitié avec César Ritz, le directeur, et son célèbre cuisinier, Auguste Escoffier. Grâce à l'influence d'Edouard, tous deux iraient ensuite travailler au Savoy de Londres.

On raconte souvent qu'un soir, alors qu'Edouard dînait au café de Paris avec une jeune femme nommée Suzette, on prépara un dessert spécial pour le couple, à base de crêpes très fines et de plusieurs liqueurs qui s'enflammèrent accidentellement. On donna aussitôt à ce plat le nom de la compagne du prince. Malheureusement, la création des crêpes Suzette est généralement attribuée à Monsieur Joseph, chef du Marivaux à Paris en 1897. Il succéda à Escoffier au Savoy, et c'est là que le dessert devint célèbre.

Il n'est pas surprenant que les deux compagnes les plus chères du prince aient été liées à Monaco. L'actrice Lily Langtry passait ses vacances avec lui et mourut dans la Principauté. Il y rencontra également, au cours d'une soirée, Alice Keppel.

Mais Monte-Carlo n'a jamais manqué de personnalités pour nourrir sa légende.

Milliardaire américain, M. Neal préférait son pistolet à la clochette traditionnelle de l'hôtel. Il tirait une fois s'il voulait être servi et deux, s'il avait besoin d'une femme de chambre. Il fit installer une lune artificielle qui brillait devant sa fenêtre. Il engageait régulièrement soixante à quatre-vingts personnes pour assister à un dîner qu'il se donnait lui-même à L'Hermitage. En échange de ce repas gratuit, elles devaient se lever et applaudir à son arrivée, écouter un discours et rire à ses plaisanteries.

James Gordon Bennett, pittoresque propriétaire du *New York Herald*, lança une édition parisienne de son journal (l'actuel *International Herald Tribune*) parce qu'il voulait vivre en France et avait besoin de s'occuper. Tout en gardant son pied-à-terre à Paris, il se rendit dans le Sud, mais à l'époque la Côte d'Azur était surtout fréquentée par des Européens. Pour attirer ses compatriotes et avoir de la compagnie, il publia une rubrique consacrée à la Côte d'Azur. Avant la fin de la décennie, les Drexel, les Biddle et les Vanderbilt figuraient parmi ses invités.

Bennett régalait souvent ses hôtes au café Riche de Monte-Carlo, car il aimait dîner sur la terrasse. Mais un jour on lui annonça que l'on n'y servait plus que des cocktails. Malgré ses protestations, la direction ne voulant rien savoir, il opta pour une autre solution, acheta le café, renvoya le directeur, et confia la gérance à Ciro, son garçon préféré. Bennett cita si souvent Ciro dans ses colonnes que, très vite, il ouvrit des restaurants dans toute l'Europe.

Joueur invétéré, le magnat de l'acier J.P. Morgan demanda à Blanc que la limite des mises dans les salles privées soit portée de douze mille à vingt mille francs. Blanc refusa et Morgan sortit, furieux, criant qu'il n'allait pas perdre son temps pour des sommes aussi ridicules.

Les confrères de Morgan, comme Charles Schwab, président de Carnegie Steel, s'amusaient beaucoup à Monaco. En apprenant que son ami avait passé une nuit de débauche, Morgan lui fit la morale en lui disant qu'une telle conduite était indigne de lui.

«Je commets mes péchés ouvertement, pas derrière des portes fermées», répondit Schwab. Sur ce, Morgan s'emporta : «Mais c'est à ça que servent les portes!»

Effectivement, elles ne manquent pas à Monte-Carlo. Il y a même un passage secret.

A l'hôtel de Paris, arrêtez-vous devant la statue de bronze de Louis XV monté sur un grand cheval, dont le museau et la patte avant sont toutes brillantes des caresses de millions de mains venues toucher ce porte-bonheur, puis tournez à gauche et allez jusqu'au coin de la façade. Une jolie porte de bronze ornée d'un miroir dissimule un ascenseur, qui donne sur un tunnel traversant la rue. De l'autre côté, un deuxième ascenseur vous conduit au casino. C'est Onassis qui a fait construire ce tunnel pour qu'on ne voie pas les clients se diriger vers les tables les poches pleines et rentrer la larme à l'œil.

A Monaco, les femmes ne sont pas en reste. Ilona, une jeune Grecque aux cheveux d'ébène, s'installa dans la suite de l'Hôtel de Paris, entièrement payée par un certain Aubrey, un Anglais, qui l'utilisait pour faire chanter l'empereur d'Autriche, François-Joseph.

Mais celui-ci, qui venait souvent à Monaco sous prétexte de voir l'impératrice Elisabeth, la fameuse Sissi, préférait passer son temps à éviter son épouse pour courtiser ses nombreuses maîtresses. Cette fois, il était avec une charmante blonde, connue sous le nom de Gussy. Il s'écoula plusieurs semaines avant qu'Ilona réussisse à voir le prince en tête-à-tête. Là, Aubrey se précipita dans la chambre, dans le rôle du mari jaloux. François-Joseph repartit en toute hâte dans son pays, avec Gussy au bras et Aubrey sur les talons.

Si l'empereur ne pouvait pas faire grand-chose à Monte-Carlo, une fois la frontière autrichienne franchie, il en allait tout autrement.

Il fit aussitôt arrêter Aubrey, qui languit en prison pendant six mois tandis que François-Joseph reprenait ses agapes monégasques.

Modèle à Paris, la Hollandaise Gertrud Margarete Zelle vint à Monte-Carlo présenter des spectacles de danses «exotiques». Coqueluche de Paris et Berlin, on la connaissait surtout par son nom de scène, Mata-Hari, qui signifie lever du soleil en malais.

Entre 1907 et 1915, maîtresse de chefs de renseignements allemands et de ministres français, elle se lança dans l'espionnage.

Une nuit, au casino, accusée par un agent à qui elle avait volé des papiers l'après-midi même, il y eut un drame. Apparemment, l'homme essaya de se jeter sur elle. Mata-Hari sortit un pistolet de son sac et tira. Tous les témoins affirmèrent que c'était un cas de légitime défense et ne surent jamais qu'il voulait simplement récupérer les papiers dissimulés dans son corsage.

Pourtant, la plus célèbre des habituées de Monaco fut sans doute Caroline Otero, gitane espagnole qui épousa un baron italien à l'âge de quatorze ans et vint passer sa lune de miel à Monaco. Après que son époux eut perdu tout son argent au casino, elle s'approcha d'une table, déposa un des boutons d'or de sa robe sur le rouge, la couleur sortit vingt fois de suite, et ils repartirent avec une petite fortune.

Très vite, elle dépensa l'argent, se débarrassa du mari et se lança dans une remarquable carrière de *grande horizontale*.

Un de ses admirateurs allemands, comptant parmi les hommes les plus fortunés au monde, était aussi l'un des plus laids. Toujours fière de se montrer à son bras, *la Belle Otero* disait à ses amis: «Un homme aussi riche ne peut pas être laid.»

Elle se retira définitivement à Monte-Carlo en 1922, à quarante-cinq ans, avec une fortune de près de vingt millions de francs. Malheureusement, elle dilapida l'essentiel de sa fortune aux tables et mourut dans la misère à Nice.

Les suicides sont partie intégrante du passé de Monaco. Même la grande Sarah Bernhardt tenta de mettre fin à ses jours après avoir perdu ses derniers cent mille francs. Rentrant dans sa chambre à l'Hôtel de Paris, elle prit une dose massive de barbituriques et ne fut sauvée, à la dernière minute, que par un de ses amis, qui vint la voir par hasard et appela immédiatement le médecin.

Le suicide le plus célèbre est celui de ce jeune homme qui, après avoir tout perdu, alla se tirer une balle dans le cœur sur le rocher surplombant la mer. Le garde de sécurité le trouva dans une mare de sang, le pistolet encore fumant à côté de lui. Pour éviter le scandale, le directeur lui fourra un paquet de billets de mille francs dans la poche.

Le portefeuille ainsi regarni, le jeune homme se leva, ôta la poussière de son costume et retourna jouer.

Bien que, comme la plupart des casinos, Monte-Carlo cherche toujours à éviter le scandale, l'histoire du vrai-faux suicide souvent racontée n'est qu'une nouvelle d'Alexander Woolcott.

Les festivals et les musées de Monaco attirent eux aussi de nombreux touristes. Tous les ans, il y a un festival de télévision, de danse et surtout, le festival du Cirque.

Créé en 1975, par Rainier, qui adore ce genre de spectacle, il rassemble des artistes de renommée internationale et attribue l'«oscar» du cirque.

Il y a, bien entendu, le Musée océanographique du prince Albert et son célèbre aquarium, le Musée national et sa magnifique collection d'automates, de maisons et de poupées anciennes, ainsi qu'une collection moderne, vêtues des répliques des tenues de la princesse Grace, dont sa robe de mariée.

Le zoo du Prince est ouvert au public et les jardins botaniques offrent une des plus belles collections de plantes exotiques d'Europe.

La Principauté organise également des tournois de tennis, de golf, ainsi que des courses de voitures anciennes, mais les plus grandes attractions restent encore le Grand Prix et le bal de la Croix-Rouge. C'est à ce moment qu'arrive toute la haute société.

Le Grand Prix de Monaco se veut la plus grande course de Formule 1 du monde entier. Et même si ce n'est pas le cas, c'est sans aucun doute la plus connue.

En fait, ce sont deux événements majeurs. Il y a la course – et la célébration de cette course – qui constitue l'une des attractions touristiques les plus importantes.

Les pistes de l'aéroport de Nice ne voient jamais autant d'avions privés que durant le week-end du Grand Prix, le port de Monaco n'abrite jamais autant de yachts. On ne rencontre jamais autant de visages connus au bar de l'hôtel de Paris.

Les roulettes tournent du crépuscule à l'aube, des fortunes se jouent.

Les hommes qui estiment faire partie de la haute société internationale assistent au Grand Prix avec leur épouse ou leur maîtresse et les femmes en compagnie de leur époux, ou de celui de quelqu'un d'autre.

Ils quittent leurs suites en masse pour se rendre dans leurs tribunes privées autour de la place du Casino, où, deux heures durant, ils se bouchent les oreilles avec du coton hydrophile pendant que de grands enfants, dans des jouets valant des millions de dollars, tournent sur la piste en essayant de ne pas se faire tuer. Ensuite, toujours en masse, ils se dirigent vers le bar, car le but de cet événement sportif est plus de se faire voir que de discuter soupapes et adhérence des pneus.

Tous les ans, donc, l'Automobile Club de Monaco, à l'origine de cet événement, verse quinze millions de francs à l'association de Formule 1 pour avoir le droit d'organiser la course et vingt-cinq à trente millions de plus pour la mettre sur pied.

Les deux heures de la finale reviennent à six mille francs la seconde.

Les gens viennent pour toute la semaine, bien que les festivités ne s'ouvrent officiellement que le jeudi soir, et il y a pléthore de déjeuners, dîners, soirées dans les salons et sur les yachts. Le dimanche après-midi, lors de la finale, plus de cent mille personnes se pressent dans les rues et sur les balcons.

Tout pose problème : téléphone, électricité, nourriture, boisson, souvenirs, cartes postales... Il y a tant de monde qu'il devient presque impossible de se déplacer. Pendant quelques jours, Monaco vit dans une sorte d'état de siège.

Le Grand Prix, qui a eu lieu pour la première fois en 1929, n'a pas toujours suivi le même parcours, mais s'est toujours déroulé dans les rues de Monte-Carlo. Aujourd'hui, le circuit de 3,312 km commence au port, grimpe la colline jusqu'au casino, passe devant l'hôtel de Paris, tourne autour de la place du Casino, redescend de l'autre côté vers l'hôtel Loews, poursuit jusqu'à la mer, traverse le tunnel sous le Loews, contourne la piscine et retourne à la ligne de départ.

Selon le règlement international, les courses de Formule 1 au cours desquelles vingt-six voitures sont engagées ne peuvent durer plus de deux heures, ce qui correspond généralement à soixante-quatorze ou soixante-dix-huit tours, selon les conditions de la route. La pluie ralentit considérablement l'allure, tandis que le beau temps permet une vitesse maximale.

Le Grand Prix le plus difficile à organiser fut certainement celui de 1968. Influencés par la révolte étudiante en France, les grévistes coupèrent l'électricité et érigèrent des barricades pour empêcher la tenue du Grand Prix. Les organisateurs parvinrent à grand-peine à faire courir les concurrents en faisant livrer l'essence dans des camions de lait.

Contrairement aux autres événements sportifs où les chronomètres enregistrent les records mondiaux, il n'y a rien de tel en Formule 1. Le meilleur temps ou la vitesse maximale ne signifient pas grand-chose à Monte-Carlo, car le parcours n'est jamais exactement le même d'une année sur l'autre; et, de plus, les véhicules se sont considérablement modifiés au fil des ans.

En fait, il est difficile de savoir quelle a été la plus grande course de toute l'histoire de Monaco. Demandez à dix aficionados et vous aurez douze réponses différentes. Ceux qui ont bonne mémoire vous diront que c'est celle de 1933, où Archille Varzi, sur sa Bugatti 51, et Tazio Nuvolari, sur une Alfa Romeo Monza, ne cessèrent de se voler la première place pendant toute la course : Varzi ne prit la tête qu'au dernier tour quand la voiture de Nuvolari brûla.

Ceux qui n'étaient pas là pour le voir affirmeront qu'il s'agit de celle de 1981. Tout au début de la course, la Tyrell de Derek Dally grimpa sur la voiture qui la précédait, retomba et passa par-dessus deux autres concurrents avant de se retourner. Par miracle, personne ne fut blessé, mais le film de l'accident fut projeté dans le monde entier pendant plusieurs mois.

Malheureusement, ce sont les accidents qui restent le mieux gravés dans les mémoires.

En 1950, cinq voitures entrèrent en collision dans un virage, déversant trois centimètres d'essence sur la piste.

En 1955, Alberto Ascari rata un virage et tomba à la mer. L'équipe de sauvetage le repêcha sain et sauf, mais il mourut trois jours plus tard, lors des essais pour le Grand Prix d'Italie de Monza.

C'est lors du Grand Prix de 1967 que se produisit le seul accident mortel survenu jusqu'à ce jour. Lorenzo Bandini, à la suite d'un mauvais changement de vitesse, manqua une chicane et se jeta droit dans la barrière où sa voiture explosa.

Depuis sa mort, les normes de sécurité ont été renforcées. A l'époque, Bandini ne portait même pas de ceinture.

Aujourd'hui, en plus de sept garde-fous disposés à des endroits clés, six cent trente agents de surveillance, cent pompiers, cinquante réanimateurs, cent médecins, deux cents infirmiers et cinquante paramédicaux fournis par l'armée de l'air française assurent la sécurité.

Cinquante maîtres chiens et leurs bêtes, cinq cents policiers anti-émeutes, les quatre-vingt-cinq carabiniers et le contingent des quatre cent cinquante policiers de Monaco veillent sur la foule.

Relié en permanence par radio avec les agents de surveillance, le centre de contrôle ressemble à une tour de la NASA. Trente-deux caméras couvrent la totalité du circuit, émettant à la fois sur des moniteurs individuels et sur un grand écran qui peut accueillir les images de n'importe laquelle d'entre elles. Avec l'assistance d'un ordinateur, une immense carte donne la position exacte de tous les membres de l'équipe de sécurité ainsi que de toutes les voitures.

En comptant les organisateurs, le personnel de l'Automobile Club, plus de trois mille deux cents personnes s'occupent de la mise en place de cet événement.

En plus de trois cents techniciens de la radio et de la télévision, près de mille journalistes couvrent la course.

Pendant des années, le Grand Prix fut le lieu de rendez-vous de tous les pickpockets du monde. Petit à petit, la police et les organisateurs ont réussi à les éliminer, et dès qu'il s'en montre un on le raccompagne sur-le-champ à la gare. Des inspecteurs en civil patrouillent parmi la foule et, malgré les cent mille spectateurs, il n'y a guère plus de quatre ou cinq arrestations. D'ailleurs, les bagarres et l'ivresse sur la voie publique sont excessivement rares. Les foules de Monaco n'ont rien de commun avec les hooligans anglais.

«Ce qui est exceptionnel à Monaco, dit Stirling Moss, c'est l'ambïance et les exigences particulières du circuit. Il est assez sûr, mais parsemé de pièges. C'est un endroit magnifique, qui a beaucoup de personnalité, et le public est très proche. Ils sont pratiquement dans la voiture. Ils vous voient et on les voit. Quand je courais, je n'oubliais jamais de regarder une jolie fille, avec un rouge à lèvres très pâle, qui s'installait toujours devant chez Oscar; chaque fois que je passais devant elle, je lui envoyais un baiser. Ces choses-là ne sont possibles qu'à Monaco.»

Moss participa au Grand Prix de 1950 à 1961 et gagna trois fois, sur Maserati 250 F, en 1956, et, en 1960 et 1961, dans une Lotus Climax 18.

«Ce n'est pas seulement éprouvant physiquement, c'est exténuant mentalement. On ne peut jamais se détendre. Comme il est difficile de passer dans les rues étroites – et c'est sûrement pire aujourd'hui car les voitures sont plus larges –, c'est surtout une course de stratégie. Comme il faut toujours changer de vitesse, freiner, accélérer à fond et ralentir, on ne peut pratiquement jamais doubler. Il faut être prêt à foncer dès qu'il y a une ouverture. A Monaco, pour gagner, il faut réfléchir.»

Jackie Stewart, qui, lui aussi, a remporté trois fois le Grand Prix, partage la même opinion.

«Contrairement aux autres, c'est une course assez lente, les risques sont donc limités. A la sortie du tunnel de l'hôtel Loews, vous pouvez monter à deux cent quatre-vingts kilomètres heure, mais pas très longtemps, car il y a un changement de vitesse juste après. En fait, sur le parcours, il y en a de vingt-huit à trente-quatre. A l'époque, c'était exceptionnel, mais plus maintenant. Certains circuits sont aussi difficiles. Quand même, comme il faut une centaine de secondes pour faire le circuit, cela fait un changement de vitesse toutes les trois secondes.»

Ce qui en donne plus de deux mille cent en une course de soixante-quinze tours.

«C'est une course très éprouvante. Même les pilotes expérimentés la trouvent difficile. Il y a beaucoup d'arrêts, démarrages, coups de freins, accélérations. Cela se sent dans la nuque et les muscles du dos. Comme c'est une épreuve assez lente, la fiabilité de la machine compte beaucoup. On rencontre vite des problèmes de transmission, avec tous ces changements de vitesse. Et puis, comme cela se déroule dans des rues, il y a des trous couverts de macadam, des grilles d'égout, ce qu'on ne trouve pas en circuit. Si bien qu'on s'aperçoit de défauts mineurs, dont on ne se serait jamais rendu compte, disons, à Silverstone. Et même si la chaleur est moins torride qu'à Rio, parfois, il fait très chaud. C'est un Grand Prix ardu, mais c'est très agréable de le remporter. Tout le monde veut le gagner. Si cela ne m'était jamais arrivé, il me manquerait quelque chose.»

Stewart remporta le Prix de Monte-Carlo pour la première fois en 1966 sur une BRM P261, la voiture qui avait fait gagner Graham Hill les deux années précédentes. Il récidiva en 1971 et 1973 au volant d'une Tyrell Cosworth.

«Ici, c'est très différent d'un circuit, car au cours de ce week-end il est presque impossible de se déplacer dans la Principauté. Les mécaniciens sont dans un hôtel, les chauffeurs et l'équipe dispersés un peu partout. Les routes sont fermées et la circulation est un vrai cauchemar. Il est pratiquement impossible d'aller où que ce soit. Les taxis sont introuvables. C'est une prouesse de traverser la rue.

J'ai toujours été à l'hôtel de Paris, et le seul moyen d'aller au garage, c'est à scooter ou à moto. Pour les coureurs et l'équipe, c'est un peu frustrant. La plupart des circuits ont des stands fixes pour y mettre les voitures la nuit. A Monte-Carlo, les mécaniciens sont obligés de travailler dans les camions de transport. Sur le plan logistique, c'est infernal.»

Pourtant, la course tient une place importante sur le calendrier.

«En Europe, Monaco est l'un des premiers Grands Prix de la saison. Et puis, c'est aussi une grande opération publicitaire. Si je rate ma campagne auprès des P-DG et des cadres des multinationales que j'ai réussi à attirer à Monte-Carlo, la cause est perdue!»

Pour Stewart, Monte-Carlo incarne l'essence même du Grand Prix.

«A l'origine, une course de voitures se déroulait autour de la ville, ou d'une ville à l'autre. En courant dans les rues de Monte-Carlo, on remonte aux sources. Et puis, c'est le Grand Prix le plus prestigieux qui soit, à cause de la Méditerranée, de la Côte d'Azur, des hôtels, des restaurants et des femmes. Si l'on pense à ce que représente d'ordinaire un Grand Prix, on dit : c'est excitant, c'est merveilleux et très coloré. Monaco représente tout cela. »

En grande partie, lui semble-t-il, grâce au public très particulier.

«La famille royale compte pour beaucoup. C'est l'ingrédient indispensable, qui rend l'ensemble parfait. Ils suivent la course, ils en sont partie intégrante. Des membres de la famille royale d'Angleterre assistent tous les ans au Grand Prix d'Angleterre, mais rarement Sa Majesté. Le Premier Ministre australien vient à Adélaïde, mais ce n'est jamais la même chose qu'un souverain. Et il ne faut pas oublier que c'est le public le plus riche du monde. Tous les gens qui ont un nom viennent assister à la course. Ça se passe tout de suite après le festival de Cannes et il reste beaucoup de vedettes. Les Européens sont là, les Américains aussi. Les Sud-Américains arrivent, juste après le carnaval de Rio. Ils ont des yachts ou une suite à l'hôtel de Paris. Ils assistent au gala du Sporting. Ils mangent chez Rampoldi. Certains sont invités au Palais le samedi soir. La Côte d'Azur est encore belle, pas comme en juillet ou en août, quand tous les touristes débarquent. L'herbe est verte, pas encore piétinée, ni grillée par le soleil. Les gens reviennent de leurs vacances d'hiver à Saint-Moritz, Gstaad, Vail ou Aspen, et ils en profitent pour assister au Grand Prix. Avoir une suite à l'hôtel de Paris, c'est un passeport qui vous ouvre toutes les portes.»

Le deuxième événement d'importance est le célèbre bal de la Croix-Rouge, en août, qui n'a aucun autre équivalent en Europe.

Le spectacle ne tient pas seulement à la qualité des vedettes, il est aussi dans la salle, où des vêtements chatoyants s'ornent de bijoux somptueux. C'est peut-être la seule nuit où les gens qui possèdent de grosses fortunes les affichent ouvertement.

Dire qu'il y a soixante-quinze ou cent millions de dollars en or et pierres précieuses serait impossible. On pourrait aussi bien doubler l'évaluation sans être taxé d'exagération.

Le bal de la Croix-Rouge fut institué par Rainier à la fin des années 40. Pendant quelques années, la soirée de gala fut animée par des artistes européens et quelques vedettes américaines – ainsi, en 1954, une jeune chanteuse nommée Ella Fitzgerald.

Tout changea en 1956, à l'arrivée de la princesse Grace. Elle reprit la présidence de la Croix-Rouge et donna au bal une stature qu'il était loin de posséder.

Elle comprit que, bien que le gala brasse des sommes d'argent impressionnantes, il devait toujours avoir un impact populaire. Quelques semaines avant le concert de Frank Sinatra, un de ses amis vint la trouver en lui disant: «Vous devriez augmenter le prix des billets. C'est un bal de charité, et personne n'attire autant les foules que Frank.»

Grace refusa. «Si nous augmentons, certaines personnes que j'aime beaucoup n'auront plus les moyens de venir.»

Grace veillait également au spectacle proprement dit. Au milieu des années 70, la vogue du top-less finit par atteindre Monaco. Tandis que les femmes pouvaient sans souci renoncer à leur soutien-gorge sur les autres plages de la Côte, cette pratique n'était guère appréciée à Monaco, surtout parce que Grace la trouvait inutile.

Pour le bal Rose de 1975, le producteur André Levasseur bouscula les traditions et introduisit, dans sa revue, des danseuses aux seins nus. Monaco devait se mettre à l'école du Moulin Rouge et des Folies-Bergère, où c'était devenu une tradition. Grace n'était pas convaincue; cela l'ennuyait, mode ou pas. Mais, si elle protestait trop vigoureusement, elle savait que la presse sauterait sur l'occasion et rendrait la situation plus pénible encore.

Elle fit preuve de son tact habituel et demanda que les danseuses ne soient pas top-less à l'occasion du bal, car cela ne serait guère approprié. Levasseur hésita, mais Grace remporta la victoire en précisant : «Après tout, c'est une soirée très habillée. »

Depuis 1974, date de l'ouverture du nouveau Summer Sporting, le bal de la Croix-Rouge s'y déroule, dans la salle des Etoiles.

Elle se trouve au centre d'un complexe de discothèques et de restaurants et d'un casino qui donne sur une petite péninsule de lumières colorées et de buissons exotiques qui poussent sur la plage de Monte-Carlo. Par beau temps, on ouvre le toit et l'on fait coulisser les parois, si bien que l'on dîne à la belle étoile.

Par temps clair, le spectacle est magnifique.

C'est beaucoup moins spectaculaire sous la pluie, surtout si le toit est encore ouvert.

C'est pourtant ce qui se produisit lors d'un des premiers galas. Une petite bruine se mit à tomber, et le mécanisme du toit se grippa. Quelques mises en plis luxueuses n'y survécurent pas; mais cela fait partie du jeu, car cela se produisait aussi au vieux Sporting.

Ce soir-là Jane Powell était en scène. Un gros nuage survint et déversa des trombes d'eau sur le public. Tout le monde alla s'abriter, sauf Rainier et Grace qui ne bougèrent pas d'un pouce. Des garçons se précipitèrent vers eux avec des parapluies et le couple resta assis à sa place, par respect pour Jane Powell qui chantait et faisait des claquettes dans deux centimètres d'eau.

En raison de la disposition particulière de la salle des Etoiles, on ne pénètre pas dans la pièce, on y fait son entrée. La grande porte s'ouvre sur la scène, où des marches permettent de descendre sur la piste.

Plus tard, quand le spectacle commence, la scène s'avance jusqu'au pied des tables, parfaitement alignées, telles les tombes d'un cimetière militaire, et qui s'étirent jusqu'aux terrasses de la pièce légèrement en espalier. Sur les nappes impeccables, la table est dressée : quatre couteaux, deux fourchettes, une cuillère et deux verres. La salle peut abriter mille convives, du moment qu'on ne craint pas de heurter son voisin du coude.

Les billets se vendent actuellement environ cinq mille francs, pour le dîner-spectacle. Ce n'est pas excessif, comparé aux prix des dîners de la fondation de la princesse Grace à Los Angeles, qui peuvent atteindre le double.

Même ainsi, cela ne couvre pas les frais de la soirée, qui atteignent un million de dollars. La SBM subventionne l'événement et, ces dernières années, a toujours offert à la Croix-Rouge une contribution d'au moins 1,2 million de francs.

De toute façon, le bal, cela signifie hôtels, bars et casino bondés, si bien que la SBM fait toujours des bénéfices.

Certains des artistes sont payés, d'autres se produisent gratuitement. Frank Sinatra, par exemple, n'a jamais rien demandé, mais a toujours acheté ses billets pour lui, sa femme et quelques amis. Mais, même s'ils viennent à titre gracieux, les artistes coûtent cher. Paul Anka avait exigé des effets spéciaux de lumières qui avaient coûté soixante mille dollars de projecteurs à la SBM.

C'est sans doute André Levasseur, producteur du gala depuis 1954, qui connaît le mieux les dessous du spectacle.

«Onassis a accompli un énorme travail de relations publiques. Il a attiré des gens importants. Il a dépensé beaucoup d'argent pour le spectacle. Même si le vieux Sporting ne pouvait accueillir que six cents personnes, il avait son charme, avec son immense terrasse qui donnait sur la mer. Mais, vers le milieu des années 50, il s'est démodé. Et il y avait beaucoup de problèmes acoustiques. Si l'on était un peu loin, on n'entendait rien et les chanteurs n'appréciaient guère cette situation. Un jour, Judy Garland est venue et a déclaré à Onassis : «Je ne chanterai jamais dans un lieu pareil; je ne chanterai jamais en plein air.» Le nouveau Sporting est plus grand que l'ancienne salle, mais ce n'est rien comparé à certaines salles de Las Vegas, comme le Caesar's Palace ou le Sands. Les artistes préfèrent Monaco, qu'ils trouvent plus intime.»

Pourtant, ils ne sont pas toujours satisfaits du public.

«Celui de Monte-Carlo est trop gâté. On lui offre· les plus grands noms d'Europe et des Etats-Unis, mais il a la réputation d'être très difficile. Dans le monde du show-business, on raconte que les femmes de Monte-Carlo ne peuvent pas applaudir, à cause de tous leurs bijoux. Mais les artistes non plus ne sont pas toujours faciles.»

Le mauvais caractère de Sinatra est légendaire.

Lors de sa première apparition, en 1980, il demanda qu'on ajoute des tables sur la piste pour pouvoir accueillir plus de gens. Il voulait que l'orchestre occupe toute la scène, puis déclara qu'il ne voulait pas que les danseuses fassent leur numéro, pour avoir son one-man-show.

Levasseur alla trouver Grace, qui expliqua au chanteur qu'on ne pouvait pas mettre l'orchestre là où il le voulait, car c'était par là qu'entrait le public. Elle lui dit également que la tradition voulait qu'on laisse libre la piste de danse afin qu'elle et Rainier puissent ouvrir le bal.

Finalement, Sinatra céda sur tout, sauf sur les danseuses. Le bal de la Croix-Rouge serait celui de Sinatra.

La troupe, qui avait monté toute une revue, était furieuse.

Les danseurs dirent à Levasseur de demander à Sinatra si cela ne le gênait pas d'empêcher les autres de travailler et s'il n'avait pas oublié ses débuts.

De nouveau, Grace intervint. Elle s'excusa auprès d'eux et invita, le lendemain, toute la compagnie à un cocktail au Palais autour de la piscine.

«Les Américains arrivent toujours fusil au poing, poursuit Levasseur. Ce sont les plus exigeants de tous, mais aussi les plus professionnels. En Europe, nous avons un tempérament différent, cela nous donne mauvaise réputation chez eux. Ils nous croient incapables de faire les mêmes choses qu'eux. Ce n'est que lorsqu'ils ont travaillé ici une fois ou deux, et compris qu'ils obtiendraient tout ce qu'ils voulaient, qu'ils nous font confiance. Ça les rassure. Lors de sa deuxième apparition, Sinatra a été beaucoup plus compréhensif et, la troisième, il n'y a pas eu le moindre problème. Il savait que nous étions des professionnels et qu'il pouvait compter sur nous.»

Par amitié pour Rainier, Sinatra vint avec Sammy Davis Jr pour le bal de 1983, sans doute le plus délicat de tous, car il suivait la mort de Grace.

Comme Caroline savait qu'on pouvait compter sur lui, elle lui téléphona quelques années plus tard, quand Liza Minelli annula sa participation à la dernière minute à cause d'une extinction de voix. Cette année-là, il monta sur scène avec Elton John.

Sans conteste, ce furent ces trois apparitions de Sinatra qui attirèrent le plus large public.

Pourtant, le bal qui restera dans les mémoires comme le plus magique de tous est celui de 1974, année où Sammy Davis Jr fit faux bond.

Il se sentait vexé, car on avait donné la veille au Palais un dîner auquel il n'avait pas été convié. Ensuite, il eut une dispute avec les gens de la SBM. Il décida de tout laisser tomber et s'embarqua pour Saint-Tropez sur le bateau d'un ami.

A neuf heures du soir, alors que les convives arrivaient, il n'y avait toujours aucune solution de rechange.

Regardant autour de lui, l'un des directeurs de la SBM proposa qu'en dernier recours on fasse appel aux vedettes qui remplissaient la salle.

Ils remarquèrent Bill Cosby qui monta sur scène en disant : «Ils m'ont demandé de remplacer Sammy parce qu'ils trouvent que je lui ressemble.»

On posa la question à Burt Bacharach, qui accepta lui aussi.

On espérait que Liza Minelli chanterait, mais elle déclina.

Ce fut ensuite qu'on aperçut la légendaire Joséphine Baker.

Le directeur de la SBM alla voir la fille de Saint Louis (Missouri) et lui demanda gentiment si elle ne voudrait pas chanter quelques chansons.

– J'en serais très heureuse, répondit-elle, mais je n'ai pas de musiciens. Ce serait différent si mon pianiste était là, mais il est parti dîner.

– Si nous envoyons une voiture le chercher maintenant, est-ce que vous accepteriez?

– Oui, bien sûr.

– Fantastique, où est-il allé?

– Il a réservé au Nautic.

– Parfait, s'exclama le directeur, lequel?

– Je ne sais pas, le Nautic.

Le problème, c'est que, dans tous les villages de la Côte d'Azur, il y a un restaurant appelé le Nautic et que les villages ne manquent pas.

La SBM envoya donc des voitures à tous les Nautic entre Menton et Cannes, jusqu'à ce qu'on retrouve le pianiste.

Le spectacle reprit et Joséphine Baker conquit le public.

«Elle était en fin de carrière, dit Levasseur, mais elle a été fantastique. Absolument incroyable. C'est sans doute le meilleur spectacle que j'aie jamais vu à un bal de la Croix-Rouge. Et j'a rarement entendu le public applaudir autant. Ce fut l'un de ses plus grands triomphes.»

A tel point que Levasseur l'encouragea à reprendre le spectacle à Paris.

Pour son retour à la scène, Joséphine Baker se produisit dix-sept fois devant des salles bondées. Ce fut son dernier salut. Elle mourut deux jours plus tard.

11

Grace

Lors d'une soirée parfaite, il y a très longtemps, Grace, en grande conversation avec un ami, traversa la pelouse impeccable pour se diriger vers le rocher surplombant la mer.

La lune se reflétait à la surface des eaux. Au loin, on entendait les violons. Comme elle s'éloignait, des hommes en smoking blanc et des femmes en robes longues, qui parlaient à voix basse en buvant du champagne et en mangeant quelques canapés, se dirigèrent presque inconsciemment du même côté et formèrent bientôt un demi-cercle autour d'elle, face à la mer.

Puis, progressivement, comme si quelqu'un baissait le son, toutes les conversations se turent, jusqu'à ce qu'on n'entende plus que sa voix.

Quelques instants s'écoulèrent. Consciente d'une présence, Grace se retourna et vit que tout le monde l'admirait.

Elle eut un geste de surprise, puis tapa dans ses mains, guida les invités vers la plage, leur proposa d'aller nager et entraîna tout le monde dans l'eau.

Grace était vraiment une ensorceleuse.

Les Monégasques avaient accueilli Grace avec chaleur. Ils se réjouirent du mariage. Ils applaudirent la jeune mariée et lui dirent qu'elle était leur princesse.

Mais, au fond d'eux-mêmes, ils restaient méfiants.

Les vieilles femmes toujours vêtues de noir qui, baguette sous le bras, traversaient les rues étroites du Rocher, ne comprenaient pas ce qu'une étrangère venait faire là.

Malgré ses efforts pour apprendre le français et se faire comprendre, elle parlait encore assez mal et les vieilles femmes vêtues de noir se demandaient si Monseigneur n'aurait pas mieux fait de trouver une épouse à Monaco. Leur xénophobie naturelle, renforcée par des siècles d'invasions, y compris le flot incessant de touristes, les amenait à penser qu'il y avait bien assez de jeunes femmes en France, non?

Inutile de le préciser, la mentalité des Monégasques est très particulière. Comme dans toutes les petites villes où les gens serrent les rangs pour se protéger des intrus, les jalousies mesquines vont bon train.

«Au début, raconte Nadia Lacoste, les gens la montraient du doigt en disant, c'est Grace Kelly. Il a fallu quatre ou cinq ans avant qu'ils commencent à l'appeler la princesse Grace. Il n'y a plus qu'aux Etats-Unis qu'on dit encore Grace Kelly.»

Consciente de ce qu'elle devait affronter, elle fit tout pour renoncer à son ancienne image et devenir la princesse de Monaco.

«J'avais beaucoup de problèmes quand je suis arrivée ici, expliqua-t-elle un jour. D'abord, je ne parlais pratiquement pas français. Je ne connaissais que ce que j'avais appris en classe. Vous savez, "la plume de ma tante!». J'ai eu beaucoup de mal. Mais le plus difficile, c'était de redevenir quelqu'un de normal, après avoir été actrice si longtemps.»

Apprendre son nouveau métier ne se fit pas en un clin d'œil.

«C'était une tâche très délicate et j'ai dû apprendre pas à pas. Heureusement, le Prince m'était d'un grand secours, il était toujours très patient. Mais il y a quand même eu des moments difficiles. J'ai été enceinte tout de suite. Personne ne le savait, mais, au début de ma vie de princesse, j'étais sans cesse malade. Cela ne m'a pas arrêtée, c'est mon sang irlandais. Je sais rire de moi, cela m'a beaucoup aidée. C'est un don que je n'échangerais contre aucun autre.»

Comme, pour se faire accepter, Grace devait se montrer, elle refusa de se cloîtrer dans le Palais et sut imposer sa présence. Rien ne fut aisé, mais, petit à petit, surtout après la naissance de Caroline et d'Albert, on la vit de plus en plus.

Elle devint la personnalité la plus éminente de la Principauté. Elle paraissait lors des occasions officielles, mais sortait également comme tout un chacun, allait faire ses courses ou prendre le thé avec des amis, conduisait les enfants à l'école ou chez le dentiste et les emmenait dans leur pâtisserie préférée.

Pourtant, au moment même où elle allait gagner le cœur des

186

Monégasques, la rumeur prétendit qu'elle était froide. Certains la trouvaient même hautaine au point de ne vouloir dire bonjour à personne.

«Mais pour qui se prend-elle?»

On aurait mieux fait de se demander «pourquoi?» car la réponse aurait été toute simple : «une myope!» Effectivement, sans lunettes, elle ne reconnaissait pas les gens sur le trottoir d'en face.

En fait, elle était très accessible et, à Monaco, n'importe qui pouvait s'approcher pour lui dire boujour. Elle répondait toujours par un sourire et une poignée de main.

Elle était aussi très courtoise envers ceux qui n'habitaient pas Monaco, bien que, le plus souvent, les relations passent par l'intermédiaire des magazines ou du courrier.

A lire les articles qui lui étaient consacrés, on pouvait se rendre compte que ses craintes, ses problèmes, ses rêves étaient ceux de tout le monde. Ancienne star du cinéma et princesse, elle n'en était pas moins épouse et mère, et c'est cette image que retenait le public.

«Son rôle de princesse l'amusait beaucoup, dit Mary Wells, l'une des plus brillantes femmes d'affaires américaines, à la tête de la Wells, Rich and Green Advertising Agency, et amie de Grace. Mais c'était aussi une très bonne mère et une excellente épouse. Pourtant, elle faisait toujours des efforts pour ne pas être ressentie comme une étrangère à Monaco. En tant qu'Américaine, ce n'était pas facile d'être acceptée. Il a fallu du temps.»

Mais il y fallait aussi du talent.

«Tout le monde n'aurait pas réussi, poursuit Wells. Elle avait un don, une vitalité extraordinaire. Ce n'était pas seulement une personne, c'était un mythe. Grâce à elle, Monte-Carlo devenait un conte de fées dans un monde de plus en plus dur. Pour moi, c'est la personnalité de Grace qui incarnait ce rêve, dans ses gestes, ses actions. C'était une vraie star et, dans le monde actuel, il n'en reste guère. Il y a beaucoup de gens célèbres, mais sans plus.»

Princesse, Grace avait à ce titre un bureau au sommet de la tour du Palais, immense pièce qu'elle avait décorée dans des tons vert pâle et jaune. Sa table de travail se trouvait entre deux fenêtres, d'où elle pouvait admirer le port et la ville. Elle y avait installé un divan, expédié de Philadelphie, et des tables où étaient posées des photos de famille dans des cadres d'argent qui décoraient toute la pièce.

Les murs blancs étaient ornés de dessins et de tableaux, dont une immense huile de New York qu'elle adorait.

Aujourd'hui, son fils occupe ce bureau. Il a orienté différemment la table de travail et a changé les cadres. Le décor vert et jaune est remplacé par des bambous japonais. Le tableau de New York se trouve actuellement dans le bureau de sa secrétaire, Louisette Levy-Soussan, qui avait déjà travaillé pour sa mère dix-huit ans durant.

«La Princesse n'était pas seulement jolie, commente-t-elle, elle était belle, mais presque sans s'en rendre compte. C'était une beauté parfaite, et c'est ce qui la rendait si extraordinaire. Elle était si belle et si simple, à sa façon, que les autres femmes ne se montraient jamais jalouses. De ses enfants, je trouve que c'est le prince Albert qui lui ressemble le plus. Il a le même caractère. Quand je le regarde, c'est elle que je vois. Quand je lui dis quelque chose, il semble ne pas écouter, mais, deux ou trois jours après, il m'en reparle. Sa mère était exactement comme lui. »

Il était très facile de travailler avec Grace, bien qu'elle fût très stricte sur certains points, comme la confiance.

«Une fois qu'elle faisait confiance à quelqu'un, c'était pour toujours. Il faut voir la réalité en face, Monaco est une petite ville et il y a toujours des commérages, mais elle n'y prêtait jamais garde. Je me souviens qu'un jour elle avait reçu une lettre anonyme venue sûrement d'une personne liée aux jardins, car elle mettait en cause une autre femme qui s'en occupait. Ce n'était pas tendre, mais la Princesse s'est contentée de rire. "J'imagine cette bonne femme, écrivant sa lettre devant une tasse de thé pour empoisonner l'existence de son amie", m'a-t-elle dit. Elle comprenait.»

Grace venait à son bureau tous les jours, parfois, de bonne heure, parfois, plus tard, selon ses autres rendez-vous.

«Ses journées étaient très remplies, car elle avait beaucoup de responsabilités. Elle s'occupait de la Croix-Rouge, des jardins et de toutes les activités culturelles de Monaco. Elle s'investissait dans son travail et voulait que tout soit parfait. C'était une perfectionniste.»

Si occupée fût-elle, elle était toujours disponible pour les autres.

«Sa porte était toujours ouverte», dit Nadia Lacoste.

Levy-Soussan confirme cette impression. «On a souvent dit qu'elle était froide, mais c'est faux. Elle était très équilibrée. Elle gardait ses sentiments pour elle, sauf avec ses amis proches. Ceux

188

qui ne la connaissaient pas bien la trouvaient... disons, sur ses gardes. Elle ne montrait pas à tous la personnalité qui s'exprimait devant ses intimes. Mais froide, non. Elle était très gentille et s'inquiétait beaucoup des autres. Un jour, à Paris, je me sentais un peu déprimée. Elle a immédiatement compris. En revenant de déjeuner, j'ai trouvé un bouquet de fleurs sur mon bureau et un petit mot disant: "Rentrez vous changer et nous pourrons aller prendre le thé chez Mme Rubinstein. Qu'en dites-vous?" Elle était là pour les autres.»

C'est pour cette raison qu'elle créa sa fondation. Elle recevait sans cesse des appels au secours – une mère qui avait besoin d'argent pour un enfant malade, un retraité, un chauffage pour l'hiver, une femme sans abri, un toit, un jeune homme qui voulait se faire désintoxiquer... –, toute une série de cas pour lesquels la Croix-Rouge ne pouvait réagir assez vite. En fait, elle s'aperçut que l'institution était trop déficitaire pour pouvoir satisfaire toutes ces demandes.

Au début, elle s'occupa entièrement seule de sa fondation.

«Je ne veux pas d'un conseil d'administration qui décide si quelqu'un a besoin d'une opération ou d'un toit, expliqua-t-elle un jour à Nadia Lacoste. Comme ça, je peux faire ce que je veux avec l'argent.»

Mais sa générosité ne s'arrêtait pas là.

Quand elle s'aperçut que les artisans de Monaco avaient du mal à joindre les deux bouts, elle monta la Boutique du Rocher, association sans but lucratif, pour aider vanniers, graveurs, potiers à écouler leurs marchandises. L'entreprise connut un tel succès que, depuis, la fondation a ouvert un second magasin.

Grace était également chargée du Palais, ce qui signifiait s'occuper des achats et de tout le personnel. Elle veillait également aux menus, pour que Rainier et elle gardent la ligne et que les enfants aient une alimentation équilibrée.

«Vous savez comment m'appelle mon mari, confia un jour Grace à une amie. Son coordinateur des affaires intérieures. On dirait que je suis un membre du cabinet!»

Pendant l'été, elle travaillait souvent à Roc Agel et, préférant ne pas rentrer à Monaco, demandait à Levy-Soussan de lui apporter son courrier.

Jour après jour, les lettres affluaient.

On lui envoyait sans cesse des milliers de présents, mais surtout à la naissance des enfants. Là, elle était inondée de layette.

Si quelque chose lui plaisait, elle gardait l'objet dans son bureau ou l'emportait, sinon, elle confiait les milliers de tasses ornées de sa photo ou de son nom à des ventes de charité. Elle donnait aussi ses vêtements à la Croix-Rouge.

Tous les ans, à Noël, une de ses grandes admiratrices, habitant à Gênes, lui envoyait un album de coupures de journaux et de magazines. Par retour, la princesse lui répondait d'un mot de remerciements écrit de sa propre main. De temps en temps, elle l'invitait également à venir prendre le thé au Palais.

Il y eut aussi le Moscovite qui lui envoya des timbres soviétiques. Grace lui en expédia des monégasques et leur correspondance dura des années.

Une petite fille lui écrivit pour demander : «Combien de temps par jour restez-vous sur le trône, avec votre couronne?» Grace lui répondit par un petit mot, expliquant que les princesses modernes ne faisaient plus ça.

Elle aimait beaucoup voir ses amis, surtout pendant les vacances. Selon Levy-Soussan, la liste de vœux de Grace ne cessait de s'allonger et, souvent, elle ajoutait quelques mots manuscrits.

L'élégance avait beaucoup d'importance à ses yeux et on voyait en elle l'une des dix femmes les mieux habillées du monde. Mais, au bureau, si elle ne devait voir personne, ou chez elle, en famille, elle s'habillait très simplement. Pantalon, chaussures plates, foulard noué dans les cheveux, le plus souvent.

A Roc Agel, on la voyait souvent en jean et en T-shirt, mais il était rare qu'elle soit vêtue de manière aussi décontractée à Monaco.

«Nous habitons dans un palais, précisa-t-elle un jour. Cela ferait un peu bizarre de s'y promener en jean.»

Quand Grace arriva à Monaco, elle prit des cours de français avec un professeur particulier. Plus tard, elle s'intéressa à l'italien et conversa, pour s'exercer, avec quelques amis. Dès qu'ils eurent suffisamment confiance en eux, ils décidèrent de montrer leurs nouveaux talents et de monter un petit spectacle au Palais. Coiffés de chapeaux bariolés et masqués, Grace et sa classe interprétèrent une version de Pinocchio de trente minutes, entièrement en italien.

Elle aimait beaucoup les travaux d'aiguille et fit un jour un blouson pour le Prince. Elle confectionna également de nombreux coussins et organisa un club de broderie.

«Je ne l'ai jamais vue oisive, dit Nadia Lacoste. Si nous prenions le thé l'après-midi, elle avait toujours une broderie entamée ou un tricot avec elle. Quand elle avait du temps libre, elle allait se promener. Elle adorait la marche. Elle suivait souvent le sentier qui longe la mer, ou grimpait la colline à Roc Agel. Elle aimait beaucoup les fleurs et ne se séparait pas de son sécateur et de son panier pour en ramasser en chemin. Elle collectionnait les feuilles et les faisait sécher dans ses livres. Je ne crois pas qu'on ait pu en prendre un seul sans faire tomber des feuilles ou des fleurs.»

Elle peignait, faisait des collages et, pendant de nombreuses années, suivit des cours de poterie, créant cendriers, vases, tasses.

Elle sculpta même une souris.

L'écrivain Paul Gallico et sa femme, Virginia, qui habitaient à Antibes, s'étaient liés d'amitié avec la Princesse, à tel point que Grace fit de Virginia l'une de ses dames d'honneur. Quand Gallico apprit que Grace s'intéressait à la céramique, il lui demanda si on lui avait déjà commandé une œuvre. Grace répondit que non.

«Eh bien, j'aimerais vous en commander une. Mais comme je ne suis qu'un humble écrivain, je ne pourrai vous payer qu'en nature. Si vous me faites une souris en céramique, j'écrirai une nouvelle pour vous.»

«Marché conclu», dit Grace, et tous deux se serrèrent la main.

Mais des mois s'écoulèrent, et l'animal se faisait toujours attendre. Quand ils se rencontraient lors de réceptions officielles, tout en s'inclinant, Gallico demandait : «Et ma souris?»

Un an plus tard, enfin, Grace termina son œuvre. Mais lorsqu'elle sortit la pièce du four elle fut très déçue et très embarrassée; elle la présenta à Gallico en bredouillant des excuses.

La souris était plus petite que prévu et, sans qu'on sache pourquoi, elle était toute bleue, ce qui n'est pas sa couleur. Les oreilles ressemblaient à celles d'un lapin et, plus désastreux encore, la queue était cassée.

«Tant pis, vous me devez quand même une nouvelle.»

Pendant le dîner, Gallico étudia l'œuvre attentivement. Oui, une souris sans queue, c'était vraiment surprenant.

Un an plus tard, ce ne fut pas une nouvelle qu'il présenta à Grace, mais un roman complet, qui lui était dédié, *Manxmouse*. L'histoire d'une souris bleue, aux grandes oreilles et sans queue.

Comme le contrat ne prévoyait qu'une simple nouvelle, Grace voulut se racheter. Elle fabriqua une autre souris, M. Manx, qui, cette fois, avait une queue assez grande pour deux.

Au fil des ans, à mesure que les enfants grandissaient, Grace ressentit le mal du pays. Elle n'avait jamais cherché à cacher qu'elle était américaine et, pendant longtemps, elle et ses trois enfants eurent des passeports américains. Elle finit par y renoncer pour des raisons pratiques : les Etats-Unis sont le seul pays qui exige un impôt de tous les détenteurs d'un passeport américain, calculé sur leurs revenus mondiaux. Pourtant, certaines choses lui manquaient, et elle fit de son mieux pour recréer une ambiance américaine à Monaco.

En s'installant dans la Principauté, elle apporta ses meubles avec elle, engagea un décorateur américain pour l'aider à refaire son nouvel appartement, avec cuisine et salle de bains américaines. Elle faisait partie de l'American Book of the Month Club et recevait régulièrement des livres d'histoire. Elle s'abonna également à l'*Architectural Digest* et à l'*International Herald Tribune*.

Mais elle leur préférait encore le *New Yorker*, pour ses dessins humoristiques. Elle en trouvait toujours un qui allait comme un gant à l'une de ses connaissances.

Chaque semaine, dès l'arrivée du magazine, elle le feuilletait, à la recherche du dessin désiré : un sourire jusqu'aux oreilles dès qu'elle avait trouvé, elle s'asseyait à son bureau, ciseaux en main, et le découpait, le mettait dans une enveloppe et, jubilante, l'envoyait, de préférence anonymement, à celui ou celle à qui il correspondait.

Une fois que les Monégasques l'eurent adoptée, ils eurent du mal à la laisser, même brièvement, redevenir Grace Kelly.

«On passait les films de Grace au cinéma et à la télévision, dit Rainier. Nous les avons également projetés au Palais. Grace possédait certaines copies 16 mm de la MGM.»

Pourtant, ce ne fut pas sans difficultés.

«La MGM ne s'est pas montrée très compréhensive. Ils auraient facilement pu mettre à sa disposition une copie de tous ses films, mais quand elle en a fait la demande on lui a répondu que cela leur créait des problèmes. A la fin, nous avons dû promettre par écrit que nous ne les projetterions jamais en public. Cela l'a un peu découragée, et je pense que nous ne les avons jamais eus tous.»

Regarder ses films était une chose, en refaire en était une autre.

Dès l'annonce de leurs fiançailles, on demanda aussitôt à Grace si elle envisageait de poursuivre sa carrière. La réponse fut claire: non.

Des mois avant le mariage, Rainier déclara à la presse : «Grace et moi, nous avons décidé qu'elle devait renoncer à son métier. Elle ne pourrait pas concilier son rôle de princesse et celui d'actrice.»

Peu après la cérémonie, Dory Schary lui demanda si elle voulait jouer dans *Designing Woman*. Le film l'intéressait, mais elle ne songea jamais vraiment à y participer. Pourtant, au fil des ans, Rainier prit une attitude plus souple à ce sujet.

Grace avait, de plein gré, abandonné son ancien métier, mais elle ne cacha jamais qu'Hollywood lui manquait. Elle était toujours à l'affût des derniers potins des studios, lorsqu'une vedette de l'industrie du cinéma se trouvait à Monaco.

Elle en parlait même à ses enfants.

«C'était fantastique que maman soit actrice, dit Stéphanie. Le soir, au lieu de nous raconter des histoires idiotes, elle nous parlait des studios et des dernières rumeurs d'Hollywood. Elle chantait et faisait des claquettes, nous racontait ses films.»

De ses onze longs métrages, un seul était ignoré des conversations polies, *L'Emeraude tragique*, tourné en 1954, évocation d'une mine d'émeraude d'Amérique du Sud; un «navet», aux yeux de Grace.

En 1963, Alfred Hitchcock lui envoya le scénario de *Pas de printemps pour Marnie*. Il lui proposait la vedette, face à Sean Connery, une des valeurs les plus sûres de l'époque, qui avait battu tous les records du box-office grâce à *James Bond 007 contre Dr No*. Hitchcock prévoyait de sortir le film entre deux autres James Bond, *Bons baisers de Russie* et *Goldfinger*. Grace devait interpréter la jeune kleptomane à qui Connery laissait le choix d'aller en prison ou de l'épouser.

C'était une histoire très forte, qui tenta beaucoup Grace, mais, pour elle, il n'était pas question de tourner sans l'accord de son mari.

«Nous en avons parlé, dit Rainier. Elle en a également discuté avec Hitchcock. Elle avait très envie de se retrouver dans le feu de l'action. A cette époque, je n'y voyais plus d'inconvénients et j'ai proposé que nous profitions du tournage pour prendre des vacances. Il devait avoir lieu en Nouvelle-Angleterre, pendant l'été. J'ai suggéré de louer une maison dans les environs et d'y aller avec les enfants. Elle m'a dit que c'était peut-être ma conception des vacances, mais pas la sienne.»

Hitchcock annonça le retour de Grace. Pourtant, à Monaco, cette idée était loin de plaire à tout le monde. Très vite, des rumeurs parvinrent aux oreilles du Prince.

«Ce qui l'attirait surtout, c'était Hitchcock. Il nous aimait bien tous les deux, et nous avions confiance en lui. Grace n'aurait jamais tourné avec n'importe qui. Mais Hitchcock prenait tout sous sa responsabilité, et il n'aurait jamais fait quoi que ce soit qui nuise à la Principauté ou à Grace.»

Sans doute. Néanmoins, quand la presse européenne entendit parler du cachet, elle raconta que la Princesse ne faisait un retour à l'écran que parce que la famille affrontait des difficultés financières.

Grace annonça immédiatement que tous ses gains seraient versés à l'enfance abandonnée.

La MGM intervint en affirmant que, si Grace tournait un film pour qui que ce soit, elle romprait son contrat, toujours valide, selon les dires du studio.

Les Français prétendirent également que Grace avait tout manigancé pour s'opposer à leur président. Comme cette proposition coïncidait avec un conflit entre de Gaulle et la Principauté, la presse affirma que, dans l'esprit de Rainier, ce n'était qu'une bravade pour prouver que le prince et la princesse de Monaco agissaient comme bon leur semblait.

Le pape Jean XXIII envoya une lettre demandant à la Princesse, en tant que catholique, de renoncer à son projet. Les Monégasques renchérirent en signant une pétition, si bien que Rainier mit fin à toute l'histoire.

«Le Prince ne comprenait pas pourquoi cela avait déclenché un tel tollé, commente Nadia Lacoste, qui était à l'époque assaillie par les critiques de la presse. Je lui ai dit qu'être actrice, c'était un métier, qu'être princesse aussi sans doute, mais que les deux étaient

194

totalement contradictoires. Je lui ai demandé comment il imaginait l'affiche du film. La Princesse apparaîtrait-elle sous le nom de Grace Kelly, de princesse Grace ou même de Grace Grimaldi? Je crois qu'il n'y avait même pas pensé.»

Lacoste essaya de lui faire comprendre que si Grace revenait au cinéma ce ne pourrait être qu'en tant que princesse Grace.

«Le Prince m'a regardée et m'a dit: "Vous êtes de la vieille école." Il m'a fait remarquer que le roi Albert de Belgique faisait de l'escalade. "Oui, mais l'escalade, c'est un sport, lui ai-je répondu, et le cinéma, ce sont les affaires." Je ne crois pas qu'il avait envisagé toutes les implications de cette histoire avant que je lui parle de l'affiche.»

Avec le recul, Rainier estima que, si Grace avait accepté, cela n'aurait posé aucun problème.

«Sur quoi auraient-ils axé la publicité? La princesse Grace ou Grace Kelly? Cela aurait sûrement été Grace Kelly, car c'était son nom de scène. Enfin, si Ronald Reagan acceptait un rôle, est-ce que les affiches annonceraient "avec l'ancien président des Etats-Unis"? dit Rainier en riant. Cela donne matière à réfléchir.»

Finalement, ce fut l'opinion publique qui l'emporta, car Grace annonça qu'elle ne participerait pas au film.

«Ce n'est pas moi qui ai influencé sa décision. Je pensais que cela nous amuserait tous beaucoup, surtout les enfants. Et je savais qu'elle en avait envie. Elle aurait eu l'occasion de retravailler avec Hitchcock, qu'elle adorait. Tant pis.»

L'actrice Tippi Hedren interpréta le rôle destiné à Grace et, malgré les critiques très sévères parues lors de sa sortie, *Marnie* est aujourd'hui considéré comme un des chefs-d'œuvre du film noir.

Grace eut beaucoup de mal à accepter sa défaite.

«Cela lui manquait de ne pas jouer, beaucoup, dit Rainier. Mais c'est surtout la scène qu'elle regrettait, plus que le cinéma. C'est pourquoi elle s'est lancée dans la lecture de poésies. Ainsi, elle ne risquait pas trop de s'attirer des critiques. Remarquez, certaines gens sont si bêtes qu'elles ont malgré tout trouvé à redire. Avec certains, vous avez toujours tort.»

Peu après l'affaire *Marnie*, Rainier et Grace se rendirent à Hollywood. Grace confia à ses amis californiens qu'elle avait renoncé à tout espoir de faire un autre film, alla visiter un plateau avec sa famille, mais, quelques minutes plus tard, hocha la tête, perplexe, et confia à Gant Gainther: «Tout a tellement changé. Je ne pourrais pas travailler comme ça.»

Deux ans plus tard, cependant, avec l'accord de Rainier, elle apparut dans un documentaire sur la drogue pour le compte de l'UNICEF.

Rita Hayworth, Trevor Howard, Angie Dickinson, Jack Hawkins et Yul Brynner faisaient également partie de la distribution. Et pour que les commérages suscités par *Marnie* ne se reproduisent pas, on annonça que son cachet serait entièrement versé à des organismes de charité et que son salaire serait de un dollar.

En 1970, elle remplaça, à la dernière minute, Noël Coward souffrant, dans un gala de charité au Royal Festival Hall de Londres, et, trois ans plus tard, elle apparut à la télévision britannique dans une émission appelée *The Glories of Christmas*.

Cela l'amusait beaucoup, sans provoquer trop de rancœur à Monaco, mais, au fond, elle savait que ce n'était pas cela, le monde du spectacle. C'est pourquoi, en juillet 1976, elle accepta un siège au conseil d'administration de la Twentieth Century Fox.

A l'époque, Grace passait la plus grande partie de l'année à Paris où Stéphanie faisait ses études. La capitale avait réveillé son intérêt pour la vie culturelle des grandes métropoles, pourtant, elle attendait avec impatience que les études de sa fille prennent fin, pour pouvoir retourner à Monaco.

«Je n'aime plus autant Paris qu'avant, confia-t-elle à ses amis. Je me sens seule. Au fond de moi, je suis restée très provinciale.»

Pourtant, la provinciale rêvait toujours de la vie d'artiste.

Elle recevait sans cesse des propositions de film. Et elle aurait pu exiger des cachets impressionnants. Un retour de Grace aurait sûrement battu tous les records du box-office, et nul ne peut savoir combien un producteur aurait été prêt à payer. Si, à l'époque, Marlon Brando, Jack Nicholson, Dustin Hoffman, Barbara Streisand, Sally Field et Jane Fonda touchaient facilement un million de dollars pour un film, on peut penser que Grace Kelly aurait pu demander deux, trois, cinq, dix fois la même somme et l'obtenir. Le prix ne dépendait que d'elle. Mais *Pas de printemps pour Marnie* avait mis fin à ses espoirs.

«Elle n'a peut-être jamais renoncé tout à fait à l'idée de jouer dans un film, concède Lacoste, mais elle avait d'autres priorités. N'oubliez pas qu'elle est arrivée avant les mouvements féministes, avant

196

En haut : David Niven, ami de la famille, habitait tout près de chez eux.

En bas, à gauche : Anthony Burgess, qui vécut longtemps à Monaco, a aidé Grace à monter la bibliothèque irlandaise.
A droite : Winston Churchill peignait la Côte d'Azur pendant les mois qu'il passait à l'hôtel de Paris.

Photos : SBM.

En haut : Albert, Rainier, Caroline et ses enfants Charlotte et Pierre, lors de la fête nationale monégasque, le 19 novembre 1995. *En bas :* Rainier et sa famille au Bal de la Rose, le 30 mars 1996. A droite, Daniel Ducruet, l'époux de Stéphanie.

Photos : Gaia / Sipa Press ; Villard / Sipa Press.

que les femmes veuillent prouver qu'elles étaient capables des mêmes choses que les hommes. Dans son esprit, elle était princesse de Monaco et mère de trois enfants. Un jour, je lui ai demandé s'il lui avait été difficile de quitter Hollywood, parce que, finalement, elle s'était interrompue au sommet de sa carrière. Elle m'a répondu très clairement : "Non, pour moi, le mariage a toujours été plus important." Bien sûr, parfois, elle y repensait, et le cinéma lui manquait. Elle aimait beaucoup parler film, acteurs, se demander qui pourrait tenir tel rôle. Mais dire qu'elle regrettait, non, je ne crois pas.»

Grace modifia peu à peu sa façon de penser. Le cinéma était une chose, la scène, une autre. C'était moins ostentatoire, et respectait plus la tradition de l'acteur. Rainier la soutint, et lui dit que, si elle trouvait un rôle adéquat, il l'encouragerait. Pourtant, elle voulait choisir avec soin, pour ne pas porter tort à son image de princesse.

Les fêtes du bicentenaire américain, en 1976, vinrent à son secours. Les commémorations prirent des formes variées dans le monde entier. Même le Royaume-Uni – qui aurait été tout pardonné de penser le contraire – accueillit l'événement avec joie. Il y eut donc toute une série de pièces et de concerts américains au célèbre festival d'Edimbourg.

En accord avec ce thème, on demanda à John Carroll, qui depuis des années montait des spectacles de poésie pour le festival, s'il accepterait de mettre en scène des poèmes américains. Il prit pour thème l'«héritage américain», mais sentait qu'il aurait besoin d'accents authentiques et, même si les possibilités ne manquaient pas, un ami lui suggéra de faire appel à la Princesse. L'idée le séduisit immédiatement et leur relation commune les mit en contact.

La première rencontre eut lieu à Paris.

«Nous sommes allés déjeuner ensemble et, tout de suite, nous avons accroché, même si elle m'a dit devoir en discuter d'abord avec le Prince. Je lui ai précisé qu'il y aurait deux autres acteurs avec elle et que, puisque cela se passait au Royaume-Uni, l'un d'eux devrait être britannique. J'ai fait appel à Richard Pasco, qui avait travaillé avec la Royal Shakespeare Company. Elle me promit de réfléchir aux deux acteurs et fixa son choix sur Richard Kiley, qui avait joué une version de *L'Homme de la Manche* * à Broadway.»

---

*. La comédie musicale de Jacques Brel (N. du T.)

Avant de terminer sa sélection, Carroll alla écouter des enregistrements de la voix de Grace à la BBC, afin de choisir des poèmes qui lui conviendraient. Il y avait des œuvres de Longfellow, Whitman, Frost, Thoreau, Dickinson et surtout un poème d'Eleonor Wylie, *Wild Peaches*.

Grace arriva à Edimbourg trois jours avant la première représentation, afin d'avoir le temps de répéter.

«Je vais sûrement avoir le trac», confia-t-elle à un journaliste à l'aéroport.

Carroll organisa deux répétitions dans la suite de Grace au Caledonian Hotel et une générale à St. Cecilia Hall.

«J'étais un peu inquiet, je me demandais si elle accepterait d'être dirigée. En choisissant *Wild Peaches*, je pensais que cela devait être dit avec un accent du Sud, mais je n'étais pas sûr que Grace accepterait. Après la première répétition, c'est elle qui m'a demandé : "Ne devrais-je pas plutôt dire ça avec l'accent du Sud?" Elle était professionnelle jusqu'au bout des ongles.»

Grace, Pasco et Kiley donnèrent quatre représentations au St. Cecilia Hall et les critiques furent dithyrambiques. Le public se montra si enthousiaste que, tout naturellement, Carroll demanda à Grace de participer l'été suivant au festival Shakespeare de Stratford-upon-Avon. Elle accepta et ils montèrent un programme, *A remembrance of Shakespeare*. Carroll avait également engagé Pasco, l'acteur anglais John Westbrook et le chanteur d'opéra Sir Peter Pears, pour jouer à Trinity Church, où le poète est censé avoir été enterré.

«Nous devions faire une répétition générale, poursuit Carroll, nous avons donc fermé l'église la veille du spectacle. Ce soir-là, Grace est arrivée avec une rose splendide. C'est très caractéristique de sa personnalité. Elle voulait la déposer sur la tombe de Shakespeare.»

Mais ce ne fut pas son seul beau geste de la soirée. John Westbrook se souvient que la répétition fut retardée par des photographes venus pour elle.

«Quand ils eurent terminé, elle leur dit: "Vous devriez peut-être me prendre avec M. Westbrook." J'ai trouvé son geste remarquable. Plus tard, quand nous sommes montés sur scène pour nous asseoir à nos places, John Carroll lui a demandé si les lumières lui convenaient. «Pour moi, c'est parfait, a-t-elle dit, mais je crois que

M. Westbrook n'est pas assez éclairé.» Eh bien, ça fait longtemps que je suis dans le métier, j'ai travaillé avec certains de mes meilleurs amis, mais je n'avais jamais vu ça!»

Lui aussi fut impressionné par le professionnalisme de Grace.

«Elle avait fait ses débuts au théâtre, et cela se voyait. Elle savait subjuguer le public. Elle avait beaucoup de talent, elle était très belle. Ce sont des qualités qui ne vont pas toujours ensemble, mais elle les possédait toutes deux.»

Ces lectures de Grace, dont on parla beaucoup, eurent deux conséquences immédiates. Tout d'abord, on lui proposa de dire le commentaire d'un documentaire sur le Kirov de Leningrad, *The Children of Theatre*.

Non seulement Grace accepta, mais elle assista aux premières données au bénéfice des danseurs, à New York, Lausanne et Paris. Elle manqua simplement celle de Londres, pour la bonne raison qu'elle ne fut pas invitée.

Un journal anglais émit l'hypothèse que c'était pour ne pas concurrencer la princesse Margaret, qui était l'invitée d'honneur. Comme il n'y eut jamais d'explication officielle, celle-ci en vaut une autre.

Ensuite, Grace fit une tournée aux Etats-Unis. Le forum international de poésie de Pittsburgh voulait qu'elle redonne en 1978 *An American Heritage*, monté à Edimbourg. Elle demanda aussitôt à Carroll ce qu'il en pensait : «C'est une bonne idée de faire une tournée aux Etats-Unis, mais pas avec *An American Heritage*. Un vieux proverbe anglais dit qu'il est inutile d'apporter du charbon à Newcastle. Ce serait beaucoup mieux de monter un spectacle entièrement nouveau.»

Carroll savait que Grace s'intéressait au World Wildlife Fund, si bien qu'il lui écrivit un scénario avec des poèmes et des textes en prose sur le thème des animaux, appelé *Birds, Beasts and Flowers*. En février 1978, Grace, Richard Pasco et Carroll entamèrent leur tournée à Pittsburgh.

«Partout où elle passait, le public l'adorait, dit Carroll. Un matin, à Pittsburgh, je voulais aller faire des courses près de l'hôtel. J'en ai parlé à Grace et elle a proposé de m'accompagner. Elle a mis des lunettes de soleil, une écharpe et nous nous sommes promenés bras dessus, bras dessous au beau milieu de la ville. Personne ne l'a reconnue. Elle pouvait passer inaperçue si elle le voulait. Ainsi, elle pouvait se détendre un peu et redevenir elle-même.»

De Pittsburgh, ils allèrent à Minneapolis, Philadelphie, Washington, Princeton et Harvard. L'imprésario qui avait organisé cette partie de la tournée avait prévu un cachet pour les acteurs, mais Grace versa entièrement le sien à sa fondation.

«Dans plusieurs villes, nous avons donné deux représentations. Le prix des places était très élevé pour la première et normal pour la seconde. Grace n'était pas du tout d'accord avec ce principe. Elle estimait que les prix de la première excluaient trop de gens.»

A son retour en Europe, les propositions ne cessèrent de pleuvoir. Avec Carroll, elle choisit les lieux avec le même soin que les poèmes. Elle apparut au festival d'Aldeburgh dans l'East Suffolk, en 1978, avec, parmi beaucoup d'autres, Mstislav Rostropovitch.

Ce même week-end, le cinéma du coin projeta *Haute Société* devant une salle comble.

Elle donna une nouvelle représentation de *Birds, Beasts and Flowers* au St. James's Palace de Londres, en présence de la Reine Mère, au profit d'un organisme de charité.

Estimant que ces récitals étaient un compromis, comme le dit John Carroll, entre son ancienne carrière et les exigences de son rôle de princesse, elle apparut en 1979 à Trinity College, dans le cadre du festival de Dublin, et à Londres, à la Royal Academy of Arts ainsi qu'à l'opéra de Hammersmith, avec un spectacle appelé *The Muses Combined*, série de conférences sur la peinture et la sculpture.

Elle donna également des représentations à Tatton Hall, dans le Cheshire, ou au théâtre anglais de Vienne.

«Je ne le savais pas à l'époque, mais Grace parlait un peu allemand. Elle l'avait appris avec sa mère. Quand elle me l'a dit, nous avons ajouté quelques vers de poètes autrichiens, qui évoquaient la magie de la ville. Quand elle les a récités à la fin du spectacle, le public a été fasciné.»

Chaque succès apportait de nouvelles propositions. On organisa une nouvelle tournée aux Etats-Unis pour l'été 1980. Grace retourna à Pittsburgh avec le programme shakespearien et avec un nouveau spectacle de John Carroll, *Evocations*, à Detroit, Dallas, Nashville et Baltimore. Cette tournée déchaîna un tel enthousiasme qu'un journaliste de Dallas écrivit qu'il n'avait jamais vu autant de millionnaires dans la ville que le soir de la première.

Entre deux récitals de poésie, Grace s'associa avec l'écrivain britannique Gwen Robbins pour écrire un livre sur les arrangements floraux.

Comme tout auteur de best-seller, dès la parution de *A Garden of Flowers*, Grace se lança dans une tournée de signatures, dut subir des milliers d'interviews, faire des émissions à la radio pour la première fois depuis bien longtemps et paraître à la télévision, où les autres invités étaient priés à l'avance de s'en tenir strictement au sujet du livre.

Ce fut un gros succès commercial et les droits d'auteur de Grace vinrent bientôt alimenter le compte de la Croix-Rouge de Monaco.

Elle tourna également un film dont elle écrivit le scénario et supervisa la réalisation : *Rearranged*, qui fut entièrement tourné à Monaco. Grace y fit figurer tous ses amis; il y a même un petit rôle pour son mari, qui y arrange un bouquet.

N'ayant jamais eu la prétention d'être autre chose qu'un bon film d'amateur, au seul bénéfice des jardins de Monaco, l'œuvre n'eut droit qu'à quelques projections privées.

Quand les responsables des autres jardins botaniques en entendirent parler, ils voulurent le voir, mais la mort de Grace mit fin à ces projets.

Depuis, on a tenté d'en acheter les droits pour une distribution commerciale. Quelqu'un a même proposé jusqu'à six millions de dollars. Rainier a objecté que, pour cela, il aurait fallu revoir tout le montage et le transformer en un projet plus ambitieux, chose qui n'avait pas été prévue au départ. La copie est bien à l'abri dans un coffre du Palais et le Prince affirme qu'elle y restera.

En 1981, Grace retourna en Angleterre pour un récital de poésie au Royal Opera à Covent Garden.

Elle se produisit également à Goldsmith Hall dans la City, mais, cette fois, partagea les feux de la rampe avec une jeune fille nommée Diana Spencer.

On venait juste d'annoncer ses fiançailles avec le prince Charles et c'était leur première apparition publique.

Diana parut en robe du soir noire, très décolletée, qui mettait ses charmes en valeur. Les photographes apprécièrent énormément la chose, mais la timide jeune fille de dix-neuf ans se referma un peu plus dans sa coquille. Grace se rendit compte de son malaise et lui prodigua son réconfort.

«Grace était très maternelle avec la future princesse de Galles, raconte Carroll. Diana était très nerveuse. C'était sa première apparition publique si l'on exclut la séance photo à Buckingham Palace lors de l'annonce des fiançailles. Et si vous vous en souvenez, elle était un peu ronde à l'époque. Elle a beaucoup minci depuis. Son décolleté n'est pas passé inaperçu! Diana était excessivement timide, mais Grace a compris. Elle lui murmurait des encouragements à l'oreille et se conduisait comme une véritable mère.»

Grace refit une lecture au festival de Chichester en mars 1982, puis se rendit à Philadelphie pour assister à un festival Grace Kelly de quatre jours.

En collaboration avec la congrégation catholique de la Sainte-Croix de New York, elle accepta de participer à une série de trois émissions télévisées d'une demi-heure.

«*The Last Seven Words, The Nativity* et *The Greatest Mystery* furent filmés au Vatican, à la cathédrale Saint-Patrick de New York et à la cathédrale de Chichester en Angleterre. Les émissions accueillaient des chanteurs très variés, tels Placido Domingo et Petula Clark, qui chantaient des spirituals, accompagnés par des chœurs, ainsi que des acteurs shakespeariens, dans une interprétation de la Bible.

Le seul pays occidental qui refusa de les projeter, même après la mort de Grace, fut la Grande-Bretagne. La BBC s'y opposa prétextant qu'elle se chargeait elle-même de ses programmes religieux, et ITV, en raison du message très ostensiblement catholique.

«Grace se sentait en harmonie parfaite avec la religion, remarque Rainier. C'était une catholique pratiquante et sa foi était très forte, très pure. Elle était beaucoup plus rigoureuse que moi. Même quand nous étions en voyage, le dimanche, elle insistait pour qu'on trouve une église afin d'aller à la messe. Moi, je n'y aurais peut-être pas prêté attention, mais elle jugeait que c'était important. C'est sans doute son sang irlandais.»

Estimant que ses récitals de poésie offraient une bonne compensation à son ancien métier d'actrice, Grace prévit d'autres représentations tout en ménageant ses devoirs officiels à Monaco.

Un soir de septembre 1982, dans un petit restaurant du sud de la France, elle confia à Mary Wells : «Je suis impatiente de voir cette année. J'entre dans une nouvelle période de ma vie. Les enfants sont grands. Monaco se porte bien, tout est fantastique. J'ai changé de

202

responsabilités et j'ai enfin le temps de faire ce dont j'ai envie. Je suis très enthousiaste sur l'avenir. Maintenant, le temps joue pour moi.»

Elle disait vouloir se produire plus souvent, ajoute Wells. Qu'elle voulait peindre plus. Qu'elle avait des tas de projets. Des projets personnels, créatifs, pour ne plus être seulement une mère et l'image de Monaco, «Je la regardais pendant qu'elle parlait et j'ai pensé que jamais je ne l'avais vue si belle.»

Grace devait apparaître au Windsor Festival un peu plus tard dans le mois et donner quelques petites représentations en Autriche, en mars 1983, avant d'aller au festival de Washington, en juin de la même année, pour sa troisième tournée américaine.

Une actrice anglaise la remplaça à Windsor.

Les spectacles de Vienne et la tournée américaine furent annulés.

Nancy Reagan prit la place de Grace au festival de Washington.

12

Caroline, Albert et Stéphanie

Rainier, Grace et leurs trois enfants étaient des habitués du Connaught Hotel de Londres qui, par tradition, accueille les familles royales européennes. Mais, comme certaines personnalités princières ne sont pas aussi guindées que l'hôtel, il y a parfois des heurts.

Un matin, de très bonne heure, alors que Grace logeait à l'hôtel, Caroline et quelques amis se rendirent au Connaught dans l'espoir d'y prendre leur petit déjeuner. Armés de lampes de poche, ils étaient allés fouiner dans le bric-à-brac du célèbre marché aux puces qui se tient, à l'aube, à Bermondsey. Puis, toujours en jean et pull-over, ils décidèrent qu'il était grand temps de se restaurer.

Caroline se rendit à la réception pour demander où ils pouvaient être servis. La toisant de haut, le réceptionniste lui fit remarquer que leur tenue ne s'y prêtait guère. Elle expliqua qu'ils revenaient de Bermondsey.

— Je suis désolé, madame, répondit l'homme, inflexible.

— Nous désirons simplement un café et quelques toasts.

— Désolé, madame, pas dans cette tenue.

— Voyons, vous savez bien qui je suis, je viens souvent ici.

Il n'en démordit pas.

— Pas dans cette tenue.

— Et si nous prenions une chambre ? suggéra Caroline.

Rien n'y fit.

— Bon, très bien, ma mère est là, nous déjeunerons avec elle.

Elle se dirigea vers un téléphone et, malgré l'heure matinale, appela sa mère. Grace décrocha au bout de quelques sonneries. Caroline lui expliqua la situation :

— On refuse de nous servir parce que nous sommes en jean !

— Ils ont parfaitement raison, ma chérie, répondit Grace, qui raccrocha avant de se rendormir.

Elevée dans l'ombre de sa sœur et de son frère, Stéphanie est le garçon manqué de la famille. Comme Caroline, elle alla d'abord à l'école de Monaco, prit des cours de piano et des leçons de danse. Comme Albert, on l'encouragea à pratiquer le sport.

Puisque Caroline, suivant visiblement la même voie que sa mère, avait été inscrite dans un lycée religieux très strict pour jeunes filles de bonne famille, il était naturel que Stéphanie l'imitât. Caroline alla dans un collège anglais et s'y plut beaucoup. Stéphanie alla dans un établissement de la banlieue parisienne et le prit aussitôt en horreur.

C'était un endroit abominable, mais ni Rainier ni Grace ne s'en aperçurent avant de le visiter. L'étendue du désastre une fois constatée, le couple ne fut pas d'accord. Rainier voulait trouver un autre établissement sur-le-champ, mais Grace refusa.

Au collège St. Mary d'Ascot, l'enseignement était assuré par des nonnes assez jeunes, aux méthodes modernes. Caroline adorait sa directrice, une femme très intelligente, et elles restèrent longtemps en relation.

Stéphanie eut moins de chance. Isolé au milieu d'un bois sinistre, dirigé par de vieilles nonnes, son lycée avait des aspects sordides.

«Nous l'avions emmenée en voiture à la rentrée, se souvient Rainier, mais au premier coup d'œil l'endroit nous a déplu. Ils annonçaient une piscine, mais elle n'existait pas. On nous avait fait croire à des courts de tennis, à la place il y avait un vague terrain boueux avec un filet. J'étais très déçu. Quand nous lui avons dit au revoir dans le parc, Stéphanie était en larmes. J'ai dit à Grace : "Nous avons commis une erreur, faisons demi-tour et allons la chercher." Mais elle a répondu non. Elle était beaucoup plus stricte que moi sur ce point. J'étais vraiment prêt à ramener Stéphanie à Paris avec nous. »

Aujourd'hui encore, à la simple mention de ce lieu, la princesse frémit d'horreur.

«C'était l'enfer. Je n'y ai passé que le premier trimestre, mais c'était déjà trop. Je m'étais cassé la cheville et je devais rester dans ma chambre. Vous imaginez? Il y avait des barreaux aux fenêtres et des bergers allemands dans le parc pour empêcher les filles de se sauver la nuit! Nous n'avions même pas le droit d'accrocher quelque chose au mur ou d'avoir la radio. Quelle expérience! Je n'ai jamais compris pourquoi on m'avait envoyée là. Je n'étais pas méchante au point qu'on m'enferme comme ça. Bien sûr, c'était à l'époque du divorce de ma sœur, et mes parents voulaient sûrement me tenir à l'écart de ces problèmes. Mais je suis partie dès que possible. Une semaine avant Noël, je me suis sauvée. J'ai pris mes affaires et je suis sortie. »

Rainier se montre compréhensif.

« Le règlement était stupide. D'abord, les jeunes filles devaient porter de longues jupes plissées sombres qui leur tombaient sur les chevilles, avec un corsage blanc à manches longues. Et elles n'avaient pas droit à la parole en ce qui concernait l'organisation, contrairement à Caroline et ses amis, à St. Mary. Là, elles devaient faire ce qu'on leur disait, ou être punies pour désobéissance. Le pire, c'est qu'on limitait le nombre de douches. »

Deux par semaine !

Stéphanie échappa à cette loi d'airain grâce à son horreur des sucreries.

« Maman ne nous avait pas habitués aux douceurs. Dans la famille, personne n'aime les desserts. Parfois Albert mangeait des bonbons, mais à table, nous avions des fruits ou un yaourt. Nous n'avons pas souvent vu de gâteaux ni de tartes à la crème. Je n'ai pas mis longtemps à comprendre que certaines de mes camarades s'intéressaient plus à ma part de dessert qu'à leur douche. Alors je l'échangeais contre une douche et, finalement, j'en prenais une par jour. Je préférais être propre et affamée que grosse et sale ! »

A la fin du trimestre, elle se retrouva dans l'atmosphère plus détendue d'un pensionnat de jeunes filles très connu, non loin de l'appartement de famille.

« J'y étais beaucoup mieux, car je pouvais rentrer chez moi le mercredi soir et le week-end. Je m'y plaisais. J'avais une chambre à moi et il n'y avait pas de règlement monastique. Je prenais une douche tous les jours sans que cela pose de problèmes et je ne mangeais toujours pas mes desserts. »

Elle passa son baccalauréat en 1982. Mais l'accident de voiture bouleversa sa vie. A l'époque, elle fréquentait beaucoup Paul Belmondo, fils de Jean-Paul. Il la consola et, ensemble, ils regardaient des films vidéo à longueur de journée. A Paris, Stéphanie se replia dans sa coquille.

Rainier, Caroline et Albert s'inquiétaient beaucoup. Elle leur annonça qu'elle n'irait pas à l'Université et, un peu plus tard, déclara s'intéresser à la mode et vouloir travailler dans ce domaine. Il lui fallut encore un an avant de suivre des cours de haute couture en automne 1983. A sa sortie, Marc Bohan l'engagea chez Christian Dior comme assistante dessinatrice.

Stéphanie reprenait courage.

Un jour, elle arriva à son travail avec les cheveux orange. On la renvoya sur-le-champ chez elle, en lui demandant d'enlever cette teinture immédiatement. Elle obéit : le lendemain, elle arriva avec des cheveux vert fluo.

« J'ai beaucoup appris chez Dior. J'allais travailler tous les matins à 9 h 30, je restais là jusqu'à l'heure du départ et je recevais un chèque à la fin du mois. J'avais un petit appartement à Paris et je vivais seule. J'étais très flattée d'y être autorisée. Après tout, je n'avais que dix-huit ans, à peine. Mais tout ce que je sais sur la mode, c'est Marc Bohan qui me l'a appris. Il est fantastique, et je ne le remercierai jamais assez. »

Peu après, elle passa de Paul Belmondo à Anthony Delon, et se lança dans le métier de mannequin.

« En fait, ce que j'avais envie de faire, c'était de créer une ligne de maillots de bain. J'avais fait un projet avec une fille rencontrée chez Dior, mais nous avions besoin de fonds. Je ne voulais pas demander à mon père, j'ai ma fierté, quand même. Une amie mannequin m'a convaincue que je pourrais gagner assez d'argent pour monter ma propre société. »

Avec son mètre soixante-dix, sa beauté exotique de garçon manqué et ses fantastiques yeux bleus, elle n'eut aucune peine à trouver du travail. Les photographes l'adoraient et bientôt, elle put demander de cinquante à cent mille francs la journée.

« Je faisais la tournée des agences avec mon book sous le bras, comme les autres. Et, croyez-moi, cela n'a rien de drôle. La plupart des modèles se faisaient exploiter. Moi aussi. Je travaillais dur, mais la plupart des photographes s'intéressent plus à leur appareil qu'à vous. Ils se moquent qu'on meure de chaud sous les projecteurs ou que la séance s'éternise. Si je me plaignais, ils décrochaient le téléphone et demandaient une autre fille. »

A l'époque, on racontait que Rainier n'était pas très content. En fait, il n'en est rien.

«S'il avait vraiment été fâché, il m'aurait obligée à arrêter. Cependant il m'a laissée faire. J'ai abandonné, car cela m'épuisait et je suis tombée malade. »

Une agence de New York avait prévu de lui faire faire une tournée, pour « lancer » son visage aux États-Unis. Il y avait d'énormes sommes en jeu, mais tout fut annulé au dernier moment. La presse prétendit que Rainier avait simplement fait obstacle à sa carrière et l'avait empêchée de partir.

«Ce n'est pas ainsi que cela s'est passé. La veille, j'avais une séance de pose. Nous aurions dû finir à six heures du soir, pourtant à deux heures du matin nous y étions toujours. Je travaillais soixante heures par semaine, avec des horaires si invraisemblables que, lorsque je suis rentrée chez moi, je me suis évanouie. On m'a trouvée par terre et emmenée à l'hôpital. »

A cette époque, elle avait déjà assez d'argent pour monter sa société.

Avec sa partenaire, elle créa une ligne de maillots, sous le nom Pool Positions, qu'elle décrit comme « sexy sans être vulgaire ». Elles présentèrent leur première collection à Monaco et vendirent immédiatement leur stock aux grands magasins tels Bloomingdale, Macy's et Harrods.

«Nous aussi, nous avons été très surprises de voir que, dès la première année, nous avions envahi le marché. Mais je préfère penser que ce succès tient plus aux maillots de bain qu'à mon nom. Bien sûr, nous avons fait un défilé à Monaco, c'était une bonne publicité, alors, pourquoi pas? Mais, à la fin, il faut satisfaire les acheteurs. S'ils ne peuvent pas liquider leurs stocks, peu importe de qui ils viennent. Si les maillots ne s'étaient pas vendus, ils auraient dit: "C'est bien gentil, mais non merci. Nous attendrons l'an prochain." Et nous avions des listes et des listes de commandes du monde entier. »

Pourtant, la collaboration ne devait pas durer, à la suite d'un conflit de personnalités. Deux ans après le début de l'aventure, sa partenaire s'en alla.

«Je me suis sentie trahie, car je la considérais comme une amie. Pour moi, l'amitié, c'est très important, et c'est difficile à trouver. Je n'ai qu'un seul ami à Paris, que je connais depuis douze ans. C'est le seul que je peux appeler à toute heure du jour et de la nuit, si j'ai besoin de lui. C'est encore plus douloureux d'être trahi en amitié qu'en affaires ou en amour. »

Les maillots de bain cédèrent la place à sa carrière de chanteuse et d'actrice qui lui prenait tout son temps.

Un jour, on lui proposa d'enregistrer un quarante-cinq tours. Elle accepta immédiatement et, comme on pouvait s'y attendre, *Ouragan* devint bientôt numéro un au hit-parade français. Après tout, elle était déjà célèbre.

A dire vrai, elle n'a qu'un filet de voix, qu'il ne faudrait pas comparer à celle de Barbara Streisand. Pourtant, le disque se vendit à 1,3 million d'exemplaires au cours des trois premiers mois et, aujourd'hui, ce chiffre est passé à cinq millions.

« Là non plus, je ne m'y attendais pas. Je ne croyais pas qu'il se vendrait si bien. Mais cela m'a permis de comprendre que c'était vraiment ce que j'avais envie de faire. Chanter et jouer. C'était devenu toute ma vie. »

Ce nouveau succès l'encourageant à poursuivre sa carrière dans le show-business, Stéphanie éprouva de plus en plus de difficultés à vivre en France.

Tout d'abord, elle dut subir l'horrible choc de la tentative d'enlèvement.

En novembre 1984, un couple essaya par la force de monter dans sa voiture et de partir avec elle.

« C'était très étrange. Il y avait un commissariat juste en face. J'entrais dans le garage, chez mon père, quand un type m'a braqué un fusil sur la nuque. Je me suis figée. J'avais les jambes en coton, mais j'étais toujours capable de réfléchir. J'essayais de me tortiller, je pensais que s'il tirait il valait mieux que ce soit dans un bras ou une jambe que dans la tête. Alors, j'essayais de le repousser.

« Soudain, sa jeune complice est arrivée de l'autre côté et a crié : "Tue-la, tue-la !" Je lui ai dit : "Ecoutez, mon père est en haut, si vous voulez lui parler, allons-y tout de suite, parce que personne ne vous donnera jamais de rançon pour un cadavre." Sur ce, l'homme a pris peur et s'est enfui. Sa compagne en a fait autant. Je me suis réfugiée dans la loge du concierge. J'étais en piteux état. C'était tellement bizarre. »

De plus, elle devait subir des jalousies incessantes, inévitable rançon du succès.

« Ça me rendait folle. Les gens me demandaient tout le temps pourquoi je travaillais et me disaient que je prenais la place de quelqu'un qui le méritait plus que moi. Ça me faisait beaucoup de mal. Et puis, les journaux racontaient n'importe quoi. Ils disaient que, si je n'avais pas été princesse, mon disque n'aurait jamais marché. Mais cinq millions de disques, ce n'est pas seulement à cause de mon nom, c'est parce que les gens aiment bien. Avec mon nom, je peux peut-être en vendre cent mille, mais jamais cinq millions ! »

Stéphanie ne cache pas son mécontentement quand elle parle de la façon dont on la traitait.

« C'est de la pure méchanceté. Tant que vous êtes numéro deux, tout va bien, mais si vous prenez la première place, il faut absolument qu'on essaie de vous détruire. Saviez-vous que lorsque j'étais numéro un, une chanteuse française m'a fait tomber exprès alors que je montais sur scène : je me suis cassé la cheville. C'est incroyable, non ? Je n'aurais jamais imaginé une chose pareille. Aux Etats-Unis, ce n'est pas du tout comme ça. Quand j'ai cherché des musiciens à Los Angeles pour mon album, George Michael m'a prêté son groupe, par gentillesse. Je ne pouvais plus continuer en Europe, alors je me suis installée en Amérique. »

Mais un autre facteur joua un rôle primordial : l'accident.

« Il y avait beaucoup de pressions sur moi, car on disait que c'était moi qui conduisais, que j'avais tué ma mère. A dix-sept ans, cette situation n'est pas facile à vivre. Maman était un personnage si féerique que, d'une certaine façon, elle cessait d'être un être humain. C'était difficile d'accepter qu'il lui arrive des choses banales, comme un accident de voiture. On s'est imaginé que c'était moi la fautive, car elle était trop parfaite pour ça. On ne peut pas s'empêcher de se sentir coupable. Tout le monde vous regarde et a l'air de dire : "Comment se fait-il qu'elle soit encore là, puisque Grace est partie ?" Personne ne me l'a jamais dit en face, mais je sais que c'est ce que tout le monde pensait. Ma mère m'a beaucoup manqué quand je l'ai perdue. Et mon père était perdu sans elle. Je me sentais seule. Je suis partie vivre ma vie. »

En octobre 1986, Stéphanie s'installa donc en Californie.

Peu de temps après, elle se lia avec Mario Olivier Jutard, ancien serveur à Marseille, deux fois marié déjà et accusé d'agression sexuelle aux Etats-Unis. Il prétendait être restaurateur et, pendant

210

un moment, dirigea un night-club à Los Angeles. L'aventure dura presque deux ans.

« Papa n'était guère enthousiaste, dit-elle, et personne ne l'aimait beaucoup. Et je comprends pourquoi. Mais j'ai fait ce que j'avais à faire, je me suis rendu compte que cela ne me convenait pas et je m'en suis sortie. La vie continue. Je ne regrette rien. Papa a dû comprendre lui aussi, car je ne crois pas qu'il m'aurait laissée continuer s'il n'avait pas su que je réfléchirais par moi-même et que j'abandonnerais. Sinon, il m'aurait fait revenir par le premier avion. »

Selon Stéphanie, le Prince lui a laissé tirer les leçons de la vie.

« Il me connaît très bien. Parfois, il dit que je suis celle qui lui ressemble le plus. Je crois qu'il a raison. Nous avons un peu le même caractère, bien que je m'emporte moins facilement que lui. J'en tremble, quand il se met en colère, mais cela lui passe vite. Cela ne dure pas, mais il change de voix et, pendant quelques instants, il est effrayant. Ensuite il se calme et redevient doux comme un agneau. Mais quand il voit rouge, mieux vaut ne pas se trouver sur son chemin. Il se fait très clairement comprendre et, après ça, vous vous dites que vous n'avez plus envie de le mettre dans cet état. »

Ce n'est un secret pour personne que l'épisode Jutard a lourdement pesé sur les relations entre Stéphanie et son père. Pourtant, la porte n'a jamais été fermée. Tous deux ont fait des efforts pour qu'elle reste ouverte, quoi qu'il arrive.

« Parfois, en grandissant, je l'oubliais, et mes parents prenaient peur. Mais c'est toujours comme ça entre parents et enfants. Parfois, je croyais que c'était eux qui la fermaient, et que moi, je laissais une ouverture, mais ce n'était pas vrai. A présent, je comprends à quel point j'ai eu de la chance. Oui, car mon père et moi, nous sommes au même niveau. Nous communiquons d'une manière différente depuis que je suis adulte. Il ne me prend plus pour sa petite fille. Il a toujours envie de me protéger, mais en adulte. J'espère que je lui ai prouvé que je pouvais vivre ma vie, être responsable de mes actes, et nous avons une relation père-fille fondée sur le soutien mutuel et les conseils. Il ne me fait pas de sermons. Quand je lui demande son avis, il me le donne, sans me forcer à le suivre. Il me dit : "Voilà ce que j'en pense, mais tu en fais ce que tu veux." Nous sommes plus proches l'un de l'autre que nous ne l'avons jamais été, surtout depuis la mort de maman.

Il n'a plus besoin de me surveiller comme lorsque j'étais enfant. En fait, j'ai envie qu'il s'occupe de moi et qu'il soit mon ami. »

A Los Angeles, où elle s'installa pour se lancer dans sa nouvelle carrière, elle se chercha un agent de confiance.

A cette époque, Stéphanie passait deux heures par jour avec son professeur de chant et allait voir Nina Foch, son professeur d'art dramatique, trois fois par semaine. Mais elle n'a jamais percé à Hollywood, ce qui en fait pourrait finalement être une bonne chose.

Il va sans dire qu'elle est une des femmes les plus reconnaissables d'Europe. C'est une des raisons qui la firent partir pour Los Angeles.

« A Paris, tout le monde me reconnaît. Un jour, quand même, une femme est venue me voir dans une boulangerie et m'a dit : "C'est incroyable comme vous ressemblez à la princesse Stéphanie." Alors, je lui ai dit : "Oh ! ne m'en parlez pas ! Tous les jours, sans exception, on me fait la remarque. Qu'est-ce que je devrais faire ? Me coiffer autrement ? J'en ai plus qu'assez." La pauvre femme ne cessait de s'excuser, en me disant qu'elle comprenait, que cela devait être affreux. »

En Californie, ce sont surtout des Français qui lui demandaient si elle était bien Stéphanie de Monaco.

« Ils me parlaient français et je me suis aperçue que, si je les regardais en faisant semblant de ne rien comprendre, ils s'en allaient en bredouillant : "Non, ce n'est pas elle." C'est drôle, pour les Américains, je ne suis pas la princesse de Monaco, mais la fille de Grace Kelly. Quand ils me reconnaissent, c'est ce qu'ils me demandent. Mais ce qui me plaît à Los Angeles, c'est que les gens ne s'occupent pas trop de ça. J'étais un visage bien connu parmi des milliers d'autres. »

Approchant ses vingt-cinq ans, Stéphanie était sans doute plus proche de la stabilité qu'elle ne l'a jamais été. Et cela était probablement dû pour une bonne part à son ami du moment, Ron Bloom.

« Il avait une trentaine d'années, était compositeur, écrivait des chansons, jouait de vingt instruments et produisait mes disques. Il est intelligent, il a le sens de la famille, des valeurs et des racines. Il a été élevé dans le respect des valeurs familiales, et c'est très important. Après ma rupture avec Mario, je n'étais pas en très bons termes avec mon père. Ron m'a fait comprendre à quel point il

212

était essentiel de me réconcilier avec lui. Ron m'a beaucoup aidée sur ce point. Il me disait toujours : "Les membres de ta famille, c'est ce qui compte le plus. Ils t'aiment et t'aimeront toujours. Alors, ne coupe pas les ponts. Montre-leur que tu les aimes aussi." Cela a été très important pour moi. »

Grâce à l'influence de Bloom, Stéphanie et Rainier surmontèrent leurs anciennes querelles et restèrent en contact permanent.

« Papa et moi nous téléphonions au moins trois fois par semaine. Nous parlions de tout, nous nous racontions les dernières plaisanteries. Nous étions très proches, tous les quatre. A certains moments, un des enfants s'éloignait parce qu'il ou elle avait des choses à faire, mais nous revenions toujours à la maison. Une famille reste une famille, et c'est ce qu'on a inventé de mieux au monde. »

Quand Rainier alla rendre visite pour la première fois à sa fille à Los Angeles, il fut si heureux qu'il resta cinq jours de plus que prévu. Bien qu'il logeât à l'hôtel, il venait la voir tous les matins à 10 h 30 et, comme tous les pères, l'inondait de cadeaux.

Le premier jour, il fit le tour de l'appartement, dressa une liste de tout ce qui manquait et alla aussitôt avec quelques amis au centre commercial le plus proche pour faire des achats, parmi lesquels un four à micro-ondes.

Au moins pour un temps, Bloom semble avoir eu une influence stabilisante très appréciable.

« Quand j'étais encore en train de régler la situation avec Mario, Ron me répétait toujours qu'il voulait une véritable relation avec moi, mais qu'il préférait que nous prenions notre temps. Il me disait qu'il ne voulait pas que je lui tombe dans les bras parce que je n'allais pas bien. "Je serai ton ami jusqu'à ce que tu sois prête pour autre chose", me répétait-il sans cesse. C'était la plus belle forme de respect qu'on m'eût manifestée depuis des années. »

Le moment venu, Ron et Stéphanie cherchèrent une maison pour vivre ensemble.

« Nous avons passé quatre mois dans un hôtel en attendant. C'est ce qu'il y a de plus dur pour une relation. Quatre mois dans une chambre. Si on survit à ça, on survit à tout. »

Ils s'installèrent dans la Vallée, près de Los Angeles.

Une femme de ménage venait les aider deux fois par semaine ainsi qu'un jardinier, pour tailler les haies. Mais, à part cela, ils n'avaient pas de personnel.

Stéphanie faisait les courses et souvent même la cuisine. Elle est le meilleur cordon-bleu du clan Grimaldi.

La romanesque liaison avec Bloom prit fin début 1990. La rupture fut brutale, et à peine était-elle connue qu'un jeune promoteur immobilier nommé Jean-Yves Le Fur se mit à escorter Stéphanie dans tout Paris. Elle déclara que cette fois était la bonne.

Apparemment, Le Fur plut au Prince, et en avril de la même année, le Palais annonça officiellement les fiançailles. Elle n'avait jamais caché qu'elle voulait par-dessus tout trouver l'homme de sa vie, s'installer et fonder une famille. Et tous ceux qui la connaissent sont d'accord : s'il y a une femme au monde qui mérite d'être heureuse, c'est bien Stéphanie. Il semblait bien qu'elle y fût parvenue.

Début août, pourtant, la date du mariage n'était toujours pas fixée, et certains amis de la Princesse commençaient à dire qu'il n'aurait pas lieu. Elle repartit en Californie achever l'enregistrement de son album, accompagnée par son père.

Le Fur resta à Paris et cessa bientôt de jouer le moindre rôle dans son existence. Il ne fut plus question de mariage. Puis Stéphanie partit en tournée, sous la garde d'un jeune policier monégasque nommé Daniel Ducruet. Quand elle en revint, tous deux étaient très liés.

Né en 1964 à Beausoleil, de l'autre côté de la frontière, Ducruet avait de quoi déplaire à Rainier. Divorcé, il vivait à l'époque avec une autre femme, qui venait tout juste de lui donner un fils nommé Michael.

Toutefois, cela n'avait apparemment aucune importance pour Stéphanie qui, têtue comme à son habitude, s'installa avec lui dans un petit appartement de Monte-Carlo. L'année suivante naquit leur fils Louis, suivi deux ans plus tard de leur fille Pauline.

Une nouvelle Stéphanie se révéla. Désormais mère épanouie de deux enfants, elle entreprit avec Ducruet de se bâtir une existence bien à elle. Lui quitta la police pour se lancer dans les affaires, créant notamment une agence de protection privée. Il prit part également à des courses de voitures. A l'été 1995, tous deux se marièrent enfin ; Louis et Pauline assistèrent à la cérémonie, comme d'ailleurs Michael. Tous se rendirent ensuite à la cathédrale pour y déposer un bouquet sur la tombe de Grace.

Albert était là, comme Caroline et ses enfants – et naturellement Rainier, pour qui la période de turbulence entre sa fille et lui était révolue.

«Je jouais souvent avec Stéphanie quand nous étions enfants, commence Albert. J'aimais beaucoup les enfants plus jeunes et j'étais un peu fasciné par ce nouveau bébé dans la famille. Nous nous sommes toujours très bien entendus. Je sais qu'elle a énormément souffert après l'accident. Elle en a été bien plus affectée qu'on ne l'imagine ; même nous, nous ne nous rendons pas compte de tout. Elle a eu beaucoup de mal à se réadapter, ne serait-ce que dans ses relations avec les autres. D'où sa vie un peu chaotique. Je crois que tout commence à se remettre en place à présent. »

Il se sent obligé de parler ainsi car sa sœur a été l'objet de toutes les attentions de la presse qui l'a harcelée pendant des années, si bien que le moindre incident prenait des proportions dramatiques.

«En raison de sa jeunesse et de ce qu'elle voulait faire, tout le monde en a profité, quitte à ce qu'elle soit blessée en chemin. Je l'aime vraiment beaucoup. Elle n'a jamais rien demandé de tout cela. Elle voulait simplement mener sa vie et a été prise au piège. Nous en avons beaucoup parlé avec mon père et nous étions très inquiets. C'est normal. Je crois qu'elle commence à apprendre à qui l'on peut faire confiance. C'est une fille très gentille qui se cache derrière une façade de dureté, par timidité. Elle ne sait pas toujours s'y prendre avec certaines personnes. Mais elle a essayé de lutter contre ce défaut et cela se retournait contre elle. Quand elle s'ouvre à quelqu'un, elle en dit trop. Elle se laisse trop facilement influencer. »

C'est un problème qui ne touche pas seulement sa petite sœur.

«Plus je suis impliqué dans mon travail, plus je m'aperçois que c'est une tâche solitaire. Bien sûr, j'ai des conseillers pour m'aider, mais en fait c'est toujours moi qui prends la décision finale, et plus je m'approche du pouvoir, plus je me découvre de prétendus amis. C'est un peu délicat, j'ai tendance à faire confiance aux gens, mais j'ai été très déçu. »

Reconnaître la véritable amitié n'est jamais facile.

«Je ne crois pas qu'il y ait de recettes infaillibles. Il faut savoir sentir les choses, observer les gens. J'allais presque dire les tester, mais ce n'est pas exactement ça. Je trouve qu'il est intéressant d'étudier les réactions des autres dans une situation donnée. Bien sûr, il n'est pas facile de définir l'amitié car, souvent, elle est fondée sur l'entraide mutuelle. Mais quand cela devient à sens unique, quand on ne cesse de vous demander des services, c'est là qu'il faut se poser des questions. Je sais que mon père a eu des amis fantastiques, mais beaucoup sont morts, et cela doit être très dur pour lui. Il a du mal à s'en faire de nouveaux. Même s'il a beaucoup de connaissances, ce n'est pas pareil. Mais il supporte très bien la solitude, dans sa vie comme dans son travail, et il peut passer de longs moments sans voir personne. Pas moi. J'ai toujours besoin de gens autour de moi. »

Comme son père, il est conscient que tous les regards sont braqués sur lui.

« Un jour, quelqu'un m'a dit que maman travaillait plus que mon père, car elle participait aux remises de prix et allait aux fêtes de charité. Comme on la voyait plus souvent que lui, on en déduisait qu'elle en faisait davantage. Je considère certaines de nos fonctions, la plupart même, comme un véritable travail, que je n'accomplirais peut-être pas si je n'y étais pas obligé. Mais il y a une grande différence entre les tâches de représentation et celles qu'on exécute derrière un bureau. Apparemment, tout le monde ne fait pas la distinction. »

Albert vit dans l'appartement privé du Palais.

« Sinon, mon père y vivrait seul. De plus, cela ne me dérange pas. Il est très confortable. J'essaie de passer beaucoup de temps avec lui, surtout quand je le sais seul. Je le vois autant que je peux. Nous parlons beaucoup. »

Pour Albert, la journée commence par un plongeon dans la piscine ou un peu d'entraînement physique. Il essaie de se rendre au gymnase tous les matins. Mais si ses fonctions l'ont obligé à veiller tard, souvent il ne se lève pas avant neuf heures, parfois plus tard. Récemment, il a pris l'habitude de prendre son petit déjeuner en compagnie de son père. Il va ensuite à son bureau et y passe quelques heures, qu'il commence toujours par la lecture du courrier. Albert se rend tous les jours au bureau et, selon son emploi du temps, rencontre deux ou trois représentants d'associations telle la Croix-Rouge. S'il n'a pas de déjeuner d'affaires, il prend son repas avec son père avant les rendez-vous de l'après-midi. Il participe à toutes les réunions du cabinet. Il s'intéresse toujours au bobsleigh et, sur le mur, trône une magnifique photo en couleurs le représentant avec son bobsleigh, avant une course à Calgary.

Célibataire, beau parti, il ne reçoit pas seulement des lettres concernant les affaires d'Etat ou son intérêt pour les sports internationaux. Il se trouve toujours quelques mères pour envoyer la photo de leur fille. Parfois, celles-ci prennent la plume elles-mêmes, sans rien dire à leur maman.

« C'est bizarre, mais je ne me suis jamais considéré comme le meilleur parti qui soit. Ces lettres me surprennent toujours. Les gens essaient sans cesse de me caser. J'ai tout un fichier de mères qui veulent marier leur fille, avec photo. Mais le pire, c'est quand un ami de la famille me propose : "Viens donc dîner, j'aimerais que tu rencontres..." C'est insupportable. »

De toute façon, il ne cache pas qu'en tant que futur souverain, il n'a aucune difficulté en ce domaine.

« Dans les night-clubs, au restaurant, sur la plage ou dans la rue, je leur dis bonjour. Pourquoi pas ? »

On a cité les noms de beaucoup de jeunes femmes à son sujet. En 1991, le *Daily Express* rapporta qu'Albert se serait flatté d'avoir eu cent vingt-neuf amies très proches – chiffre assez modeste, en fait, pour un jeune homme de trente-trois ans, beau, athlétique, riche, héritier d'un trône, et qui vit de surcroît à Monte-Carlo, où les belles femmes ambitieuses sont légion. C'étaient bien là les méthodes chères au journalisme à sensation, dont les Grimaldi sont les victimes depuis des années. Les journaux l'ont également fiancé à Cathy Lee Crosby, Brooke Shields, Baryl Hannah, Brigitte Nielsen, Fiona Fullerton, Kim Alexis, Lisa Marie Presley, Claudia Schiffer, la présentatrice de télévision Gabiria Brandimarte, ou encore l'actrice Catherine Alric ; on raconte que cette dernière retourna – en même temps que ses valises – un bouquet qu'il lui avait envoyé pour s'excuser, accompagné d'un mot sur lequel on lisait : « L'amour sans fidélité est comme une fleur sans soleil. »

De toute évidence, le problème, pour Albert, n'est pas de rencontrer des jeunes femmes bien disposées, mais de former une relation qu'il pourra prendre au sérieux. Il n'est pas contraint d'épouser une catholique, mais ses enfants devront être élevés dans cette foi. La continuité de la lignée Grimaldi est toutefois assurée, dans la mesure où Caroline et ses enfants, puis Stéphanie et les siens, peuvent lui succéder.

Après ses études au lycée de Monaco, il alla au Amherst College, dans le Massachusetts où, en 1981, il obtint son diplôme de sciences politiques. Il passa six mois dans la marine française avant de suivre une formation de management à la Morgan Guaranty Trust Company, à New York, où il fit également un stage dans l'agence de publicité Wells, Rich and Green, puis il compléta sa formation dans le service marketing de Moët et Chandon.

« C'était l'idée de mon père. Il voulait que je sache comment fonctionnait une grande entreprise française. Mais la banque et la publicité, ça venait de moi. Je suis retourné à New York en 1986 pour travailler dans une agence d'avocats. »

Albert n'est pas seulement le premier prince à avoir été au lycée local, il est le seul à être entré en contact avec les grandes sociétés.

« Avoir une bonne connaissance de la banque et du marketing, cela fait partie de mon travail, bien qu'il me soit difficile d'annoncer un programme bien défini à l'avance, pour le jour où je prendrai le pouvoir. Mes idées n'entrent pas forcément en contradiction avec ce que mon père a fait ces dernières années, mais si je les exprime trop ouvertement, on croira que je veux le supplanter. »

Bien qu'il ne veuille pas se montrer trop précis, il estime que Monaco continuera à développer le tourisme, l'industrie légère, l'immobilier et les établissements bancaires. Mais il envisage également la création d'autres secteurs, sans trop savoir encore lesquels.

« Bien sûr, j'aimerais que Monaco devienne une place financière européenne d'importance, mais nous devrons avancer prudemment et bien choisir nos partenaires. Je crois que nous avons encore le temps d'y penser. Il me semble que le temps joue pour nous, mais, pour l'instant, il faut surtout s'appuyer sur ce qui nous a réussi dans le passé. »

En l'entendant parler aussi sérieusement, il est évident qu'il n'envisage pas la succession à la légère.

« C'est un processus qui est entamé depuis longtemps. Je crois que j'ai commencé à prendre conscience de mes futures responsabilités dès l'âge de cinq ou six ans. Et cela m'a toujours fait un peu peur, car au fil des ans je me suis aperçu qu'elles étaient très lourdes et qu'il y avait énormément de problèmes à régler. A présent, j'en remplis quelques-unes et j'aide mon père dans son travail. Mais ce n'est pas facile et je ne suis pas sûr d'être à la hauteur. Il me semble

218

que je dispose des outils et des connaissances nécessaires, mais je ne sais pas si je pourrai réussir aussi bien que lui. »

Cela dit, il se hâte d'ajouter qu'il ne fuit pas le problème, reconnaissant toutefois qu'il faut une certaine envergure pour l'affronter.

« Je lis les journaux, je sais que la presse raconte souvent que je tourne en rond, sans rien faire. C'est injuste. J'aide mon père et je travaille autant que je peux. Je fais de mon mieux. Je ne vois pas pourquoi je devrais me précipiter, car la situation me convient et, tant que mon père n'y voit pas d'inconvénient, c'est parfait. Tout arrivera en son temps. Inutile de fixer de date. Quand je serai prêt, nous le saurons tous les deux. » Plus il se rapproche du jour où il devra assumer le pouvoir, plus l'œuvre de son père lui paraît liée à la présence de sa mère.

« C'était un travail d'équipe. Ma mère et mon père en ont fait plus pour la Principauté que quiconque dans toute son histoire. Et ensemble. Ils ont donné à Monaco son prestige, ce dont sans doute personne n'aurait été ou ne sera plus jamais capable. C'est difficile à exprimer par des mots, mais regardez autour de vous. Cela donne une bonne idée de ce qui se passe. Monte-Carlo était simplement une jolie petite ville à moitié endormie de la Côte, qui ne pouvait que s'occuper de tourisme. Aujourd'hui, c'est un centre animé, pas seulement un lieu de villégiature. Et c'est à mes parents qu'on le doit. »

Puisqu'il parle de sa mère, Albert relate également son souvenir le plus cher. Un jour, il découvrit qu'elle était une vedette de cinéma.

« J'étais presque adolescent et ce fut une véritable révélation. Nous parlions souvent de cinéma et elle nous racontait des anecdotes. J'aime toujours le cinéma, je m'intéresse à la réalisation, j'ai d'ailleurs suivi des cours. Parfois, il me semble que c'est ce que j'aurais fait si je n'avais pas eu d'autres responsabilités et je dois avouer que j'y ai souvent pensé. Mais c'est un monde âpre. Et d'ailleurs, je n'ai jamais été très bon acteur. J'ai joué dans quelques piécettes en vacances d'été, mais jamais quand j'étais au lycée, même si cela me tentait. Il y avait quelque chose qui me retenait. La timidité, peut-être. Mais comprendre le cinéma, c'est amusant. J'aurais peut-être aussi aimé me trouver de l'autre côté de la caméra. »

Une fois qu'il eut compris qui étaient sa mère et ses amis d'Hollywood, il eut une deuxième révélation.

« Cela me fascinait de les rencontrer et de pouvoir me mêler à leur vie. Je pensais que j'étais peut-être le seul garçon de quatorze ans qui pouvait téléphoner à Sinatra, Gregory Peck ou Cary Grant... et les avoir au bout du fil. »

A présent qu'il connaît la valeur des relations et le pouvoir qu'elles confèrent, il prend soin de ne pas en user à tort et à travers.

« Je ne sais jamais si je m'y prends bien. Au moins, je sais ne rien demander, car tous ces gens auraient la même réaction que moi quand on me demande un service. »

Pourtant, il n'hésite pas à décrocher le téléphone quand il le faut. Et, en cela, il est très différent de son père.

« Papa en a horreur, il préfère écrire des quantités de lettres. Moi, je préfère appeler. Mon père me reproche toujours de trop téléphoner. Dès que je décroche l'appareil, il me demande à qui je parle encore, et pourquoi. Parfois, j'appelle des gens que je ne connais pas, je me présente à la secrétaire : "Bonjour, ici le prince Albert", et on me répond : "Oui, c'est ça, très drôle." C'est amusant... Alors, j'essaie de laisser mon secrétaire composer le numéro, mais vraiment, ça me fait rire chaque fois que quelqu'un me répond : "Et moi, je suis le pape ! Allez, assez plaisanté. Qui est à l'appareil ?"»

Sa position de cadet a été plutôt facile, d'autant plus que Stéphanie était très jeune. Mais Caroline était autoritaire et très indépendante.

« Pendant un moment, je me suis laissé faire. Oh ! bien sûr, elle m'énervait parfois quand nous étions enfants. Nous nous battions, comme tous les frères et sœurs. Mais, quand j'ai eu onze ou douze ans, j'ai pris des cours de judo. Un jour, je lui ai fait une clé de hanche et l'ai mise par terre. Depuis, nous avons de très bons rapports. »

Caroline se souvient aussi de l'incident.

« Oh ! que oui ! Nous avons toujours été une famille très unie, et j'étais très proche d'Albert car nous n'avions qu'un an d'écart. Mais nous nous battions comme chien et chat quand nous étions enfants, et ce n'était pas seulement un jeu. Ce jour-là, comme il faisait du judo, il m'a jetée par terre et j'ai eu si mal que j'ai su que c'était fini. Mon petit frère n'était plus un bébé. »

« Il y a huit ans de différence entre Stéphanie et moi, alors je me suis toujours sentie un peu responsable d'elle. Je jouais à la grande sœur. Je m'en occupais et je la surveillais. »

Caroline ne découvrit pas que sa mère était une star de la même façon que son frère.

« J'avais une dizaine d'années. J'avais vu des films d'elle avant, mais, cette année-là, je suis allée en Californie et j'ai visité les studios. Il y avait des copies d'archives et on nous en a projeté. Il y avait un tel remue-ménage autour de nous que j'ai commencé à comprendre qui elle avait été. Mais je ne pense pas que cela nous ait beaucoup marqués. Albert et moi, nous nous moquions toujours d'elle, surtout avec *Mogambo*. Dans une scène, elle se tourne vers Clark Gable et lui dit : "Je ne savais pas que les singes montaient aux arbres." C'était la chose la plus bête que j'avais jamais entendue. Nous la lui répétions sans arrêt. Comme nous étions enfants, nous avions du mal à comprendre qu'elle jouait, je croyais qu'on filmait simplement maman et qu'elle ne savait vraiment pas "que les singes montaient aux arbres". »

Même si sa mère fut une star, Caroline ne partage pas les ambitions de sa sœur dans ce domaine.

« Non, pas moi. Je n'ai jamais eu envie de faire du cinéma. Je voulais être ballerine. Je n'ai même jamais joué dans des pièces à l'école. Ou alors, j'avais toujours des rôles muets. Un jour, j'ai été l'un des trois Rois mages, avec une grande barbe. J'avais un trac fou. En dansant, cela allait mieux, mais si je devais dire quelque chose sur scène, ça me rendait malade. »

Elle n'a pas non plus les mêmes conceptions que sa mère.

« Maman s'occupait toujours. Elle le tenait de sa propre mère, qui ne pouvait supporter les gens qui restaient à ne rien faire. Elle était incapable de s'installer dans un fauteuil et de se détendre. Moi, je peux parfaitement rester sans rien faire pendant deux bonnes heures. Mais ma mère a dû m'influencer quand même, car je me sens horriblement coupable. Ce qui ne m'empêche pas de recommencer. »

Comme Albert et Stéphanie, Caroline a toujours eu du mal à se faire des amis, non parce qu'elle y met des barrières, mais parce qu'une petite voix à l'intérieur d'elle-même lui murmure toujours : « Qu'est-ce qu'on veut de moi ? »

Elle a connu dès son enfance ses amies d'aujourd'hui.

« Le problème, c'est que l'on passe trop de temps à se demander qui sont ses véritables amis. Il faut prendre les gens tels qu'ils sont. Après tout, c'est un peu désolant d'avoir à s'inquiéter, à se demander : est-ce un véritable ami ? Et, au-delà d'un certain point, c'est difficile de faire confiance à tout le monde. Si vous demandez aux autres d'être toujours là quand vous avez besoin d'eux, et de ne jamais rien vous demander en retour, c'est peut-être un peu dur. Mais il ne faut pas avoir trop d'espérances, car on risque d'être déçu. Je me sentais parfois seule, enfant. Je crois que c'est plus facile maintenant. D'ailleurs, beaucoup de choses deviennent plus faciles en vieillissant. Des tas de problèmes stupides s'estompent. »

En fait, en élevant ses enfants, elle revoit un peu ses parents.

« Il y a quelques années, Andrea me posait des questions sur sa grand-mère italienne. Je lui ai dit qu'elle était la maman de son papa, et que son grand-père italien était le papa de son papa, et je lui ai expliqué qu'ils s'occupaient de lui quand il était petit. Il a eu aussi des questions sur son autre papy, je lui ai expliqué que c'était mon papa et qu'il s'est occupé de moi quand j'étais petite. Alors, il m'a demandé qui était ma maman. Je lui ai expliqué qu'elle n'était plus là, qu'elle était au ciel. Dans l'espace, parce que, pour Andrea, l'espace, c'était quelque chose. Je lui ai donc dit que maman était dans l'espace et qu'elle était magique, parce qu'elle nous voyait, nous entendait, nous protégeait, et que, s'il se concentrait très fort, il la verrait peut-être aussi. Je pensais que ça allait prendre. Mais il m'a dit : "Ça veut dire qu'elle est morte ?" J'en suis restée bouche bée. Ensuite, il m'a regardée et m'a dit : "Mais toi, tu ne mourras pas, parce que tu es ma seule maman." »

En 1983, Caroline épousa Stefano Casiraghi, grand et bel Italien blond de la région de Milan, de trois ans et demi son cadet. A l'époque, en plaisantant, elle disait qu'il était le mari parfait, car il avait des intérêts dans une usine de chaussures et qu'elle n'aimait rien tant que les chaussures. Lui mettait des étiquettes spéciales dans ses escarpins spécifiant que c'était une création exclusive. A la même époque, elle arborait un T-shirt qui proclamait : « J'ai épousé un Italien. »

Fils d'un riche industriel, Stefano s'était installé a Monaco, étendant ses affaires à l'immobilier et aux chantiers navals.

Leur fils Andrea naquit en 1984, suivi par Charlotte en 1986 et Pierre en 1987.

Tous les cinq vivaient, la plupart du temps, dans la maison de Caroline sur le Rocher, partageant le reste de leur temps entre Roc Agel, Paris et l'Italie. Caroline et Stefano parlaient italien chez eux, mais elle a toujours parlé français à ses enfants.

Avec trois rejetons et un mari qui l'aimaient beaucoup, Caroline était une femme comblée.

Cela n'avait plus rien à voir avec son premier mariage et les dures leçons apprises du temps où elle fut Mme Philippe Junot.

« C'est paradoxal. C'est un peu à cause de la façon dont nous avons été élevés. Maman disait : "Bien sûr, ce n'est pas l'homme qu'il te faut, tu ne devrais pas l'épouser, mais à présent tu es compromise. Cela fait trop longtemps que vous vous fréquentez. Tu dois te fiancer officiellement ou cesser de le voir et terminer tes études aux Etats-Unis." Elle voulait que j'aille à Princeton. Alors, je lui ai dit : "D'accord, on se fiance." J'avais vingt ou vingt et un ans et ne voulais pas vraiment me marier. Si j'avais vécu avec lui ne serait-ce que six mois, ou même trois, j'aurais découvert sa véritable personnalité. Mais je n'avais même pas le droit d'aller en vacances, ni même de passer un week-end avec lui, sauf chez ses parents, ce qui restait convenable. Je ne le connaissais pas vraiment. Se marier, c'était le seul moyen de s'en sortir. »

Quand elle annonça son mariage à sa mère, Caroline précisa immédiatement que, si Grace était contre, elle renoncerait.

« Je lui ai dit : "Je ne vais pas me marier contre ton gré. Je serai peut-être malheureuse si je ne le vois plus, mais ne t'inquiète pas." Elle m'a répondu : "Bien, marie-toi. Après tout, depuis le temps qu'on vous voit ensemble, que vont penser les gens ?" Les temps ont bien changé depuis. C'est fascinant. J'ai épousé Philippe parce que j'étais amoureuse de lui, c'est une bonne raison de se marier. Mais un jour on se réveille et on se demande ce qu'on a fait. Je crois que j'ai commencé à me poser des questions pendant notre lune de miel. Il s'était arrangé avec un de ses amis photographes pour qu'il vienne nous rejoindre, avec les droits exclusifs sur notre lune de miel. C'était horrible. C'était le commencement de la fin, mais il m'a fallu un an et demi pour en finir réellement. »

Une fois séparée de Junot, elle rentra chez elle, et ses parents se montrèrent très compréhensifs.

« Maman était très présente. Je n'osais pas divorcer, ni même en parler, car c'est impensable chez les catholiques. On est censé prendre son mal en patience. Mais maman m'a dit : "Il faut que tu divorces." Je lui ai demandé comment elle pouvait parler ainsi, dans une famille croyante. J'ai expliqué que je cherchais une solution, mais elle m'a répondu : "La religion est faite pour aider les gens, pas pour les faire souffrir." »

Après avoir enduré les remous médiatiques entourant son divorce de Junot, elle renoua avec son vieil ami Roberto Rossellini, le fils d'Ingrid Bergman. Cela dura deux ans. Quand ce fut terminé, elle découvrit Stefano. Devenue Mme Casiraghi, elle s'installa avec ravissement dans son rôle de mère de famille. Parfois, Stefano et elle parlaient d'avoir six enfants.

C'est alors que la tragédie la frappa.

Le 3 octobre 1990, Stefano mourut dans un accident alors qu'il prenait part à une course de hors-bords, à quelques encâblures de la plage de Monte-Carlo. Cela faisait plusieurs années qu'il pratiquait ce sport, où il était passé maître, au point de remporter le titre de champion du monde à Atlantic City, en 1989. A bord de son catamaran, le *Pinot de Pinot,* il avait, avec son coéquipier Patrice Innocenti, toutes les chances de le conserver. Mais, alors que l'embarcation, fonçant à 150 km/h, prenait un virage, elle fut déséquilibrée par une vague et se retourna. Innocenti fut éjecté et Stefano, prisonnier du bateau, coula avec lui. Les équipes de secours, arrivées en toute hâte, ne parvinrent pas à le sauver à temps.

Ce jour-là, Caroline était à Paris. Rainier lui apprit la nouvelle par téléphone. Quelques heures plus tard, une jeune veuve vêtue de noir regagnait Monaco – accompagnée par Inès de La Fressange, sa meilleure amie. Elle était désormais seule pour s'occuper de ses trois enfants. A Noël, lorsqu'on demanda à Andrea ce qu'il désirait comme cadeau, il répondit : « Voir revenir mon papa. »

Comme la mort de Grace – qui détestait conduire et ne s'y résolvait que rarement –, celle de Stefano était pleine d'une amère ironie. Sachant à quel point Caroline s'inquiétait, il avait annoncé la semaine précédente qu'il arrêterait la compétition juste après le championnat, et comptait se reconvertir dans la construction de bateaux.

De surcroît, jamais il n'aurait dû courir ce mercredi-là. Deux jours auparavant, lors d'une éliminatoire, il avait arrêté son navire pour venir en aide à un concurrent en difficulté. C'était contre le règlement : il avait donc été éliminé. Mais il était l'un des organisateurs de la course – après tout c'était lui qui l'avait amenée à Monaco – et champion du monde en titre : le jury avait donc décidé de le repêcher.

A peine âgé de trente ans, Stefano était un homme aimable, à la voix douce, assez sûr de lui pour laisser Caroline être la star. Il l'aimait autant qu'elle l'aimait, et adorait leurs trois enfants, qui le suivaient partout. Il avait vraiment aidé Caroline à fonder la famille dont elle avait toujours rêvé.

Caroline se replia dans un mas du Lubéron, à Saint-Rémy-de-Provence, pour être seule avec ses enfants et son chagrin. Dispensée de ses obligations officielles, elle perdit du poids, se coupa les cheveux très court et s'habilla sans recherche. Lors des rares occasions où elle fit, l'année suivant la mort de Stefano, des apparitions publiques, ce fut chaque fois pour se rendre sur sa tombe.

Elle inscrivit ses enfants à l'école du village et les aida, non sans courage, à surmonter la perte de leur père. Sans le savoir, ils l'aidèrent aussi à traverser cette épreuve. Caroline confie aujourd'hui qu'ils étaient la seule raison qui pût l'amener à se lever le matin.

La presse à sensation ne tarda pas à parler d'idylle avec l'acteur Vincent Lindon. L'un comme l'autre ne manquaient pas d'amis, de quasi-amis et de pseudo-amis heureux de faire savoir que la liaison suivait son cours. Les journaux firent savoir que les ancêtres maternels de Lindon comptaient un ministre de la IIIᵉ République ; puis ils affirmèrent, à plusieurs reprises, qu'ils s'étaient mariés, ce que le Palais dut démentir chaque fois. Rainier fut contraint d'intervenir et de rappeler à la presse qu'en cas de mariage, l'annonce officielle serait faite le jour même.

De son côté, Caroline voulait simplement mener sa vie. Elle reste la première dame de Monaco, mais ce n'est jamais qu'une tâche à temps partiel. Elle consacre le sien à ses trois enfants, et son père le comprend parfaitement.

Il comprend également le désir de sa fille de vivre en harmonie avec la nature, loin des projecteurs qui ont gâché sa vie à Monaco. Et il sait, mieux que personne, pourquoi elle veut élever ses enfants d'une manière qui n'a rien à voir avec celle de Grace et de Rainier.

Pianiste et lectrice passionnée, Caroline s'intéresse aux classiques, aux critiques d'opéra du XIXᵉ siècle et à la littérature contemporaine. A un moment donné, après sa séparation, elle songea même à écrire.

En 1981, elle fut contactée par l'*International Herald Tribune* pour rédiger un article sur la vie de sa famille à Monaco.

Pour ses débuts dans sa carrière d'écrivain, elle choisit pour titre : *A Compulsive Need for Blue**.

« On est toujours tenté d'enjoliver son enfance, écrivit-elle. Elle se déroule toujours dans de petites villes, au milieu d'un paysage splendide. Il y fait beau tout au long de l'année. On passe tout son temps à jouer dehors. Mais, enfants, nous n'étions pas conscients de la magnificence de notre environnement. Nous ne pensions pas vivre dans un endroit que certains jugeaient unique. »

Elle disait également que ce ne fut que plus tard, après avoir voyagé, qu'elle comprit à quel point elle aimait la Méditerranée et son ciel sans nuage. Puis, elle donnait son opinion – largement partagée par les Monégasques – sur l'invasion des touristes.

« Les règles sont simples. Si vous faites partie de la haute société, vous n'allez pas "quelque part", vous faites une entrée. Vos conversations sont centrées sur la vie des autres. Vous dînez à l'Hôtel de Paris et vous jouez avec votre caviar. Un flot incessant de bus passe devant vous. Les passagers vous regardent, montrent le champagne et les femmes du doigt. D'un côté, vous avez des gens qui descendent de bus nauséabonds et surchauffés, de l'autre, des gens qui essaient d'être élégants, de rester désespérément calmes, et gonflent d'orgueil à la simple pensée d'être vus. Les Monégasques ont-ils une place dans ce puzzle ? A dire vrai, je ne pense pas que notre famille en ait une. Nous avons dû apprendre à satisfaire les visiteurs, même si cela ne s'est pas toujours fait sans quelques grincements de dents. A présent, nous ignorons aussi superbement les masses anonymes que l'élite insolente. Au cours des siècles, bien avant que les gens commencent à voyager pour le simple plaisir, notre souci a toujours été de préserver le sens de l'identité nationale et de nous y tenir. »

Malheureusement, le journal ne publia que quelques extraits de l'article, en l'illustrant d'une insipide photo de Caroline, à l'âge de huit ans. Elle fut très déçue car, comme sa mère, qui avait relu son papier, elle espérait se lancer un jour dans les lettres.

---

* « Un besoin maladif de bleu » (NdT).

Voir son travail ainsi sabordé ne l'empêcha pas d'écrire pour des magazines français, et elle effectua ainsi une excellente interview du chanteur d'opéra Ruggero Raimondi.

Aujourd'hui, elle reprend parfois la plume pour rédiger, avec quelques amis parisiens, un magazine satirique. Mais l'écriture passe après sa famille et ses devoirs officiels car, après la mort de Grace, elle est devenue la première dame de la Principauté.

Albert est le nouveau président de la Croix-Rouge, mais lui aussi a d'autres responsabilités et, comme Stéphanie passait la plupart de son temps aux Etats-Unis, c'est Caroline qui reprit la direction de la fondation Princesse Grace et de l'école de danse, destinée à aider les jeunes artistes. Elle est également présidente du festival de musique.

« Quand maman s'en occupait, c'était encore une formule bâtarde, où divers spectacles étaient présentés sous les auspices du festival. Je sais qu'elle avait l'intention de tout regrouper sur une période de deux ou trois semaines, mais n'a jamais eu le temps de mener à bien ce projet. J'en ai fait un véritable festival, qui dure trois semaines, à Pâques.

Caroline lui a même imprimé sa personnalité.

« Je choisis ce que j'aime. Nous nous sommes attachés à faire revivre les opéras oubliés des XVIIe et XVIIIe siècles. Ici, la salle est petite, si bien que nous avons décidé d'attirer un public d'initiés. En septembre, nous organisons un festival de musique baroque. Nous projetons également des films sur l'opéra et la musique. Il y a des expositions de peinture et de photographie, et quelques représentations de théâtre expérimental. »

Fidèle à la tradition monégasque du ballet, Caroline a complété le travail de sa mère en montant la compagnie de l'opéra de Monaco.

« Cela m'a donné beaucoup de travail. Tout installer, organiser les tournées, choisir le répertoire, trouver les chorégraphes. Nous essayons de maintenir l'équilibre entre le répertoire de Diaghilev et les Ballets russes et les grands classiques comme *Le Lac des cygnes* ou *Casse-Noisette*. Nous donnons également quelques spectacles de danse contemporaine. »

En même temps, elle a lancé un projet qui lui est propre, *Jeune, j'écoute*. C'est une ligne téléphonique destinée à aider les jeunes qui essaient de sortir de la drogue, ont des ennuis avec la police ou leurs parents, ou sont simplement au chômage et ont besoin de conseils. Ils trouvent là quelqu'un à qui parler et un refuge à leur disposition.

«Je ne crois pas que je puisse dire en quoi consiste une journée normale. J'essaie de passer le plus de temps possible avec mes enfants, un peu comme mes parents avec nous. Je prends au moins un repas par jour avec mes enfants. En général, je passe la matinée avec eux.»

Caroline accepte volontiers de combler le vide laissé par Grace.

«Parfois, il y a tant de choses à faire que je n'ai même pas le temps de penser. Le pire, ce sont toutes ces lettres, ces cas désespérés. Il est souvent difficile de leur venir en aide. Nous en recevons tous les jours. J'ai souvent l'impression d'être une assistante sociale qui passe son temps à voler au secours des autres.»

Mais que pense-t-elle de tous ceux qui prétendent qu'elle veut reprendre le trône?

Elle lève les yeux au ciel.

«Ah! oui, les gens qui racontent que j'intrigue dans les sombres corridors du Palais? Ces histoires de complots? Richelieu et Mazarin sont des enfants de chœur à côté de moi! La vérité, c'est que dès que j'ai une minute, je la passe avec mes enfants. Je n'ai pas le temps d'ourdir des complots. Je suis vraiment impatiente qu'Albert se marie, car son épouse pourra reprendre une partie de mes responsabilités. Bien sûr, il ne cesse de me répéter qu'il doit trouver celle qui lui conviendra. Enfin, j'en suis à un tel point, et je manque tellement de temps pour moi et mes enfants, que, dans mes pires moments, mais seulement dans mes pires moments, je crois que je voudrais qu'il épouse Joan Collins.»

13

Vivre dans un bocal

«Je suis toujours perdante, disait Grace, Si je prends deux kilos, tout le monde me croit enceinte. Si je maigris, on en déduit que je veux reprendre le cinéma. Si je vais voir un ami, trois jours de suite à l'hôpital, on me découvre une maladie incurable. Si je passe quelques semaines à Paris, pour rester près de ma fille, on raconte que mon ménage bat de l'aile et que nous allons nous séparer. Les adultes prennent ça avec un haussement d'épaules, mais j'ai du mal à accepter qu'on s'intéresse à mes enfants de manière aussi perverse.»

Depuis toujours, les Grimaldi font partie de ceux qui font couler le plus d'encre et que l'on photographie sans cesse.

Les cheveux dissimulés sous une écharpe, les yeux à l'abri de ses lunettes de soleil, Grace n'était pas toujours reconnue.

Un jour qu'elle se promenait sur l'esplanade devant le Palais, avec une amie, un couple d'Américains s'approcha d'elle avec un appareil photo.

— Bonjour, leur dirent les touristes.

Toutes deux répondirent.

— D'où êtes-vous? demandèrent-ils.

— Des Etats-Unis, répondirent Grace et son amie.

— Nous aussi. Ça ne vous ennuierait pas de nous prendre en photo? dit l'Américain en tendant son appareil à Grace.

— Pas du tout.

Le couple posa de façon à avoir le Palais en arrière-plan. Grace les prit en photo. Les touristes la remercièrent, reprirent leur appareil et firent un signe d'au revoir.

Ils ne surent jamais la vérité.

Vêtue un peu de la même façon, elle prit un jour un taxi à New York et s'aperçut que le chauffeur l'observait dans le rétroviseur.

Elle sourit poliment.

– Vous savez, lui dit l'homme à travers la grille qui isolait son siège du sien, vous ressemblez drôlement à Grace Kelly.

– Ah bon?

– Oui, drôlement, mais je crois qu'elle est encore plus jolie que vous.

Comparé au reste de la famille, Rainier est sûrement celui qu'on approche le moins facilement, pourtant, son visage est bien connu, et quand il se promène à Monaco, souvent, quelqu'un s'approche de lui en disant: «Je crois que nous nous connaissons. Vous n'êtes pas... Ah! ça y est, vous êtes le prince Rainier!»

Parfois, surtout s'il s'agit d'une jolie femme, il reconnaît que oui, mais la plupart du temps il nie.

«Je leur réponds : "C'est drôle que vous me disiez cela, parce qu'on me prend souvent pour lui. Vous êtes la troisième personne à me poser la question aujourd'hui." Là, ils me regardent d'un peu près et finissent par dire: "Bon, effectivement, ce n'est pas vous, mais, vraiment, vous lui ressemblez." Comme ça, on me laisse tranquille, ça marche presque à tous les coups.»

En allant de Cannes à Monaco, le prince Honoré V rencontra Napoléon qui revenait de l'île d'Elbe et les deux hommes discutèrent autour d'un feu de camp.

Selon ses dires, Honoré se contenta d'avertir l'Empereur qu'il était très risqué de vouloir reconquérir la France.

Des années plus tard, Alexandre Dumas en personne rapporta la rencontre et la déforma à tel point que le prince se sentit dans l'obligation de rétablir la vérité.

Il écrivit donc à Dumas: «La conversation que vous relatez entre l'Empereur et moi est une véritable trahison de la vérité. Il ne m'a pas répété et répété "Bonjour, Monaco", ne m'a pas demandé de le suivre, et je ne lui ai pas répondu que j'attendais ses ordres. Vous devez admettre que votre imagination est un peu fertile. Je n'ai aucunement à me plaindre de vos romans, mais l'histoire demande plus d'exactitude.»

Effectivement, l'histoire a besoin de s'appuyer sur la vérité et, dans les ouvrages sérieux, c'est généralement le cas.

Mais pour la presse à scandale la fiction vaut mieux que la réalité, surtout lorsqu'elle se fait passer pour elle.

230

C'est un combat que les Grimaldi mènent depuis l'époque d'Honoré V. Rainier dut souvent mettre les choses au point lorsqu'il était encore célibataire. Chaque fois qu'on le voyait avec une femme, elle devenait une fiancée potentielle.

Grace eut un peu plus de chance et parvint à éviter la plupart des scandales d'Hollywood du temps où elle y travaillait. Elle passait aussi peu de temps que possible en Californie, ce qui limitait les dégâts, et elle se montrait très discrète sur sa vie privée.

Pourtant, elle ne s'en tira pas totalement indemne.

Lors du tournage d'*Une fille de la province*, la presse la fiança à son partenaire, à cause d'une photo d'un dîner en compagnie de Bing Crosby. Mais, en fait, ce n'était un tête-à-tête que pour l'éditeur, qui avait coupé l'image de façon à faire disparaître Peggy, la sœur de Grace assise à côté de Crosby.

Peu après, les journalistes montèrent la garde devant l'appartement de Grace et racontèrent qu'on y voyait souvent la voiture de William Holden. Pourtant, ils ne précisèrent pas qu'il avait prêté sa voiture à un ami de Grace.

Ce fut surtout Hedda Hopper, journaliste de Hollywood, qui lui mena la vie dure.

Sans qu'on sache vraiment pourquoi, juste avant le début du tournage, Hopper, célèbre langue de vipère, téléphona à Crosby pour l'avertir que sa partenaire était une «mangeuse d'hommes».

Quand Rainier et Grace annoncèrent leurs fiançailles, Hopper écrivit : «La moitié de leurs amis pensent qu'ils n'iront pas jusqu'à l'autel.»

Depuis la mort de Grace, on a beaucoup écrit sur ses histoires d'amour, réelles ou imaginaires. Trop souvent, les sources citées ne sont plus là pour démentir, et les histoires emberlificotées, et parfois salées, sont acceptées comme telles, tant on a l'habitude de les voir imprimées noir sur blanc.

Qu'elle ait été amoureuse de Ray Milland, Oleg Cassini ou Jean-Pierre Aumont, ou de qui que ce soit d'autre, ne change rien à la femme qu'elle est devenue. Avant de se marier, elle avait déclaré à un journaliste : «J'ai déjà été amoureuse, mais jamais à ce point-là.»

Qu'une femme active, jeune et belle, ait eu des sentiments et des désirs il y a trente-cinq ou quarante ans n'apparaît guère, de nos jours, comme une révélation.

Dans ces conditions, il est peu surprenant que ceux qui se retrouvent sans cesse sous l'œil du public aient des relations tumultueuses avec la presse.

«Même si on connaît ça pendant toute sa vie, on s'habitue mal à vivre dans un bocal à poissons. Nous ne pouvons pas nier que nous ayons eu des rapports difficiles avec la presse, mais il faut comprendre que dès que quelque chose est imprimé c'est trop tard. Quoi que vous fassiez, cela reste noir sur blanc. Les gens s'en tiennent à la première version. Les démentis, quand on en obtient, ne servent à rien et arrivent beaucoup trop tard.»

Malgré leur expérience en ce domaine, ce ne fut qu'en annonçant leur futur mariage que Rainier et Grace subirent le baptême du feu.

Ni l'un ni l'autre ne s'attendait à un tel assaut. Ils durent affronter des conférences de presse et répondre sans cesse aux mêmes questions.

Rainier supporta les premières, mais sa patience fut vite mise à rude épreuve. Il se montra incapable de dissimuler son énervement, ce qui se remarque facilement sur les films de l'époque. Il essaie presque de se rendre invisible. Manifestement, Grace comprenait mieux et tentait de le protéger. Un jour, après une conférence, alors qu'il pensait en avoir fini, un photographe demanda quelques clichés supplémentaires, et Rainier siffla entre ses dents : «Ils savent pourtant que je ne suis pas sous contrat avec la MGM.»

La noce elle-même leur fit vivre un cauchemar.

La Principauté craquait aux coutures sous la pression des journalistes et des photographes. Le bar de l'hôtel de Paris était devenu le quartier général officieux de la presse, et il y avait tant de scribouillards que la direction dut installer des tables jusque dans le hall d'entrée.

Le chaos le plus complet régnait.

En fait, rien ne ressemble plus à un mariage qu'un autre. Le marié, la mariée, des gens qui hurlent de joie. Un cocktail, un repas avec les amis, les félicitations d'usage et les vœux de bonheur tandis que le couple part pour sa lune de miel. Et rien de plus.

Si le Palais avait eu une attachée de presse à l'époque, on aurait pu fournir à la presse un dossier, avec liste des invités, toilettes de l'un et l'autre, nombre d'œufs utilisés pour le gâteau, bal au cours duquel les mariés danseraient jusqu'à l'aube...

Comme ils n'avaient rien à se mettre sous la dent, les journalistes racontèrent que le chapeau de Grace était trop grand et dissimulait son visage aux caméras.

Tout le monde parla du photographe qui, tentant de prendre un cliché de Randolph Churchill sur les marches de l'hôtel de Paris, reçut un coup de poing, mais personne ne précisa que la confusion était telle que tout le monde avait les nerfs à fleur de peau.

On raconta également que le chauffeur de la mère de Rainier, la princesse Charlotte, était un ancien criminel longtemps recherché par la police française – elle tentait de le réinsérer – et que, depuis son arrivée, il y avait eu deux cambriolages à l'hôtel de Paris.

En revenant de leur lune de miel, Grace et Rainier étaient tous deux persuadés qu'il leur fallait quelqu'un.

Grace demanda à Rupert Allan s'il pouvait recommander une attachée de presse. C'est lui qui leur donna le nom de Nadia Lacoste, jeune Américaine qui avait travaillé dans le monde du cinéma et du show-business.

On lui demanda donc de prendre rendez-vous avec le Prince.

«Je l'ai rencontré à Paris, en juillet. Nous avons discuté pendant une heure. Ensuite, il m'a dit qu'il devait en parler à la Princesse Grace et m'a demandé de venir les voir tous les deux le lendemain. Oralement, nous nous sommes mis d'accord sur un contrat de trois mois qui pourrait être renouvelé. J'ai accepté et me suis mise au travail immédiatement, car ils se rendaient aux Etats-Unis en septembre et leur premier voyage en Amérique après leur mariage ne manquerait pas de susciter l'intérêt de la presse.»

Finalement, Nadia Lacoste apprit à connaître Grace et Rainier au moment où le couple se découvrait mutuellement.

«Elle était très chaleureuse, très aimable. Mais, à l'époque, elle ne se conduisait pas du tout de la même façon selon que nous étions toutes les deux ou avec le Prince ou devant la presse. C'était bizarre, car elle avait l'habitude des journalistes, je m'attendais à la voir plus détendue. Lui, je le croyais plutôt timide, c'était exact, d'ailleurs, mais il avait beaucoup d'humour. Nous allions souvent à des défilés de mode. La Princesse était à sa droite et moi à sa gauche. Au fur et à mesure que la journée s'avançait, il s'ennuyait de plus en plus et il faisait des commentaires du coin de la bouche sans bouger le moindre muscle. C'était très drôle. Personne n'était épargné, ni les robes, ni les chapeaux, ni les gens. J'avais du mal à me retenir de rire.»

La première conférence de presse de Rainier et Grace organisée par une professionnelle eut lieu en septembre 1956 avant l'embarquement sur le SS *United States.*

Au consulat de Monaco à Paris, Lacoste installa les journalistes dans une salle et les photographes dans une autre. C'est une vieille astuce pour que tout le monde puisse travailler sans se gêner mutuellement.

Et cela donna de bons résultats, car Rainier et Grace se montrèrent plus détendus que jamais.

Ensuite, avec quelques photographes, Lacoste prit le train pour Le Havre avec le couple princier. L'atmosphère amicale permit de faire de bonnes photos et il s'ensuivit des articles élogieux. Le groupe se rassembla ensuite dans la cabine pour boire du champagne avant le départ du bateau, mais ce jour-là Grace ne voulut pas de caviar.

«Quelqu'un lui avait dit que les femmes enceintes ne doivent pas manger de poisson. A l'époque, on y croyait.»

Aux Etats-Unis, Rupert Allan reprit le flambeau et s'occupa de la presse pour eux.

«Grace n'avait pas de problème, mais Rainier était encore très mal à l'aise. J'avais organisé quelques interviews et j'ai essayé de m'arranger pour que ce soit le moins pénible possible, surtout pour lui. Mais, quand Rainier ne se sentait pas bien, il avait tendance à se renfrogner, ce qui ne faisait qu'accentuer son embarras quand les photos étaient publiées le lendemain. Finalement, je lui ai dit: "Chaque fois que vous rencontrez des journalistes, essayez de vous les imaginer en culottes courtes. Réagissez comme s'ils étaient en sous-vêtements." Et le truc a marché. La fois suivante, Rainier souriait.»

En Amérique, la nouvelle vie de Grace faisait l'objet de beaucoup de commentaires :

«Ce qui a changé dans ma vie, ce n'est pas le titre, c'est d'être passée du métier d'actrice à celui d'épouse.»

Bien sûr, on parlait beaucoup du futur bébé :

«J'avais déjà pris onze kilos. Pendant les trois premiers mois, j'étais très malade. Bien sûr, on m'avait parlé des nausées matinales, mais je ne savais pas que cela durait toute la journée. Ensuite, je me suis mise à manger sans arrêt. Le médecin voulait me mettre au régime, mais j'avais un appétit féroce. Pendant tout l'été, j'ai eu une envie folle de spaghettis. Je me réveillais au milieu de la nuit tant j'avais faim. Le Prince est un champion des œufs brouillés, mais j'ai dû lui apprendre à faire des sandwiches. Maintenant, il m'en invente.»

Rainier renchérissait: «Je suis son gendarme. J'essaie de l'empêcher de manger, mais ce n'est pas facile. Peu importe, elle était tellement mince au moment de notre mariage.»

Grace aurait préféré un garçon, «car Rainier en aurait vraiment aimé un». Elle poursuivait en disant qu'il l'avait aidée à choisir la layette, mais ne prenait pas de cours sur les soins à donner à un enfant.

A ce moment Rainier précisait : «Quand je le présenterai au peuple, je promets de ne pas le laisser tomber. Mais c'est peut-être moi qui tomberai!»

Sachant que cette image d'heureux père était un moyen de leur attirer la sympathie – ce qui était le but du voyage –, Rupert Allan orienta les interviews pour qu'ils apparaissent comme des gens normaux, avec des problèmes quotidiens, doués, en plus, d'un merveilleux sens de l'humour.

«Il me semble que les bébés royaux devraient naître dans un palais, mais je me sentirai plus tranquille à l'hôpital», dit Grace. Ou encore: «Où que naisse l'enfant, le père ne sera pas le bienvenu dans la salle d'accouchement, car ce n'est pas la place d'un mari.»

Elle disait aussi: «J'aimerais qu'il s'appelle Henri, mais cela ne plaît pas au Prince, il n'en sera donc pas question.»

Quand on lui demanda si elle croyait aux vertus de la fessée, elle répondit : «Oui, et les enfants princiers en ont sûrement plus besoin que les autres.» Elle voulait trois enfants, «pas plus».

Ensuite, elle mettait fin à la question suivante en y répondant à l'avance : «Si vous vous demandez si je songe à reprendre ma carrière, sachez bien que je serai trop occupée à élever ma famille.»

A leur retour à Monte-Carlo, Nadia Lacoste avait compris que l'impact de Grace et Rainier reposait à la fois sur leur sympathie naturelle et sur le conte de fées, «le prince charmant a épousé la belle actrice».

Ses trois mois d'essai comme attachée de presse cédèrent la place à une carrière de trente-trois ans.

«La grande différence entre elle et lui, du moins au début, c'est qu'il n'avait rien à prouver. Il était né prince. Il savait qui il était. Elle devait faire comprendre qu'on n'interviewait pas Grace Kelly, mais la princesse de Monaco. Elle savait que tout le monde l'épiait, elle voulait être parfaite, ne commettre aucune erreur. Elle n'aurait pas voulu causer des problèmes à son mari ou donner une mauvaise image de la Principauté. C'était un rôle qu'elle aurait pu jouer. En tant qu'actrice, elle aurait facilement pu interpréter la princesse de Monaco. Cela ne lui aurait pas posé de difficultés, et elle s'en serait tirée à merveille. Mais, là, il s'agissait de la vraie vie. Et ce n'était pas si aisé qu'à l'écran.»

Lacoste explique qu'elle choisissait les journalistes, pour être sûre qu'ils s'entendraient bien avec le Prince. Comme Rainier s'intéressait beaucoup au monde extérieur, il avait tendance à poser les questions. Plus d'une fois, les reporters sortaient d'un entretien en s'écriant : «Je lui en ai dit plus que lui.»

Mais il lui fallut beaucoup plus longtemps pour que Grace fasse de même.

«Je la revois encore lors de sa première longue interview avec un journaliste français. Elle était assise au bord de son siège, mains croisées. Elle souriait trop, avalait sa salive, et ses réponses paraissaient toutes faites. Cela a dû être un supplice pour elle. J'ai décidé une bonne fois pour toutes de ne plus organiser d'interview pendant au moins six mois, pour lui laisser le temps de trouver sa place et de s'installer dans sa nouvelle vie.»

Des années plus tard, malgré sa maîtrise du français, Grace n'était jamais à l'aise à la radio ou à la télévision, si elle devait parler trop longtemps.

«Un jour, quinze ans plus tard, peut-être, je lui ai dit que le meilleur moyen pour que le public soit informé de ce qu'elle faisait, comme l'exposition florale ou la fondation, c'était d'en parler. Je lui ai dit que si c'était moi qui donnais mes commentaires, cela n'intéresserait personne. Finalement, elle a accepté de parler du festival de danse.»

Lacoste proposa l'interview à un journaliste de radio qu'elle aimait bien, très cultivé en matière artistique.

Mais, quinze minutes plus tard, Grace était si énervée que Lacoste dut abréger l'entretien et demander au journaliste d'avoir l'amabilité d'attendre dehors.

«Dès qu'il a tourné les talons, elle a éclaté en sanglots. Des larmes ruisselaient sur son visage. Elle m'a dit que cela la frustrait complètement de parler français. Bien sûr, elle s'était déjà exprimée à la

236

radio, mais s'il s'agissait de parler d'elle en profondeur elle se sentait limitée par un langage qui n'était pas le sien. "C'est horrible", me disait-elle. J'ai répondu: "D'accord, plus jamais en français." Et j'ai tenu ma promesse. C'est la première et la dernière longue interview qu'elle a donnée.»

Tandis que Nadia Lacoste tentait de façonner l'image publique du couple royal, il semblait que chaque récit les concernant attirait des foules de plus en plus nombreuses, où qu'ils aillent.

Et ces foules engendraient d'autres récits dans la presse.

On annonçait leurs moindres allées et venues.

Visites privées ou officielles, peu importait, pour les médias.

Un jour, alors que Rainier et Grace allaient séjourner au Connaught, un journal britannique annonça : «On a offert des sommes folles aux propriétaires des maisons et appartements proches de l'hôtel. Ces "voyeurs", car c'est bien de cela qu'il s'agit, impatients de pouvoir épier le couple, avouent franchement avoir l'intention d'utiliser jumelles et longues vues. "Je n'en revenais pas, m'a confié un habitant de Mount Street. Un agent immobilier m'a téléphoné pour me proposer une prime si je louais mon appartement, ne serait-ce qu'une seule pièce donnant sur l'hôtel." Une telle vague de voyeurs ne s'était pas vue depuis qu'on avait voulu avoir vue plongeante sur le lit de la future duchesse de Windsor.»

Quelques années plus tard, au cours d'une visite à Dublin, une foule de cinq mille personnes, selon certains journaux, vingt mille pour d'autres, se rua sur la voiture qui emmenait le couple à l'hôtel. Un mouvement de panique s'ensuivit, provoquant cinquante blessés.

En larmes, bouleversée, la princesse Grace fut escortée à son hôtel, et son entrée au bal retardée de plus d'une demi-heure. Elle parut plus tard au balcon de l'hôtel saluée par des «Grace, Grace, nous voulons Grace».

Quelques jours plus tard, des milliers de personnes se pressaient sur les trottoirs, tandis que le couple se rendait dans le comté de Mayo pour aller visiter la maison où était né le grand-père de Grace.

«Ce soir, fit remarquer un journaliste, tous les bars et restaurants où figure le nom de Kelly seront en fête, et ce n'est pas cela qui manque. Il y a huit bars portant ce nom rien qu'à Dublin.»

Un autre signala : «Dans leurs quatre cents kilos de bagages, il y a une caisse marquée "Fragile". Elle contient des cadeaux, m'a-t-on dit, pour tous les Kelly du comté de Mayo.» Sur ce, il ajoute : «Depuis qu'on a annoncé la visite de la Princesse, tous les gens s'aperçoivent qu'en fait ils s'appellent Kelly.»

Un troisième fit des révélations : «Au cours d'une conférence de la famille qui s'est prolongée jusqu'aux premières heures du jour, un compromis a fini par être trouvé. A l'origine, seuls les cousins au second degré seraient officiellement reçus par la Princesse. Mais on décida finalement d'en accepter un au troisième degré.»

Quand Rainier et Grace revinrent en Irlande, accompagnés cette fois d'Albert et de Caroline, ils eurent droit à de plus gros titres encore.

«Le Prince et la Princesse se sentaient "chez eux", hier, devant les représentants de la presse, commenta Mary Lodge dans l'*Irish Press*. Il n'y a aucun autre moyen de décrire l'ambiance amicale dans laquelle s'est déroulée la conférence de presse donnée par le prince Rainier et la princesse Grace. C'est au prince Albert qu'on doit le bon mot de la journée: il a interrompu ses parents pour déclarer: "Je veux traire une vache."»

Tant que les enfants étaient jeunes, dans la presse, les Grimaldi, contrairement aux autres maisons royales, apparaissaient comme une véritable famille.

A l'époque, personne ne pressentait que cela allait se transformer en cauchemar.

«Nous recevions tous les jours des demandes d'interviews du monde entier, dit Nadia Lacoste. Je crois que le seul pays avec lequel je n'ai jamais été en contact, c'est l'Union soviétique. Même les Chinois m'ont appelée. Entre les articles, les séances photo et les apparitions diverses, nous recevions une vingtaine de demandes par semaine. Plus de mille par an. Bien sûr, pour des raisons évidentes, je n'en acceptais que quelques-unes. Je ne crois pas avoir organisé plus de cinq ou six interviews par an pour la princesse Grace. A la fin, c'était même moins, disons deux ou trois. Pour le Prince, il y en avait un peu plus, mais, le plus souvent, cela tournait autour d'un sujet particulier. Comme la presse architecturale qui voulait parler du développement de Monte-Carlo ou un journaliste financier qui s'intéressait à l'économie monégasque. Il en faisait huit ou dix par an.»

Tant que Lacoste pouvait contrôler qui voyait Rainier, Grace ou même les enfants, tout allait bien. Le vrai problème, c'étaient les paparazzi.

«Vous ne savez jamais quel genre de photo ils cherchent, parce qu'ils se déplacent toujours avec d'énormes téléobjectifs et se cachent derrière les buissons. Personne ne comprend à quel point c'est épouvantable pour nous de savoir qu'on nous épie sans cesse. C'était affreux pour les enfants quand ils étaient petits. Ce n'était pas juste. Ils étaient paralysés. Ils ne savaient jamais à quoi jouer, parce que, à tout moment, quelqu'un aurait pu les photographier.»

L'essentiel, pour la presse, estime Rainier, c'est de ridiculiser. Plus la photo est grotesque, plus cher on la vend.

«Je me souviens de ce pauvre David Niven, qui avait horreur des interviews. Un jour, il a eu un entretien avec un journaliste à Londres. A la fin, celui-ci a demandé s'il pouvait prendre quelques clichés. David a accepté, en pensant que cela allait durer une minute. Mais le photographe a pris plusieurs rouleaux, debout sur une chaise, couché sur le dos... David est resté bien poli, mais quand l'article a paru, sur la seule photo qui l'illustrait, il se grattait le nez.»

Une des photos les plus embarrassantes de Grace – et il y avait de quoi être furieux – fut prise à la foire de Monaco, devant un stand de tir. Elle y avait accompagné ses enfants un vendredi matin. Elle s'arrêta devant le stand, prit une carabine et tira sur des pipes en terre. Personne ne sait si elle gagna un ours en peluche, car cela se produisit le 22 novembre 1963.

Dès le lendemain, la photo fit la une des journaux, avec des légendes lui reprochant d'avoir joué avec un fusil le jour du meurtre de Kennedy. Mais Monaco a sept heures de décalage avec Dallas. La photo de Grace fut prise neuf heures avant l'assassinat.

Au fil des ans, la méfiance de Rainier vis-à-vis des photographes s'est de plus en plus renforcée. Le jour où les paparazzi découvrirent que les enfants se vendaient très bien sur le marché eux aussi, leur vie devint un enfer.

Les paparazzi soudoyaient des gens à l'aéroport pour qu'on les prévienne de l'heure d'arrivée de Caroline, ils débarquaient à Monaco déguisés en touristes, appareil autour du cou, pour se fondre dans l'environnement, semaient des clous sur la route pour qu'Albert soit obligé de s'arrêter s'il ne voulait pas crever un pneu.

Ils louaient même des planeurs ultra-légers pour survoler la propriété familiale de Marchais, dans l'espoir d'apercevoir Stéphanie.

Un jour, l'un d'eux découvrit qu'il y avait un logement vide à côté de l'appartement de la famille. Il s'y introduisit et y passa plusieurs nuits. Il ne réussit qu'à prendre un cliché de Caroline en train de fermer les rideaux. Elle était habillée et on ne pouvait pas voir son visage. Peu importait : la photo fut publiée.

«C'était absolument insupportable, dit Rainier en hochant la tête. Un jour, pendant nos vacances d'hiver, en Suisse, Grace trouva Stéphanie en larmes dans sa chambre, tant elle avait peur des paparazzi. De toute évidence, ils ne cherchaient pas à photographier les exploits des enfants. Ils attendaient une belle chute. Je me demande comment ils auraient réagi si on avait fait subir le même sort à leur progéniture!»

Grace en était exaspérée. Elle acceptait d'endurer certains propos la concernant, mais ne tolérait pas qu'on s'en prenne à ses enfants.

Parfois, elle était si furieuse qu'elle écrivait aux éditeurs, les suppliant de laisser sa famille tranquille, ou leur demandant de publier des rectificatifs, car les articles étaient particulièrement stupides.

Si ses tentatives échouaient, – ce qui était généralement le cas avec la presse allemande –, elle s'en prenait à tout le pays en général.

«L'Allemagne est un pays épouvantable, et la presse est lamentable. Je lis ce qu'on y publie sur moi et ma famille, c'est absolument odieux, intolérable.»

Mais ce qui épouvanta Rainier et Grace, ce fut de voir leur adresse parisienne publiée dans les journaux français et italiens, car cela constituait une menace directe pour la sécurité de leurs enfants.

«Je les ai poursuivis. Par chance, en France, la loi protège les particuliers contre ce genre de choses. Un jour, ils ont également publié des photos de l'appartement où vivait Caroline à Paris. On voyait clairement le numéro, et vous imaginez que tous les cinglés du monde se mettent à sonner à sa porte! Nous ne pouvions pas l'accepter. Nous sommes donc allés en justice.»

Au fil des ans, Rainier et Grace ont parfois affronté les journalistes devant un tribunal.

Dans les années 70, un magazine italien avait monté le visage de Caroline sur la photographie d'une jeune fille nue. Les magistrats envoyèrent l'éditeur en prison. Mais, parfois, il était impossible d'intervenir.

Les paparazzi photographièrent Caroline, en décolleté, se penchant sur une table dans un night-club, ou prenant un bain de soleil sans soutien-gorge sur le pont d'un bateau. Munis de téléobjectifs, ils surprirent le prince Albert et une amie nus sur un bateau, et le prince Rainier en sous-vêtements, depuis une fenêtre du deuxième étage. Toutes ces photos furent publiées.

Aux Etats-Unis, en France, en Italie comme en Allemagne, la presse à scandale est prête à payer n'importe quoi pour un cliché compromettant des Grimaldi. Il suffit au photographe de donner son prix pour qu'il l'obtienne, si l'image en vaut la peine.

Pour certaines petites agences en France, en Italie et en Allemagne, la famille princière constitue encore la meilleure source de revenus.

Avec une telle pression du marché, rarement contrecarrée par les lois du pays, Rainier avoue : «Souvent, on ne peut pas faire grand-chose. Il faut laisser passer, se contenter de rédiger des démentis et prendre ça comme un apprentissage de la vie.»

Le plus souvent, la lourde tâche de construire l'image publique de la famille princière, tout en la défendant contre la presse, retombait sur les épaules de Nadia Lacoste.

«Peu après le mariage du Prince et de la Princesse, à chaque fois qu'ils se rendaient à Paris, il y avait en permanence quatre ou cinq photographes devant leur porte. Ça allait encore. Mais au fur et à mesure, ils prirent de l'audace. Ils les suivaient dans les rues à moto. En été, à Monaco, ils se cachaient près de l'Old Beach Hotel, car, de là, avec un téléobjectif, ils pouvaient prendre Grace en maillot de bain. En hiver, ils les suivaient sur les pentes et se dissimulaient dans les buissons, à l'affût de la moindre chute.»

Lacoste proposa alors d'organiser des séances de pose. Partout où se rendait le couple, surtout pendant les vacances, elle proposait un marché aux photographes. Ils pouvaient prendre tous les clichés qu'ils désiraient pendant un quart d'heure ou vingt minutes, et laisser la famille en paix. Sur le papier, l'idée paraissait excellente et, les premières fois, tout sembla fonctionner à merveille.

Un jour pourtant, un photographe s'attarda quelques jours, histoire d'avoir la photo que tous les autres avaient manquée et, bientôt, tout le monde fit de même.

La situation se dégrada à tel point que ce n'étaient plus quatre ou cinq paparazzi qui montaient la garde devant leur appartement, mais une vingtaine.

Dès 1980, ils ne tardèrent pas à comprendre qu'une photo de Stéphanie à l'école leur rapporterait beaucoup. Pour lui éviter cela, on tenta de garder secrète l'adresse de son école. Ce ne fut guère aisé car, dans la mesure du possible, la famille se retrouvait au complet le week-end, si bien que Stéphanie retournait à son collège tous les lundis matin. Il suffisait donc de savoir où elle se trouvait le dimanche, et d'attendre patiemment.

Avec l'aide de Nadia Lacoste, Grace et Rainier durent trouver de nouvelles astuces pour éviter qu'on suive leur fille. Très vite, la vie de Stéphanie se transforma en une course sans merci entre le chauffeur de la famille et les photographes.

«"Si vous n'étiez pas si belle, ta sœur et toi, me répétait toujours mon père, dit Stéphanie, personne ne s'occuperait de vous, alors, prends ça comme un compliment." Il avait sûrement raison. Si nous avions été de vilains petits canards qui ne faisaient jamais rien, à part attendre un mari sagement à la maison, les magazines nous auraient laissées en paix. Ils ne s'intéressaient à nous que parce que nous étions bien élevées, assez jolies et que nous menions notre vie. C'est parfois difficile, mais j'essaie toujours de regarder le bon côté des choses.»

D'après Stéphanie, Grace se montrait souvent très philosophe à ce sujet et disait à ses filles qu'il n'y avait rien à faire, à part le supporter.

«Elle nous demandait de ne pas nous laisser déprimer pour si peu de chose, que ce n'était pas la peine de se rendre folles. Elle nous a beaucoup aidées, car elle avait dû affronter ce genre de choses quand elle faisait du cinéma. Elle ne dramatisait jamais la situation, et ne la laissait pas prendre plus d'importance que cela n'en méritait. Quand nous étions enfants, elle essayait de nous habituer à l'idée que nous serions sans cesse poursuivis par les photographes. Finalement, quand j'ai grandi, je m'y attendais. Je ne crois pas que l'expérience de Caroline m'ait été utile, car, en fait, il n'y a rien à apprendre. Même si j'avais voulu me servir des mêmes astuces qu'elle, tout le monde les connaissait déjà. Il fallait en trouver de nouvelles.»

Avec sa force de caractère bien connue, c'est Stéphanie qui se montrait le plus spontanée. Parfois, elle tirait même la langue, et rabrouait ses poursuivants sans ménagements.

«Bien sûr! S'ils étaient grossiers avec moi, je ne vois pas pourquoi j'aurais été polie. A présent, je travaille souvent avec eux et, s'ils sont courtois, tout va bien. Je les laisse prendre une photo, mais ils savent pertinemment qu'ils ne doivent pas me harceler. S'ils sont impolis ou me sortent des obscénités, je leur rends la monnaie de leur pièce, je suis comme ça.»

Pourtant, devant les Nikkon, elle n'avait pas toujours manifesté la même bravoure. Un jour d'hiver, Grace téléphona à Lacoste pour la prévenir que des paparazzi avaient monté la garde toute la journée et que Stéphanie, en larmes, refusait de sortir et de retourner à l'école tant qu'ils ne seraient pas partis.

«Qui pourrait me le reprocher? se demande aujourd'hui Stéphanie. Vous rendez-vous compte à quel point c'est humiliant à cet âge-là d'aller à l'école avec une horde de photographes à ses trousses? Mes camarades se moquaient de moi ou m'évitaient à cause d'eux. Avec ma famille, je le supportais mieux, mais à l'école c'était affreux. J'avais l'impression que cela terrifiait les autres, que je me retrouvais seule. Cela n'aurait plu à personne.»

Lacoste prépara donc l'évasion de Stéphanie.

Comme il était facile de prévoir l'étape suivante – les paparazzi ne manqueraient pas de suivre la jeune fille –, elle téléphona au chauffeur du prince Rainier et lui demanda de prendre la voiture et de s'éloigner lentement de la résidence, en veillant à ce que tout le monde voie bien que Stéphanie n'était pas dans la voiture. Il devait attendre un peu plus loin, hors de vue.

Un peu plus tard, Lacoste arriva à l'appartement familial dans la voiture de l'ambassadeur. Elle y resta jusqu'à la tombée de la nuit. Puis, une écharpe autour de la tête, elle monta à l'arrière, se plia en deux et demanda au chauffeur de descendre les Champs-Elysées le plus vite possible.

Dès qu'ils sortirent du garage, les photographes les repérèrent et, convaincus que Stéphanie se trouvait à l'arrière, les suivirent. Mais, arrêtés à un feu rouge, ils se rendirent compte de la duperie. Pendant ce temps, prévenu par téléphone que la route était dégagée, le chauffeur était allé chercher Stéphanie.

«C'était le genre de jeu stupide auquel on nous forçait à jouer. Un adulte comprend sans peine, mais, pour un enfant, c'est difficile.» Deux ou trois ans avant la mort de la princesse Grace, la situation en était arrivée à un tel point qu'un jour, en plein Paris, elle s'arrêta et demanda aux photographes de la laisser en paix. «Vous m'avez suivie toute la journée! Moi, je peux le supporter, mais je vous en prie, laissez mes enfants tranquilles. Ne leur imposez pas ce que vous m'infligez depuis des années.»

Sa plaidoirie tomba dans des oreilles de sourds. Les paparazzi en profitèrent pour faire quelques clichés.

«Ils étaient si agressifs, poursuit Lacoste, qu'ils la traquaient dans les boutiques et les restaurants. Et personne ne leur barrait jamais la route. Mais un jour, dans un magasin, comme elle ne trouvait personne pour l'aider, Grace se tourna vers un de ceux qui la suivaient et lui dit : «Le moins que vous puissiez faire, c'est de vous rendre utile.» Elle lui fourra ses paquets dans les bras et le guida jusqu'à sa voiture.

Des enfants Grimaldi, c'est Albert qui a eu le moins d'ennuis avec la presse.

«J'ai eu de la chance. Quand on a commencé à s'intéresser à Caroline et Stéphanie – je parle surtout de la presse européenne –, j'étais à Amherst. Je ne me cachais pas, mais je n'avais rien à voir avec la vie nocturne parisienne. En fait, si on me laissait tranquille, c'était surtout parce que les photos de Caroline, Stéphanie ou de ma mère se vendaient mieux que les miennes. Bien sûr, lors des cérémonies officielles, ou en vacances, les paparazzi étaient toujours à nos trousses. J'ai eu affaire à eux dès mon plus jeune âge, mais, heureusement, je n'ai jamais été aussi harcelé que mes sœurs.»

Pendant les quatre ans qu'il passa aux Etats-Unis, la presse ne s'intéressa à lui que lors de sa première semaine à l'Université et pendant ses examens. Le reste du temps, il pouvait aller et venir librement.

«On pourrait presque dire que j'étais là-bas incognito. C'était fantastique. C'est pour cela que je garde un si bon souvenir de cette époque. C'est toujours un peu comme ça quand je retourne en Amérique. Peu de gens me connaissent et, si je ne leur dis rien, ils ne savent pas nécessairement d'où je viens. Après les Jeux Olympiques d'hiver de 1988, j'ai fait un voyage avec quelques amis. Nous sommes allés du Texas à Los Angeles en voiture, et nous nous sommes arrêtés dans de petits motels du Texas et du Nouveau-

Mexique. Nous nous sommes bien amusés. Personne ne savait qui j'étais, et tout le monde s'en moquait. J'ai beaucoup apprécié.»

A présent que l'héritier du trône réside à Monaco, la vie n'est plus aussi facile.

«Je n'aime pas du tout voir ma photo dans tous les journaux à scandale, aussi, j'essaie de ne pas leur donner de trop bonnes occasions. Il faut que je fasse attention aux endroits où je vais, aux personnes qui m'accompagnent, et en même temps j'essaie que cela ne compromette pas trop ma vie sociale. Ce n'est pas facile et plus le temps passe, plus cela se complique. Mais je suis sûr qu'il y a des moyens de rester anonyme.»

Il lui est très délicat d'apparaître en public avec une jeune fille, car les photographes espèrent toujours découvrir les premiers la future princesse de Monaco. Un jour, à Paris, ils le poursuivirent alors qu'il était avec l'une de ses sœurs.

Plus d'une fois, le prince Albert dut faire appel à un ami pour qu'il le suive en voiture et empêche ainsi les photographes de le rattraper. Une nuit, l'un d'eux se mit en travers de la route, pour que Stéphanie et Albert puissent s'échapper. Hélas! un des photographes l'emboutit.

L'ami se plaignit qu'ils avaient abîmé sa voiture.

«Qu'est-ce que cela peut faire? Si on prend une photo, on pourra vous en racheter trois!»

Le mariage de Caroline et de Philippe Junot, qui occupa les deux journées des 28 et 29 juin, reste l'un des grands événements médiatiques des années 70.

Bien sûr, de nombreuses vedettes étaient invitées, mais la presse était d'autant plus intéressée que tout laissait penser que l'union de Caroline et du play-boy ne serait qu'un feu de paille. En fait, une semaine avant la noce, on pariait même qu'elle n'aurait jamais lieu. Pourtant, Caroline semblait déterminée et, finalement, ils se marièrent.

La mariée était en blanc, le marié était nerveux. Frank Sinatra était présent. Cary Grant et Ava Gardner aussi. Mais la presse et les deux cents photographes n'étaient pas conviés. La police les maintint aussi loin que possible, c'est-à-dire en dehors de l'enceinte du Palais. Ils erraient tels des clochards devant le restaurant de l'Armée du Salut, en attendant qu'on veuille bien leur tendre quelques photos officielles, guettant la moindre anecdote que pourrait leur jeter un porte-parole quelconque.

Pourtant, aucun de ceux qui avaient passé la première partie de 1978 sur la planète Terre n'aurait pu être surpris en voyant la princesse Caroline devenir Mme Junot.

Leurs fiançailles firent couler tant d'encre que le couple rivalisa, pendant un moment du moins, avec Richard Burton et Liz Taylor, les Windsor, Rainier et Grace, et même Roméo et Juliette.

Contrairement aux mariages à la Maison-Blanche, qui font l'objet d'une couverture télévisée, et à ceux de Buckingham Palace, avec vente de T-shirts et de souvenirs dans toutes les rues, la cérémonie se déroula dans la stricte intimité, avec à peine six cents invités officiels...

Comme la salle du trône ne peut contenir une telle foule, seule la famille proche – une cinquantaine de personnes – assista au mariage civil le mercredi. Le service religieux du jeudi, qui à l'origine devait avoir lieu dans la chapelle du Palais, fut célébré dehors, par une décision de dernière minute, car Rainier et Grace voulaient que tout le monde puisse y assister.

Ils réussirent à éviter le désordre qui avait régné pour leur propre mariage; pourtant, ils furent loin de connaître le calme et la sérénité qui entourent une affaire strictement familiale. Comment aurait-ce été possible, avec deux cents photographes et journalistes embusqués aux alentours, qui essayaient tous de l'emporter sur leurs confrères, alors qu'ils n'avaient rien d'autre à se mettre sous la dent qu'un simple dossier de presse.

Dès la première page, le document, en français et en anglais, précisait qu'ils pourraient opérer en toute liberté, sans autorisation spéciale, mais ne seraient pas admis lors des cérémonies et des réceptions officielles. Le reste présentait un historique de la salle du trône, de la chapelle, la biographie de la princesse Caroline, ainsi que la description de sa robe de mariée. Le dernier feuillet, illustré de photographies, disait tout ce que l'on pouvait savoir sur le gâteau: cinq cents œufs, soixante-cinq kilos de farine, vingt kilos de pâte d'amande et le talent de plusieurs chefs...

Très vite, les représentants de la presse apprirent qu'on pourrait photographier M. et Mme Junot pendant qu'ils iraient du Palais à la mairie. Quant aux clichés de la cérémonie proprement dite, Grace

246

avait demandé à Howell Conant, un de ses anciens amis de Hollywood, de s'en charger. On envoya aussitôt ses bobines au laboratoire afin de choisir le plus rapidement possible six épreuves officielles. En d'autres termes, tous les photographes se retrouvèrent avec des images identiques. Si quelqu'un avait pu s'introduire au Palais avec un appareil-cravate, il aurait réussi un gros coup.

Quelques-uns essayèrent, l'un d'eux se déguisa même en prêtre, mais ils se firent tous prendre, et personne n'obtint que le dossier de presse. Les journalistes, comme toujours en pareil cas, s'associèrent, et formèrent quatre groupes principaux : les Allemands, les Italiens, les Anglais et les autres, avec quelques Américains.

Les Français, eux, se perdirent dès la remise du premier dossier de presse.

En temps normal, les reporters d'*Oggi* n'auraient pas adressé la parole à ceux de *Gente*, pas plus que les Allemands de *Bunte* n'auraient confié leurs tuyaux à ceux de *Wochenende*. Pourtant, il règne, au sein de la confrérie, une certaine fraternité proche de celle que l'on rencontre chez les prostituées, si bien que les frères ennemis unirent leurs efforts contre l'adversité commune.

Les Italiens distribuèrent des pots-de-vin aux chauffeurs de taxi, barmen, croupiers, vendeurs, coiffeurs, manucures, concierges d'hôtel, en un mot, à tous ceux qui pourraient leur raconter le moindre détail sur la cérémonie. En fait, ils n'obtinrent pas grand-chose, car la plupart des gens qu'ils contactèrent figuraient parmi les invités.

Les Allemands déclarèrent être prêts à payer 30000 DM, près du triple en francs français, pour toute photo non officielle prise pendant la cérémonie, les réceptions ou le bal. Ils n'eurent pas l'occasion d'honorer leur promesse.

Les Britanniques s'en allèrent nonchalamment vers la maison de David Niven, à Cap-Ferrat, et faillirent bien tomber sur un scoop, car Gregory Peck accrocha la voiture de Cary Grant. Il n'y eut pas le moindre dégât, personne ne perdit son calme et tout le monde resta ami, mais cela suffit pour qu'on envoie des télégrammes à Fleet Street.

Pourtant, les meilleures anecdotes leur échappèrent. La nuit précédant le mariage, par exemple, Grace resta éveillée jusqu'à quatre heures du matin, pour essayer de placer tous ses invités au déjeuner sans contredire le protocole. Comme il y avait à la fois des

247

familles royales et des chefs d'Etat, ce fut un véritable cauchemar. Les tables furent installées sous les arbres, sur la terrasse du Palais. Bien entendu, toute cette zone avait été fermée au public. «Ce fut le déjeuner du siècle», dit Rupert Allan.

Après la cérémonie, avant le repas, Allan se trouvait sous le portique, près des Sinatra et des Peck, tandis que le garde du corps du chanteur s'assurait qu'il n'y avait plus de photographes aux alentours. Comme il revenait en annonçant le contraire, Frank et Barbara Sinatra décidèrent de ne pas rester pour déjeuner. Gregory Peck et sa femme firent de même.

Rupert Allan était furieux : «Le garde du corps lui a donné un mauvais conseil. Cela n'excuse rien, mais explique un peu les choses. Mais je me demande pourquoi Gregory Peck et sa femme sont partis aussi! Je ne comprends pas comment ils ont pu faire un tel affront à Grace.»

Et puis, il y avait là les deux Britanniques les mieux habillés du monde, Brian Aherne et David Niven.

«Brian a toujours été l'acteur le plus élégant, encore plus que Cary Grant. Il était merveilleux avec son splendide panama. Mais ce n'était pas son jour de chance. Il était près de sa femme et des Niven, quand une mouette a pris sa revanche sur le monde. Elle les a eus tous les deux, Brian et David, elle ne les a pas ratés!»

Comme les canaux officiels de l'information étaient coupés, ces anecdotes demeurèrent méconnues.

Question : «Où le couple passera-t-il sa lune de miel?»

Réponse officielle : «Seul Philippe le sait, et il ne l'a dit à personne, pas même à Caroline.»

Les Italiens, en allant examiner les yachts au port, aperçurent le bateau de Niarchos et tentèrent de soutirer des informations à l'équipage. Comme celui-ci s'y refusait, ils en déduisirent que le navire jouait un rôle dans cette lune de miel et prévinrent aussitôt Rome et Milan.

Le contingent germanique décida soudain que la lune de miel aurait lieu dans une île grecque. Francfort et Munich en furent avisés sur-le-champ. Les Italiens se trompaient du tout au tout, Niarchos n'avait rien à voir dans cette histoire, affirmèrent les journalistes en désignant un autre yacht de façon tout aussi fantaisiste.

Les Junot prirent un vol Air France pour Tahiti.

Quant aux gens de Fleet Street, ils en étaient toujours à l'accident

Peck-Grant, si bien que ce fut la version des Allemands qui eut le plus de poids.

On apprend vite qu'ils déterrent souvent de meilleures rumeurs que les Italiens, même si les deux catégories sont loin d'égaler celles des Britanniques glanées directement en coulisses.

La première journée se fondit dans la deuxième et l'on distribua de nouveaux dossiers de presse.

Pourtant, certains étaient assez romanesques pour inclure des phrases comme «la nuit était douce, sous la pleine lune...» bien qu'ils eussent été rédigés une semaine à l'avance, que la nuit n'eût rien de doux et que la lune fût loin d'être pleine.

Ensuite, il y eut des appels téléphoniques de sources officieuses bien informées, destinés à remettre les choses au clair. Un «proche» tenait à faire savoir que M. Junot ne dormirait pas au Palais avant le mariage. Qu'on ait ou non osé poser une question aussi indélicate demeure un point litigieux.

La source en question voulait simplement qu'on sache que tout le monde respectait les règles du jeu, même au Palais.

Enfin, ils furent mari et femme.

La mariée était en blanc, le marié était nerveux. Tout le monde eut droit à son dossier de presse et ses six photographies.

Mais un peu plus loin, près de la plage de Nice, à la même heure, Maurice Brocart épousait Marie-France Gaillard. La mariée était en blanc, le marié était nerveux. Et tout le monde pouvait prendre autant de clichés qu'il voulait.

Caroline hausse les épaules en y repensant.

«Je n'étais pas dans mes meilleurs jours. Mère m'a souvent parlé de son propre mariage. Bien sûr, je n'étais pas là pour le voir, et je ne connais pas tous les détails, mais elle disait que cela avait été un véritable cirque. Pendant un an, ils n'ont pas osé regarder les photos, et n'en parlaient jamais. Ça avait été une vraie folie, elle ne voulait pas que cela se renouvelle pour moi.»

Pourtant, on voit mal comment Caroline aurait pu tout éviter. Son visage faisait vendre, elle avait fait la couverture de *Time* à l'âge de seize ans.

«Ce n'est pas du tout ce que je voulais. Ils devaient écrire un article sur Monaco et, finalement, il n'y en avait que pour moi.

Quand ils m'ont dit qu'ils voulaient me poser quelques questions, j'ai été horriblement brutale. Je ne voulais parler à personne, car je devais entrer à l'Université et tenais à garder l'anonymat. Je voulais qu'on m'oublie. Mais ils m'ont demandé un cliché. Je venais de rentrer du lycée, et quand je suis arrivée à la maison, le photographe était là. Alors, nous sommes allés sur le balcon. La photo était très mauvaise.»

Aujourd'hui, elle a fondé une famille, mais, même s'ils y mettent moins d'acharnement, les paparazzi la poursuivent encore. Comme son père, elle estime qu'on ne s'y habitue jamais.

«Quand j'étais à Paris, je ne me déplaçais jamais sans mon berger allemand. Tant qu'il était avec moi, les photographes gardaient leurs distances, au moins, ils se servaient de téléobjectifs. Aujourd'hui encore, j'ai toujours peur qu'on me suive ou qu'on m'épie derrière les buissons. On ne se sent jamais vraiment seul, jamais libre de faire ce que l'on veut. C'est affreux d'être toujours épié. Beaucoup de gens ne comprennent pas pourquoi je m'y oppose, ils ont l'impression que j'aime ce genre de publicité.»

Au cas où quelqu'un se poserait la question, elle précise qu'elle ne collectionne pas les coupures de presse la concernant. Elles arrivent régulièrement par le courrier, adressées par des gens qui estiment que cela l'intéressera. Pourtant, elle les lit rarement.

«Quand je les lis, c'est comme si elles parlaient de quelqu'un d'autre. Je parcours les articles et, pendant les premières minutes, j'ai envie de rire tant c'est ridicule. Les journalistes écrivent n'importe quoi. Puis, tout d'un coup, je me rends compte que c'est de moi qu'on parle, et que c'est un tissu de mensonges. Et là, je suis furieuse. Quand ils n'ont rien à dire, ils inventent.»

Rainier est un peu plus détendu : «Je ne les attire plus, car je ne fais rien qui puisse les intéresser.»

Pourtant, les journaux ne le voient pas tous sous cet angle.

Harcelé par un photographe new-yorkais, Rainier fit les gros titres en donnant un coup de poing à l'intrus, comme Frank Sinatra autrefois. Selon les articles, il se pourrait également qu'il ait boxé deux photographes différents.

Moins de cinq mois après la mort de la princesse Grace, le Prince alla voir *Cats* avec l'épouse d'un ami américain. Les journalistes l'agressèrent à la sortie, insinuant que la jeune dame «non identifiée» pourrait devenir la prochaine princesse de Monaco.

250

Rainier haussa le ton, puis laissa parler son tempérament méditerranéen et en frappa un.

Le lendemain, d'autres s'attroupèrent devant son hôtel, et il aurait fait une autre victime. Pourtant, les articles parlant des deux incidents nomment trois photographes différents.

Une autre version raconte également que Rainier, en furie, aurait sauté dans une limousine, et ordonné au chauffeur de démarrer pour s'entendre dire qu'il s'était trompé de voiture. Le piquant de cette histoire, c'est que la limousine était censée appartenir à Oleg Cassini.

Le mieux que put suggérer la presse sérieuse fut : «L'attitude récente du prince Rainier à New York laisse penser que ses nerfs ne sont pas aussi solides qu'ils pourraient l'être.»

Mais tout cela n'était que broutilles comparé aux récits de l'éventuel mariage entre Rainier et la princesse Ira von Furstenberg. Elle tenait son titre du premier de ses trois mariages; en 1955, à quinze ans, elle avait effectivement épousé un prince autrichien.

Avec un mauvais goût tout particulier, cette nouvelle fut publiée lors du troisième anniversaire de la mort de Grace.

Un journal à scandale écrivit sans broncher : «Le second mariage de la princesse Caroline, sa fille âgée de vingt-huit ans, et de l'ancien play-boy italien Stefano Casiraghi, bat de l'aile. Sa fille cadette, Stéphanie, multiplie les ennuis avec ses aventures amoureuses. Rainier espère qu'Ira, à la volonté de fer, amie des Grimaldi depuis de longues années, l'aidera à résoudre ces problèmes.»

Le *Daily Mail* de Londres, qui l'appelait la «fougueuse Ira», expliqua qu'elle était la nièce du magnat de Fiat, Gianni Agnelli, car sa mère était une sœur de celui-ci. Après un rapide divorce du mari numéro un, elle épousa pour peu de temps un play-boy brésilien, «Baby» Pignatari. «Ira ne s'est jamais laissé rattraper par l'âge, poursuivait le journal. Elle se vante d'avoir subi un lifting complet, et même de s'être fait retendre les fesses. Les rumeurs prétendant que si on lui appuie sur le nombril elle agite les oreilles sont, néanmoins, probablement exagérées.»

Pendant toute cette période, Rainier comme Ira apportèrent des démentis formels. Mais Christophe, le fils de la princesse, annonça que sa mère allait prochainement épouser Rainier.

L'encre de ce dernier article était à peine sèche qu'Ira se maria. Avec quelqu'un d'autre.

Pourtant, l'affaire avait commencé de manière très innocente. Ira

251

von Furstenberg arriva à Monaco pour affaires en 1985. Elle devait tenir une boutique d'antiquités à la foire bisannuelle de Monaco. C'est une lointaine cousine de Rainier, qui avait connu son premier mari en classe, si bien qu'ils étaient amis. Rien de plus normal donc que Rainier passe la saluer. Quelques photographes se trouvaient sur place.

Quelques jours plus tard, Gianni Agnelli arriva à Monaco pour le bal de la Croix-Rouge. Il offrit un déjeuner sur son bateau et, tout naturellement, invita sa nièce et Rainier. Le hasard voulut qu'ils arrivent ensemble.

Rainier invita ensuite von Furstenberg à sa table lors du bal. Elle était assise à côté de lui et la sœur du Prince, Antoinette, de l'autre côté.

Les photographes en conclurent hâtivement que les fiançailles seraient annoncées d'un moment à l'autre.

Les propos du fils – «Ils seront mariés avant la fin de l'année» – suffisaient à donner du poids à la rumeur, et cette information fit la une des journaux pendant plus d'un an.

Pourtant, Rainier affirme ne jamais avoir parlé de fiançailles. Il n'y eut jamais de projet de mariage. Ils étaient amis, tout simplement. Et s'il y eut un léger flirt, ou une brève romance, tout s'est arrêté bien avant l'autel.

«Son père était très ami avec mon grand-père, dit-il, et ils venaient à Monaco quand elle était encore enfant. Nous nous connaissons depuis longtemps. Elle est agréable et de bonne compagnie, mais c'est tout. Il n'a jamais été question de mariage. Mais chaque fois que je dis bonjour à quelqu'un, la presse saute sur l'occasion, car cela donne un meilleur article que la simple vérité.»

Nadia Lacoste fait remarquer que la photo de Rainier et de von Furstenberg sur le bateau d'Agnelli fut publiée par les journaux et magazines comme étant un cliché du Prince et de sa fiancée aux Caraïbes, de Rainier et la future princesse dans le Pacifique, de Rainier et la nouvelle princesse de Monaco lors de leur lune de miel secrète (?).

«Que dire? Cela fait vendre», lâche-t-il en haussant les épaules.

14

L'accident

Un après-midi, à Monaco, à la fin des années 70.

Elle était au volant de son ancien taxi londonien reconverti. C'était une voiture amusante, très maniable dans les rues étroites. Et, avec son immense banquette arrière, il ne manquait jamais de place pour les amis et les paquets.

Elle conduisait toujours prudemment et très lentement, à tel point que ses enfants la taquinaient souvent : « On y arriverait plus vite à pied. »

Elle sortit de la rue Grimaldi pour s'engager sur la place d'Armes. Elle portait ses lunettes, comme toujours pour conduire, pourtant, elle dut mal regarder car, à l'intersection, un Italien qui avait la priorité déboucha devant elle. Elle le heurta de côté.

Indemne, mais bouleversée, elle descendit de sa voiture pour s'excuser. Les torts étaient pour elle et elle était prête à le reconnaître. Mais l'Italien était trop furieux pour se lancer dans une conversation polie. Il bondit hors de son véhicule et se mit à hurler. Grace essaya de le calmer, oui, vous avez parfaitement raison, mais ne vous inquiétez pas, mon assurance prendra tous les frais en charge. En vain, l'homme ne renonçait ni à ses cris ni à ses insultes.

Quelques secondes plus tard, le policier de faction sur la route du Rocher se précipita vers eux et demanda à l'Italien courroucé de se montrer plus courtois : « Madame vous dit qu'elle est désolée et qu'elle prend vos frais en charge. »

« Cette garce m'est rentrée dedans ! » répliqua l'Italien qui n'était plus en état d'entendre raison.

Le policier lui conseilla fermement de se taire, en vain. Dans une volée de grands gestes, l'homme opta pour un vocabulaire des moins choisis.

« Un mot de plus et vous allez en prison. Si vous insultez encore la princesse de Monaco, je vous arrête. »

Cette fois, il se tut. Il se retourna pour mieux regarder la fautive et comprit qui elle était.

«C'est ma faute, je m'occuperai de tout», dit la Princesse.

Bientôt une voiture vint la chercher. L'assurance remboursa les réparations de l'autre véhicule, et Grace confia à ses amis : «Je ne conduirai plus jamais.»

Malheureusement, elle ne tint pas sa promesse.

Septembre 1982.

Le vendredi matin 10 septembre, Stéphanie revint à Monaco après avoir passé quelques semaines de vacances à Antigua. Dans les Antilles, elle avait eu un accident de ski nautique qui avait nécessité quelques points de suture sur le crâne. Un chauffeur la conduisit de l'aéroport de Nice à Roc Agel, où elle passa quelques jours à se remettre du décalage horaire et à rassurer ses parents sur sa santé.

Le samedi 11, Nadia Lacoste appela Grace. Stéphanie et la Princesse devaient prendre le train de Monaco à Paris le lundi soir et arriver le mardi matin, afin que Stéphanie puisse aller en classe le mercredi. Lacoste se demandait comment Grace allait pouvoir éviter les paparazzi le jour de la rentrée et lui conseilla de ne pas passer la nuit du mardi dans son appartement parisien. «Les photographes vont sûrement monter la garde mercredi matin, pourquoi ne passeriez-vous pas la nuit du mardi à l'hôtel Maurice? Il n'est pas très loin de l'école, et personne ne vous y trouvera.» Grace estima l'idée assez bonne, tout en reconnaissant : «Quoi qu'on fasse, ils finissent par le savoir.»

Le dimanche 12, l'ancienne secrétaire de Grace, Phyllis Blum, qui s'appelait désormais Phillys Earl, l'appela de Londres pour discuter du voyage prévu là-bas une dizaine de jours plus tard, afin de mettre au point le récital de poésie pour la troisième tournée américaine. A un moment, elles parlèrent de conduite et Earl dit à Grace : «N'oubliez pas de mettre votre ceinture.»

Ce même après-midi, Caroline prit un vol pour Londres. Une amie vint la chercher à l'aéroport d'Heathrow et la conduisit en ville. Elles passèrent quelques heures ensemble avant que Caroline ne prenne un train à Waterloo Station, pour se rendre à Forest Mere, un établissement de santé dans le New Hampshire. «Si c'est bien, je viendrai te voir à la fin de la semaine. Si ce n'est pas bien, je viens quand même, mais j'apporte des provisions!»

Le lundi 13, vers neuf heures, Grace réveilla Stéphanie et alla dire bonjour à Albert dans sa chambre. Il avait passé le week-end en Italie pour assister à un match de football avec des amis et était rentré tard dans la nuit à Roc Agel.

«Maman est venue me réveiller et nous avons bavardé un peu. Elle m'a dit à plus tard, puis, comme je devais passer au Palais dans la matinée, je lui ai répondu: "Oui, à tout à l'heure."»

Tandis que Grace se préparait à aller au Palais, le chauffeur sortit la Rover 3500 vert métallisé, vieille de onze ans, et la gara devant la maison.

Normalement, c'était Stéphanie qui s'en chargeait.

Dans la propriété de Roc Agel, les trois enfants Grimaldi avaient le droit de conduire la voiture du garage à la maison, avant d'avoir le permis. Tous les trois s'amusaient dans le kart de golf du Prince et s'entraînaient au maniement de la jeep. Mais Rainier et Grace restaient fermes, tant qu'ils n'auraient pas l'âge, ils ne sortiraient pas de l'enceinte du parc.

Les bras chargés de robes, Grace sortit et les installa à plat sur le siège arrière. Une bonne la suivait avec d'autres vêtements, des boîtes à chapeaux qui eux aussi allèrent à l'arrière. Ensuite, Grace appela Stéphanie, toujours à demi endormie.

Le chauffeur attendait, prêt à les conduire au Palais.

Grace n'aimait guère conduire et s'en abstenait le plus souvent, mais elle appréciait la Rover. Elle avait peu de kilomètres car elle s'en servait rarement. Pourtant, elle tenait à ce qu'elle soit toujours en parfait état de marche. Le véhicule ne faisait que rarement un autre trajet que Roc Agel-le Palais et, en général, un chauffeur conduisait.

Le siège arrière ainsi chargé, il n'y avait plus assez de place pour trois personnes.

Grace dit au chauffeur que cela serait plus simple si elle conduisait. Il répondit que c'était inutile, qu'elle n'avait qu'à laisser les robes et qu'il viendrait les rechercher. «Non, non, ne vous en faites pas, je conduirai.»

Le chauffeur insista. Il vaudrait mieux que je m'en charge. Pourquoi n'appelez-vous pas le Palais, pour qu'on vienne chercher les robes?

Elle répondit : Non, ce n'est rien, ça ira parfaitement comme ça.

Il essaya de la convaincre. Cela ne me dérange vraiment pas de revenir les chercher. Mais elle s'obstinait à répondre : Non, ce sera plus simple comme ça.

Grace s'installa donc au volant et Stéphanie sur le siège du passager.

Vers dix heures, elles quittèrent Roc Agel.

Le chauffeur les regarda s'éloigner.

La route serpente en descendant la colline jusqu'à La Turbie. Là, on doit contourner le monument romain au centre du village pour arriver à un goulot de l'étroite route à deux voies et tourner à gauche, en coupant la circulation, juste en face du stand d'une vieille dame qui vend des paniers d'osier à l'angle du parking.

Cette route qui vous emmène de la Moyenne Corniche à Monaco est la D37.

Elle a deux voies, mais, souvent, elle est si étroite et sinueuse qu'il est impossible de doubler. Il y a une ligne droite, entre deux rangées de vieilles maisons jaunes à deux étages aux volets verts, avec des pots de géraniums sur les fenêtres et, parfois, du linge qui sèche sur un fil.

La route tourne sur la droite, vers une descente assez raide. Quelques centaines de mètres plus loin, derrière un autre virage, la descente est encore plus aiguë.

A droite, une vallée anguleuse traverse la montagne, droit vers la mer, et au bord de la falaise on a l'impression que les maisons vont passer par-dessus bord.

Un panneau danger indique : «chutes de pierres».

En contrebas, le gros pouce de Saint-Jean-Cap-Ferrat semble jaillir de l'eau pour rejoindre la vallée et former une petite plage.

Là, on se trouve face à un immense demi-cercle de mer bleue.

Suivent quelques virages très dangereux. A environ trois kilomètres du monument de La Turbie, en particulier, une épingle à cheveux à cinquante degrés vers la droite vous oblige à freiner et à vous battre avec le volant.

Ce virage fut fatal à Grace.

La Rover se jeta contre le rail de sécurité et poursuivit sa course.

Dans une succession de soubresauts, la voiture cahota à travers les branches, glissant sur la pente, envoyant rebondir Grace et Stéphanie.

On appela aussitôt Rainier à Roc Agel.

Il prit sa voiture et se précipita à l'hôpital.

Louis de Polignac était déjà là.

Albert descendit de Roc Agel dans son propre véhicule et les rejoignit.

Les membres du gouvernement arrivèrent sans tarder.

Tout le monde attendait impatiemment le rapport des médecins.

Il fallut très longtemps avant d'apprendre que Stéphanie était gravement blessée, mais que ses jours n'étaient pas en danger.

Grace était blessée, également. Et, à ce moment, les médecins pensaient qu'elle aussi s'en sortirait.

Trois heures après l'accident, Caroline savait seulement que Grace s'était brisé les vertèbres cervicales, avait une fracture de la hanche et diverses plaies. On lui affirma que l'état de Grace ne méritait pas qu'elle rentre le soir même. Elle réserva donc sur le premier vol Londres-Monaco le mardi matin.

Au cours des heures suivantes, tout le personnel de l'hôpital fut mobilisé, on appela des spécialistes, et aucun des trois bulletins n'évoquait la gravité réelle des blessures de Grace.

Stéphanie, à demi consciente, souffrant terriblement, avait une vertèbre fêlée, sans autre blessure grave ni hémorragie interne. On lui posa une minerve et les médecins annoncèrent qu'avec des soins adaptés elle pourrait rentrer chez elle une quinzaine de jours plus tard.

Mais Grace, qui était tombée dans le coma, ne semblait pas réagir au traitement.

Les médecins commencèrent à soupçonner une hémorragie cérébrale. Ils avaient besoin d'un scanner, mais l'hôpital, qui portait le nom de la princesse Grace, n'en était pas équipé.

Les médecins envisagèrent diverses possibilités.

Le transport en hélicoptère vers une clinique suisse était hors de question, car ils redoutaient qu'elle ne le supporte pas. Le trajet jusqu'à Nice serait sans doute dangereux aussi.

Finalement, secrètement, Grace fut transférée en ambulance dans une clinique privée à quelques centaines de mètres de là où on put procéder à un examen au scanner.

Bien que l'accident n'eût causé qu'une légère blessure à la tête, Grace souffrait de deux graves lésions cérébrales.

La première, qui s'était produite avant l'accident, avait provoqué une légère perte de conscience.

La seconde, due à l'accident, était si profonde que le neurochirurgien français venu de Nice décréta toute intervention impossible.

Après avoir examiné les résultats, le Dr Jean Duplay annonça à ses collègues que les dommages étaient si graves qu'en fait il aurait fallu intervenir dans les quinze premières minutes pour que Grace ait des chances de survie.

Et même ainsi, comme le confia plus tard le Pr Charles Chatelin, responsable de la clinique, à Rainier, Grace serait sûrement restée à demi paralysée.

On ramena Grace à l'hôpital pour la mettre sous un appareil de réanimation.

Le mardi soir, 14 septembre, Rainier, Caroline et Albert eurent une discussion avec le Pr Chatelin. Il voulait qu'ils sachent la vérité.

Rainier et ses enfants écoutèrent docilement le médecin leur expliquer que l'état de Grace s'était détérioré et qu'à présent on ne pouvait plus rien pour elle.

«Nous avons parlé longuement, se souvient Rainier. Il était très gentil et très compréhensif. Il nous a déclaré qu'il était inutile de la maintenir en réanimation. Il nous a montré les graphiques et nous a dit qu'on devrait couper l'appareil.»

Rainier, Caroline et Albert prirent la décision ensemble.

«C'était horriblement difficile sur le plan affectif, dit le Prince d'une voix faible. Mais, d'un point de vue rationnel et humain, c'était la seule chose à faire. Il n'y avait aucune raison de laisser la machine fonctionner.»

Rainier, Caroline et Albert retournèrent dans la chambre lui faire un dernier adieu avant de la laisser aux mains du Pr Chatelin.

On débrancha la machine.

D'abord vint la rumeur.
Il y a eu un accident.
Ensuite, la stupeur.

258

Non, ce n'est pas vrai. La Princesse est à Roc Agel, avec Stéphanie, le Prince et Albert.

Puis ce fut le choc.

Et, ensuite, le chaos.

Les gens ne croient que ce qu'ils ont envie de croire. La Princesse va bien. Stéphanie est en bonne santé. La voiture est très endommagée, mais elles s'en sont sorties.

Dans les rues de Monaco, les gens se rassuraient les uns les autres, tout va bien, il n'y a pas de quoi s'inquiéter, tout va s'arranger.

Telle une invasion de sauterelles, la presse débarqua à Monaco, les rumeurs explosèrent de toute part. Elle est morte. Elle est vivante. Elle est dans le coma. Stéphanie est sauve, mais Grace est dans un état critique.

Les magasins fermèrent. Les Monégasques allèrent prier à l'église. On voyait des photos de Grace dans les vitrines, dans un linceul noir. La population s'amassa devant le Palais, à l'affût des nouvelles.

L'annonce officielle eut lieu tard dans la soirée du mardi : «Son Altesse, la princesse Grace de Monaco, est morte ce soir à 10 h 15.»

Un voile de silence recouvrit la Principauté. Tel un étrange brouillard, il enveloppa chaque rue, chaque foyer.

La confusion régnait au Palais, frappé par l'affreuse nouvelle.

Il fallait organiser des funérailles nationales, mais personne ne semblait capable d'en prendre l'initiative. Pendant longtemps, personne ne parut pouvoir rassembler les forces nécessaires.

Le fardeau retomba sur Rainier, Albert et Caroline.

Et, bien que le gouvernement et le cabinet aient pris une partie du poids sur leurs épaules, ce fut le Prince qui, malgré son chagrin, trouva le courage de s'en charger. Albert et Caroline firent aussi leur devoir, mais Rainier prit les choses en main.

«Papa a été merveilleux, dit Caroline. Il s'est montré très fort et très courageux. C'en était étonnant. Ce fut une véritable leçon de le regarder tout organiser. Telles que je vois les choses aujourd'hui, la mort de ma mère a rapproché la famille. Non pas que nous étions éloignés avant sa mort, mais là, nous avons appris à travailler ensemble, à être plus attentifs envers les autres, à prendre en compte les sentiments de chacun.»

Pendant les semaines qui suivirent, le Palais fut inondé de milliers de télégrammes du monde entier. Il y eut plus de quatre cent cinquante gerbes de fleurs, envoyées parfois par des parfaits inconnus.

Grace reposa pendant trois jours dans la petite chapelle du Palais, veillée par une garde d'honneur et des milliers de fleurs, roses blanches, orchidées mauves et lys.

Elle tenait entre ses mains les perles vertes de son chapelet. A son annulaire brillait son alliance.

Une foule nombreuse vint lui rendre les derniers hommages.

A 10 h 30, le samedi 18 septembre, une procession, marquée par le roulement d'un unique tambour, et conduite par son époux, son fils et sa fille aînée, l'accompagna à la cathédrale.

Stéphanie, toujours immobilisée, allongée sur son lit, surélevée par des oreillers, regardait la cérémonie à la télévision. Paul Belmondo était à son chevet. Mais, vite, cet effort devint insurmontable, et elle s'évanouit. Paul éteignit le poste.

Pendant toute la matinée, il lui tint la main, et ils pleurèrent ensemble.

Après la messe, Grace reposa dans la cathédrale pour le reste de la journée.

Un enterrement dans l'intimité était prévu pour la fin de l'après-midi, mais, à la dernière minute, Rainier décida de ne pas l'enterrer dans la crypte. Il voulait une cérémonie plus grandiose.

On l'enterra donc le lendemain, une fois que les ouvriers eurent préparé une tombe où il la rejoindrait un jour.

Les Monégasques avaient perdu leur princesse.

La dignité de leur deuil fut à l'image de ce qu'avait été la défunte. Pourtant, quelques incidents mineurs faillirent troubler la solennité de l'événement.

Quand la limousine de Nancy Reagan arriva aux abords de la cathédrale, les services de sécurité américains remarquèrent quelqu'un sur un toit. Ils la dirigèrent vers la porte arrière pendant que les agents abordaient le suspect. Ce n'était qu'un photographe officiel qui se trouvait là muni d'une autorisation spéciale.

Même les paparazzi manifestèrent un certain respect.

Pourtant, certains résidents étrangers de la Principauté échafaudèrent d'étranges projets d'avenir. Certains étaient persuadés que, tant que Rainier et Grace seraient sur le trône, tout irait bien dans leur paradis fiscal. Après la mort de Grace, ils se demandaient si les choses allaient changer. Rainier abdiquerait-il? Monaco allait-elle s'effondrer? La mort d'un idéal est triste, celle de sa sécurité financière devient une affaire sérieuse.

D'autres, particulièrement ceux qui avaient l'habitude de vivre par procuration derrière la Princesse, faisaient semblant, comme d'habitude, d'avoir une place privilégiée.

Tandis que Grace gisait au Palais, que des milliers de personnes passaient devant son cercueil, un inconnu, vaguement lié à la famille, arrivait tous les matins et tenait pratiquement sa cour. Il s'établissait sous les arcades, consolait ses amis, les rassurait, disant que la situation était parfaitement maîtrisée. Il y eut moult chuchotements à l'oreille, accolades, promesses d'obtenir la meilleure place à la cathédrale.

Il ne fallait pas oublier ceux qui un jour avaient été presque liés d'amitié à la famille, ceux qui n'hésitaient jamais à lâcher le nom de Grace. Tout d'un coup, ils se sentaient vulnérables. Ils pensent encore que, sans elle, Rainier et ses enfants sont perdus.

Aujourd'hui encore, certains prétendent : «Même si ce n'était pas Stéphanie qui conduisait... d'ailleurs je n'en suis pas persuadé. L'affaire a été étouffée, et nous ne connaîtrons jamais la vérité sur l'accident. Moi, je sais ce que je sais, mais je ne peux rien dire, par peur des représailles...»

Balivernes.

L'affaire n'a pas été étouffée.

Stéphanie ne conduisait pas.

Caroline est la seule à lui avoir demandé ce qui s'était passé ce matin-là. Elle s'installa à l'hôpital dans la chambre de sa sœur jusqu'à ce que celle-ci soit suffisamment rétablie pour rentrer. Quelques jours après le drame, les sœurs ont parlé de l'accident.

«D'après Stéphanie, maman a dit : "Je ne peux pas m'arrêter, les freins ne marchent pas. Je ne peux pas m'arrêter." Maman était dans un état de panique totale. Stéphanie a essayé de serrer le frein à main. Elle me l'a raconté juste après l'accident. "J'ai tiré le frein à main, mais cela n'a pas marché. J'ai essayé, mais je n'ai pas pu arrêter la voiture."»

Stéphanie n'a jamais parlé de l'accident à son père ni à son frère. Certaines personnes proches de la famille pensent même qu'elle a refoulé ce souvenir de sa mémoire, et qu'elle ne se rappelle rien.

Mais ce n'est pas le cas.

«Je me souviens de tout, dit-elle, essayant de contrôler son émotion. Cela ne fait que deux ou trois ans que je commence à m'en sortir. J'ai consulté des spécialistes, et depuis près de dix-huit mois j'apprends à accepter. Je ne peux toujours pas prendre cette route, même si quelqu'un d'autre conduit. Je demande toujours qu'on passe par l'autre chemin. Mais, maintenant, je peux en parler sans pleurer, même si devant mon père j'ai encore beaucoup de mal. Aujourd'hui, je peux vivre avec, mais je ne peux pas en parler devant lui, car je sais qu'il souffre toujours et je ne veux pas lui faire de peine, car je l'aime beaucoup.»

Pour clarifier les choses, une bonne fois pour toutes, voici ce qui s'est réellement passé.

Grace avait eu un été très occupé.

Elle était toujours exténuée à la fin de la saison, mais, cette année, cela avait été encore plus éprouvant que d'habitude. La croisière sur le *Mermoz* lui avait permis de se reposer un peu, mais elle était encore très fatiguée et irritable. Elle souffrait aussi d'hypertension.

«Elle ne se sentait pas très bien, confirme Caroline. Elle était épuisée. L'été avait été très agité. Elle n'avait pas cessé de voyager et d'être occupée. Elle en avait fait trop. Pourtant, elle ne disait rien, elle ne se plaignait jamais. Mais elle n'était pas en grande forme.»

Lors de ce matin fatal, Grace et Stéphanie passèrent devant un policier français qui réglait la circulation près du monument de La Turbie. Il témoigna avoir reconnu la princesse Grace au volant et l'avoir saluée.

Un camion, français lui aussi, a suivi la Rover sur la D37.

Le chauffeur a confirmé que Grace conduisait.

Sur la route, Grace s'est plainte d'avoir mal à la tête. Sa migraine persistait toujours quand elle entama la descente. Elle eut une seconde d'absence.

La voiture a dérapé.

Quand elle a ouvert les yeux, désorientée, Grace fut prise de panique. Elle a voulu écraser le frein.

Du moins croyait-elle que c'était le frein.

Aujourd'hui, il apparaît qu'elle se serait probablement trompée de pédale et aurait appuyé sur l'accélérateur. Le chauffeur de camion, qui était à une cinquantaine de mètres derrière la voiture, a vu le véhicule déraper en zigzag sur la route. Ensuite, la Rover

262

s'est redressée et s'est précipitée droit devant elle. L'homme connaissait bien la route et savait où se trouvait l'épingle à cheveux. En ne voyant pas les feux arrière s'allumer, il comprit immédiatement ce qui allait se produire.

Au même moment, Grace cria : «Je ne peux pas arrêter! Les freins ne marchent plus!»

Stéphanie se pencha sur le siège pour saisir le frein à main et essaya de redresser la voiture.

Mais le véhicule poursuivit sa course.

Stéphanie dit qu'elle ne saurait jamais vraiment si sa mère s'était trompée de pédale ou si elle avait perdu l'usage de ses jambes. Mais, lors de l'enquête de police, on ne découvrit aucune trace de freinage sur la route.

Ni Grace ni Stéphanie ne portaient leur ceinture de sécurité.

Un jardinier qui travaillait sur une propriété entendit un bruit qu'il identifia immédiatement. Il dit qu'en trente ans il l'a entendu au moins quinze fois. Il prétend également avoir sorti Stéphanie de la voiture par la vitre du chauffeur, donnant ainsi l'impression que c'était elle qui conduisait. Comprenant aussitôt l'intérêt que suscitaient ses remarques, il embellit son rôle dans la tragédie au cours d'«interviews exclusives» qu'il vendait à tous ceux qui payaient.

Le problème, c'est qu'il ne fut pas le premier à arriver sur les lieux. Et il n'a pas fait sortir Stéphanie de la voiture.

Elle est sortie seule par la porte du passager.

«Je me suis retrouvée sous la boîte à gants. J'avais perdu connaissance pendant la chute. Je me souviens qu'on a heurté un arbre et que, lorsque je me suis réveillée, il y avait de la fumée. J'ai eu peur que la voiture explose. Je savais que je devais sortir et faire sortir ma mère, alors, j'ai ouvert la porte en la poussant du pied. Ce n'était pas difficile car elle était déjà à moitié défoncée. J'ai couru, j'ai vu cette dame et je lui ai crié: "Vite, appelez le Palais, je suis la princesse Stéphanie, appelez mon père et trouvez-nous de l'aide."»

La femme, qui habitait dans la maison, la fit asseoir.

Stéphanie était en état de choc. Les points de suture de son accident de ski nautique s'étaient ouverts et elle saignait. Elle s'était également mordu la langue et elle avait perdu une dent. De plus, son dos commençait à la faire souffrir.

«Maman est dans la voiture, appelez mon père!» criait-elle.

La femme et son mari ne cessaient de lui demander qui était son père.

«C'est le Prince, je suis la princesse Stéphanie, et mon père, c'est le prince de Monaco.»

Il fallut plusieurs minutes avant qu'on la comprenne, et quelques-unes de plus pour qu'on la croie.

«Je n'arrêtais pas de lui demander : "Appelez mon père au Palais, vite, nous avons besoin d'aide. Maman est dans la voiture." Tout le reste, c'est dans le brouillard, jusqu'à l'arrivée de la police.»

Grace avait été rejetée à l'arrière, était retombée sur le siège et se trouvait coincée par la colonne de direction, qui lui avait ouvert le crâne.

Elle baignait dans le sang, mais n'avait pas perdu connaissance.

«Les pompiers ont sorti maman de la voiture et l'ont mise dans une ambulance. J'ai attendu qu'une autre ambulance arrive.»

La voiture était très endommagée, et une personne qui l'examina l'après-midi même affirme que la seule partie qui ne fût pas déformée au-delà du méconnaissable était l'espace sous la boîte à gants, devant le siège du passager. Seule une personne recroquevillée dans ce trou pouvait survivre.

Pourtant, lors de tels accidents, des questions restent toujours en suspens.

Pourquoi Grace n'a-t-elle pas laissé le chauffeur les accompagner?

Pourquoi a-t-il fallu qu'elle ait une absence dans le virage le plus dangereux? Si son malaise s'était produit cent mètres avant, Stéphanie aurait peut-être pu braquer vers le bord de la route et arrêter la voiture. Si cela s'était produit cent mètres plus loin, l'épingle à cheveux maudite aurait été derrière elles.

Le scanner révèle que l'accident a été provoqué par une légère hémorragie cérébrale, la première. Mais la lésion qui l'a tuée a été provoquée par l'accident.

Quelques années plus tard, le frère de Grace, John Jr, mourrait d'un accident similaire en faisant du jogging.

Comme l'accident se produisit en France, le gouvernement français, qui avait ordonné une enquête, demanda à Rainier si, dans ces circonstances, il voulait qu'on accélère le processus.

Le Prince refusa. Il tenait à ce qu'on procède étape par étape, selon les règles.

«Je voulais qu'ils fassent ce qu'ils devaient sans que j'intervienne.

Bien sûr, nous avons enlevé la voiture immédiatement. La presse nous a beaucoup critiqués pour ça. Mais nous ne pouvions pas faire autrement, sinon, les touristes l'auraient démontée morceau par morceau, pour en faire des souvenirs. Le juge chargé de l'enquête a demandé à son collègue monégasque de poser des scellés sur le garage afin que personne ne puisse y toucher. Cela a été fait aussitôt. A Monaco, personne n'a eu la moindre influence sur le rapport final.»

Les ingénieurs de chez Rover envoyés d'Angleterre cherchèrent des signes de défaillances techniques. Ils envisagèrent également la possibilité d'un sabotage. Mais il n'y avait rien, les freins étaient en parfait état de marche.

L'enquête française conclut que l'accident avait eu lieu à la suite de l'absence de Grace.

Pourtant, aujourd'hui encore, après toutes ces années, les doutes persistent, même si, pour Rainier, tout est clair. C'est la presse qui ne veut pas lâcher le morceau.

«Quand on m'a téléphoné à Roc Agel ce matin-là, je suis allé à l'hôpital sur-le-champ. Au début, les médecins ne voulaient rien dire avant un examen complet. Mais la presse dressait son diagnostic plus vite que le corps médical. En se fondant sur les informations données par le jardinier qui prétendait avoir découvert la voiture et sur les déclarations de la police, les rumeurs allaient bon train. Mais il a fallu un bon moment avant que les médecins comprennent la situation. Ils sortaient de la chambre et me disaient qu'ils avaient trouvé une fracture ici, une autre là, et retournaient faire des examens. Ils me disaient les choses au fur et à mesure. J'ai mis longtemps à comprendre à quel point c'était grave, mais je l'ai su avant la presse.»

Peu importait pour les journaux à scandale qui envoyèrent leurs équipes sur les lieux. Un torchon américain délégua dix-sept reporters à lui seul.

Les poches pleines, les journalistes n'hésitaient pas à arroser tous ceux qui voudraient bien leur parler. Il s'ensuivit une série de spéculations sans fin sur les circonstances de l'accident, les lenteurs des services médicaux, etc.

«Ils firent tout ce qu'ils purent pour alimenter leurs articles, sans se soucier de notre douleur. C'était horrible. Ils n'en finissaient pas d'expliquer comment nous aurions pu sauver Grace. Je ne comprends pas pourquoi. Tout l'hôpital s'était mobilisé pour elle. Et je ne sais pas combien de fois j'ai dû répéter que la Princesse n'aurait jamais autorisé Stéphanie à conduire à Monaco, surtout sur une route aussi dangereuse. Mais c'est vrai, Stéphanie sortait la voiture du garage à Roc Agel, mais sans s'aventurer hors de la propriété.»

Rainier marque une pause avant d'avouer : «Après, on a raconté que la Mafia voulait la mort de Grace, mais je n'arrive pas à voir pourquoi. S'il y avait une interprétation un peu plausible, je serais prêt à accepter. Mais quand ils se sont obstinés à écrire que Stéphanie conduisait, en dépit des preuves du contraire, cela nous a fait du mal à tous. C'est injuste. S'il y avait eu un problème mécanique, à la rigueur, mais, dans ce cas, elle aurait sûrement eu de meilleurs réflexes que sa mère. De toute façon, ce n'est pas le problème. Le problème, c'est que personne ne sait à quel point ma fille en a souffert.»

Pour les psychiatres, elle a eu une réaction qui est relativement fréquente en cas d'accident, lorsqu'il y a un survivant.

C'est ce qu'on appelle le syndrome «Pourquoi moi?».

Le survivant repasse sans cesse le film de l'accident, se demandant pourquoi il est encore vivant alors que l'autre a disparu. Dans le cas de Stéphanie, cette question sans réponse était encore plus angoissante car des gens bien intentionnés ne cessaient de lui rappeler à quel point sa mère était merveilleuse. «Vraiment dommage qu'elle ait dû mourir!» Ce n'était qu'une autre façon de dire: «Les admirateurs de votre mère auraient préféré que ce soit vous qui disparaissiez.»

Deux éléments supplémentaires rendaient le problème encore plus complexe.

En suggérant que Stéphanie tenait le volant, la presse lui avait imposé un stress épouvantable dont elle essayait de se débarrasser en disant : «Comment peuvent-ils s'imaginer que j'ai tué ma mère?» Mais comme sa voix avait moins de poids que la leur, malgré ses protestations, le mal continuait à la ronger.

Et la presse n'aurait pas eu tant d'influence si Stéphanie ne se souvenait pas d'avoir tenté d'attraper le frein à main, d'avoir essayé de sauver sa mère, en vain. Cet échec accentuait encore ses sentiments de culpabilité.

Combien de fois n'avons-nous pas tous voulu revenir en arrière?

Il est clair que si cet accident était arrivé à quelqu'un d'autre qu'un Grimaldi, un Windsor ou peut-être un Kennedy, ce qui se produisit ce jour de septembre 1982 serait plus qu'une explication bien compréhensible de sa conduite un peu chaotique.

Mais les histoires sordides liées à Stéphanie, vraies ou fausses, faisaient vendre les magazines.

Pour elle comme pour Rainier, la façon dont l'a traitée la presse par la suite est presque aussi tragique que l'accident lui-même.

Près de cent millions de téléspectateurs du monde entier ont regardé les funérailles de Grace.

Mais à l'époque ni Rainier, Caroline et Albert à l'église, ni Stéphanie à l'hôpital ne savaient à quel point le public partageait leur chagrin.

Tout réconfort qui aurait pu venir de l'extérieur leur échappa ce jour-là.

Et, tout comme on se souvient de ce petit garçon de trois ans, qui, il y a très longtemps, a salué sur les marches du Capitole en voyant passer le cercueil de son père, l'image de Rainier, en uniforme, torturé de chagrin, à côté de sa fille aînée en voile noir, qui, ce matin-là, tend le bras vers lui, restera à jamais gravée dans les mémoires.

15

Le crépuscule

La mer se plombe. Le soleil plonge derrière les collines. Les bâtiments du port rose saumon s'embrasent de rouge.

Le bureau de poste vend les derniers timbres de la journée, le magasin de souvenirs les dernières cartes postales. La pâtisserie de la petite rue face à l'hôtel de ville du Rocher vend son dernier pain sur l'étagère.

La vie marque une pause.

Un petit bateau de pêche rentre lentement au port.

La circulation s'arrête sur les routes qui conduisent à l'extérieur de la ville.

Un garçon de plage ramasse les matelas et ferme les parasols. Une pancarte indique que, après sept heures du soir, on se baigne à ses risques et périls, mais quelqu'un nage encore. Plus tard, la police fera une patrouille, au cas où des campeurs s'amuseraient à dormir sur la plage. Cela se fait ailleurs, mais pas ici.

Un croupier arrive en retard, car il n'a pas trouvé de place pour garer sa Maserati jaune vif dans le parking privé derrière le casino.

Quatre cocktails vont commencer, à cinq cents mètres les uns des autres. On y sert le même champagne et les mêmes canapés. Deux sont offerts par des bijoutiers, le troisième par une galerie d'art. Le dernier est donné par un jeune homme qui vend des voitures de luxe en privé. Tous ceux qui viennent à la première soirée retrouveront les mêmes personnes aux trois autres.

Les magasins ferment.

Des filles en blanc se débattent avec les rideaux de fer des vitrines, protégées par une pellicule rose ou jaune, pour ne pas détériorer les parfums en exposition.

Les hommes ont rendez-vous avec leurs maîtresses.

Les femmes rencontrent leurs amants.

Le premier train de nuit pour Paris quitte le quai.

Le train de Nice passe, en route pour Vintimille.

Un agent de change s'installe devant son ordinateur pour vérifier les cours de Wall Street, car à six heures à Monte-Carlo, il est midi à New York.

Les grands chefs préparent leur cuisine.

Les sommeliers passent leur cave en revue.

Le maître d'hôtel du café de Paris vérifie ses réservations lorsqu'un couple d'Américains vient lui demander si les hommes doivent porter une cravate, puisque, dans ce cas, ils ne pourraient pas dîner ici. Il les rassure, leur disant qu'ils sont les bienvenus.

Près du lycée, au café, on joue la dernière partie de cartes, devant une ultime tournée de pastis.

Comme tous les soirs à la même heure, un acteur anglais, autrefois célèbre, se fait bruyamment appeler à l'hôtel de Paris, car il donne de généreux pourboires au barman pour faire encore croire à sa gloire perdue.

16

Rainier se souvient

Rainier et Grace devaient aller à un dîner chez des amis qui avaient également l'intention d'inviter Phyllis Blum, la secrétaire de Grace. Mais, à la dernière minute, l'hôtesse se rendit compte qu'il y avait plus de femmes que d'hommes à sa table.

Elle présenta ses excuses à Phyllis qui lui dit qu'elle comprenait. Puis, encouragée par Maureen King, et avec la complicité de l'hôtesse, elle vint dîner déguisée en homme.

Avec une perruque et un costume d'emprunt, dissimulée sous une barbe et des lunettes noires, elle se fit passer pour un jeune pianiste polonais, venu à l'Ouest pour la première fois.

Phyllis s'inclina galamment devant la Princesse.

Grace se déclara ravie de le rencontrer. Comme elle n'obtenait pas de réponse, on lui expliqua que le jeune homme ne parlait pas anglais.

A un moment, Rainier fit observer tranquillement que le jeune pianiste lui semblait «quelque peu efféminé».

«Oh! avec ces artistes!» lui répondit-on.

Pendant le repas, Grace se retrouva à côté du Polonais et, par politesse, essaya de savoir quelle langue il parlait.

Polonais et allemand, uniquement, l'informa l'hôtesse.

En allemand, donc, Grace lui demanda s'il aimait le potage.

Comme le pianiste célèbre ne répondait pas, elle murmura: «Peut-être qu'il n'aime pas ça.»

N'étant pas du genre à renoncer, elle continua à bavarder avec lui en allemand. Phyllis resta muette.

Exaspérée, Grace se tourna enfin vers l'hôtesse et murmura: «Mais qui est-ce?»

Là, l'hôtesse avoua tout.

Et ce furent Rainier et Grace qui en rirent le plus.

270

Rainier avait passé la journée à son bureau.

Située dans la tour du Palais, la pièce, assez grande, contient quarante ans d'objets.

La table, à droite de la porte, est couverte de classeurs et de cadres d'argent: Caroline et ses enfants, Albert et Stéphanie. A côté, le vieux coffre renferme, on l'imagine facilement, de précieux trésors.

Le bureau se trouve face à l'entrée, près du divan, d'un fauteuil et d'une table basse.

Sur les tables voisines, on voit d'autres cadres d'argent et, bien sûr, des photos de Grace.

Dans l'angle, un ascenseur privé, sorte de cage triangulaire, conduit, à l'étage supérieur, dans une pièce qui sert de salle de conférences. De la même taille que celle du dessous, la pièce est occupée par une table ronde couverte de velours rouge et d'un bureau contre le mur opposé. Là aussi, il y a de nombreuses photos de famille ainsi que plusieurs bibliothèques, remplies de souvenirs, telle une collection de crustacés.

Une gigantesque maquette du musée que Rainier fait construire pour abriter sa collection de voitures trône dans la salle et un télescope pointe par la fenêtre est.

Des peintures sont accrochées aux murs, dont l'une, appelée *Orage*, représente une petite embarcation tanguant dans les vagues, et dont le ciel gris correspond exactement à la couleur des murs.

Dans son bureau principal, en blazer bleu, pantalon gris, chemise blanche et cravate de laine bleue, Rainier allume une cigarette avant de s'asseoir sur le divan.

Les lumières ne sont pas encore allumées. Dans la semi-obscurité du crépuscule, nous parlons des quarante dernières années.

«Des erreurs? Bien sûr. Qui n'en commet jamais? La vie serait terriblement ennuyeuse, sinon. Mais je préfère croire que je n'ai pas commis de bourdes qui auraient compromis le développement de la Principauté. Il doit bien y en avoir eu quelques-unes quand même, j'en suis même sûr. Parfois, nous n'avons pas pris nos décisions au bon moment.»

Par exemple?

«Les opérations immobilières. Nous n'aurions peut-être pas dû construire autant de gratte-ciel, du moin, nous aurions dû mieux les contrôler. Mais, comme je l'ai dit, tout s'est passé trop vite. Bien sûr, nous avons tiré les leçons de l'expérience. D'ici, on voit La

Condamine, le quartier du port, où il y a beaucoup de bâtiments qui devront être démolis un jour ou l'autre. Certains datent de plus de soixante ou soixante-dix ans et n'ont pas d'installations sanitaires correctes. Nous revoyons toute la conception de ce quartier, mais rien ne sera très haut.»

Construire est peut-être le mot clé de son règne, et certains pensent qu'il laissera un héritage de «bâtisseur».

Rainier semble y réfléchir.

«Oui, c'est une image agréable, qui me plaît assez. Mais il faut préciser que nous n'avons pas construit pour faire plaisir aux spéculateurs. Loin de là. Fontvieille a beaucoup apporté à Monaco, mais c'était un pari, car cela exigeait que l'on gagne beaucoup de terrain sur la mer. Pourtant, je ne pense pas que je me décrirais comme un bâtisseur ou un constructeur. je préférerais qu'on dise que j'ai apporté la prospérité au pays, que mon règne a réussi, que j'ai eu raison.»

Et que, à l'heure de prendre des décisions impopulaires, il a eu le courage de le faire.

«Ce n'est pas facile, mais parfois on n'a pas le choix. Je suis ouvert aux opinions des autres. J'insiste toujours pour avoir tous les points de vue avant de prendre une décision, et il est facile de repérer les béni-oui-oui, car, en général, ils attendent que je me sois exprimé avant de parler. Alors, je commence par demander aux autres de donner leur avis. Bien sûr, il y en a toujours qui essaient de deviner ce que je vais dire, mais ils ne peuvent pas viser juste à chaque fois. Je le sais d'expérience, croyez-moi, ça marche. Albert assiste aux réunions du cabinet, il voit comment j'opère et il apprend beaucoup.»

Quand Albert reprendra le pouvoir, comme il le sait trop bien, son rôle sera difficile, car personne ne peut nier que Rainier a énormément apporté aux Monégasques.

Il suffit de faire la comparaison avec n'importe quelle communauté de seulement trente mille habitants.

Peu ont la chance de s'enorgueillir d'un orchestre symphonique réputé, d'une compagnie de danse renommée, d'un opéra de notoriété mondiale, de jardins botaniques, d'une plage, d'un port, de restaurants et d'hôtels de classe.

Et tout cela dans une ville qui, il y a encore quarante ans, était plutôt morne.

Les Monégasques sont prospères, cultivés et vivent en bonne santé et en sécurité.

En fait, Monaco est peut-être l'endroit le plus sûr d'Europe, pourtant, les forces de police ne comptent que quatre cent cinquante personnes.

Cela paraît beaucoup, mais, si l'on considère le nombre d'habitants, la police londonienne devrait être triplée pour parvenir au même rapport.

«Je suis persuadé que la présence d'une police forte est la meilleure solution contre le crime. Et il faut l'équiper de matériel moderne pour qu'elle puisse travailler. Il n'y a pas de véritable criminalité ici, ni de gros problèmes de drogue. Bien sûr, il y a des petits délits et sûrement quelques jeunes qui reniflent de la colle, mais rien de plus. La seule fois où l'on a tiré, c'est sur une voiture qui essayait de s'enfuir après une attaque de banque. En fait, il n'y a que quatre routes qui permettent de sortir de la Principauté, et il est facile de les barrer rapidement. Nous avons un système de barrages munis de pointes qui crèvent les pneus si quelqu'un essaie de le forcer. Nous avons la chance d'avoir une frontière facile à défendre.»

La petite criminalité est pratiquement inconnue. Il y a parfois des crimes passionnels, et des cambrioleurs ont essayé de percer des coffres ou de voler des peintures, mais les bagarres sont excessivement rares, la prostitution est illégale – du moins le racolage dans les rues –, on ne passe jamais de films X, et il est presque impossible de marcher pieds nus sans qu'un policier vous demande gentiment de mettre vos chaussures.

Monaco est le dernier endroit sur Terre où une femme peut porter ses bijoux sans crainte.

Tout cela est voulu, et Rainier tient bien à ce qu'il en soit toujours ainsi...

«Nous avons des caméras vidéo dans les endroits clés de la Principauté, à l'angle des rues, dans les ascenseurs. C'est un moyen très dissuasif, et nous étendons le système. Il faut voir la vérité en face, si quelqu'un se sait filmé, il ne va pas faire grand-chose, car la police est de l'autre côté.»

Bien sûr, ces caméras ont déclenché des tollés de : «Non à Big Brother!»

«C'est injuste. Nous ne sommes pas un État policier. J'ai entendu les gens le dire, mais je ne suis pas d'accord. Qu'est-ce que c'est, un État policier? Un endroit où la police se mêle de votre vie, de vos paroles et de vos façons de penser. Ce n'est pas le cas ici. Il n'y a aucune limitation aux libertés individuelles. Notre police est une force de dissuasion. La plupart des hommes sont en civil. Nous formons une petite communauté et tout le monde se connaît. Il y a des grands déséquilibres dans le monde. Certaines personnes ont honte de faire preuve d'autorité et de discipline. Pour moi, ce ne sont pas des menaces à la liberté. Sans autorité et sans discipline, c'est l'anarchie. Et cela, c'est la vraie menace à la liberté.»

Pour donner un exemple, Rainier dit que la religion d'État est le catholicisme, mais qu'il y a différents lieux de culte à Monaco.

Toutes les grandes religions sont représentées, ainsi que de nombreuses sectes et petites congrégations.

«Nous n'avons pas inventé l'œcuménisme, mais nous y avons pensé bien avant le pape.»

Les Grimaldi sont catholiques. Pourtant, Rainier avoue avoir éprouvé des doutes en ce qui concerne sa propre foi, et c'est grâce au père Tucker qu'il est resté au sein de l'Église.

«Je me suis rebellé, comme beaucoup de gens. Je me posais beaucoup de questions et personne ne me donnait de réponses satisfaisantes. Mais Tucker a compris mes réactions et il n'a pas dramatisé. C'est comme cela qu'il m'a ramené vers l'Église. Il m'a expliqué, il n'a rien forcé, contrairement à d'autres. Soyons honnête, la plupart des religieux auraient essayé de me convaincre que je commettais un grave péché en remettant en question mes rapports à la religion. Il a eu beaucoup d'influence sur moi.»

Il a en particulier aidé le Prince à lui faire comprendre ce que l'Église devrait être.

«Qu'est-ce que l'Église? La charité, la tolérance, la compréhension, non? Francis Tucker était tout cela à lui seul. Vous savez, j'ai toujours été scandalisé par ces écoles dirigées par des nonnes, où l'on voit un triangle dessiné sur le mur avec l'œil de Dieu, où l'on dit aux enfants : "C'est l'œil de Dieu qui vous observe." Pour moi, ce n'est pas du tout ça. J'imagine un dieu souriant. Enfin, plus avec un cœur qu'un œil inquisiteur.»

En tant que prince catholique, Rainier jouit de relations particulières avec le Vatican, qui a même envoyé un représentant à son mariage, et, avec Grace, ils ont rencontré tous les papes depuis Pie XII.

«C'était un homme extraordinaire, un véritable saint. J'ai toujours eu l'impression qu'on ne pouvait pas être plus proche de Dieu que lui. Il ne nous a pas accueillis autour d'un café, pour des bavardages insignifiants. Ce n'est pas ce que j'attends d'un pape. Il nous a reçus dans une petite salle du trône. Grace et moi étions assis de chaque côté. Il était chaleureux et agréable, mais très engagé dans sa foi, et il vous entraînait avec lui.»

Leur rencontre avec Jean XXIII fut beaucoup plus détendue, non seulement à cause de la personnalité moins protocolaire du pape, mais aussi parce que Rainier le connaissait déjà, car, lorsqu'il était encore nonce à Paris, il avait séjourné au Palais.

«A l'époque, c'était encore monseigneur Roncalli, et il était venu pour une cérémonie officielle, mais je ne sais plus laquelle. C'était un bon vivant, très terre à terre. Pie XII était plus intellectuel, c'était un penseur, Jean XXIII correspondait mieux à son époque. Il était très sociable, très ouvert et réduisait le protocole au minimum. Le style a de nouveau changé avec Paul VI. J'ai toujours pensé à lui comme un pape de transition, un homme de bonne volonté qui ne faisait pas beaucoup de vagues.»

Il n'eut pas le temps de connaître Jean-Paul Ier, mais Rainier a une opinion bien définie de Jean-Paul II.

«Il est très conscient de son image dans la presse et les médias. Je crois qu'il ferait mieux de passer plus de temps à s'occuper de ses ouailles.»

Touché par la foi profonde de Grace, un prêtre né à Monaco et détaché à Rome a suggéré sa béatification, quelques mois après sa mort.

Le père Piero Pintus en fit l'annonce officiellement à Rome lors d'une messe dite pour le premier anniversaire de sa mort : «J'ai proposé la canonisation de Grace Kelly. Comme actrice, je préférais Ingrid Bergman, mais Grace de Monaco était une épouse fidèle et une mère dévouée. Elle vivait dans un monde où il est difficile de préserver la foi. Elle avait un caractère d'une grande richesse, plein de potentialités. Ce n'est pas seulement à cause de son nom qu'elle était touchée par la Grâce.»

Caroline trouvait tout à fait charmant qu'on canonise sa mère, mais elle n'était pas sûre que cela soit possible. Elle se renseigna donc et découvrit qu'en fait cela restait même très improbable.

«Pour être canonisé, il faut avoir accompli des miracles de son vivant, et qu'ils soient prouvés et attestés par l'Église. Mais il y a aussi quelque chose qui s'appelle la béatification, qui est en fait une étape vers la canonisation. Maman pourrait peut-être être béatifiée.»

Le père Pintus affirme qu'en Europe et aux États-Unis des gens recensent les miracles attribués à Grace, comme par exemple des récits de mères l'implorant pour leur enfant malade, et la voyant apparaître lors de la guérison.

Mais tant que ces récits ne prennent pas plus de substance, sainte Grace est encore loin.

«Ce prêtre a fait beaucoup de bruit, suggère Rainier, mais je ne pense pas qu'il ait été très sérieux.»

Caroline est d'accord : «Je crois que nous manquons pas mal de récits de miracles.»

En revanche, les Grimaldi ne manquent pas d'amis.

Et, fièrement, Rainier compte les Reagan parmi eux.

Politiquement, Grace aurait sans doute été plus proche du démocrate John Kennedy, mais si Rainier était américain, il serait sûrement républicain et reaganien.

«C'est une véritable amitié, dit-il. Nous nous connaissons bien, et nous les avons vus vivre à la Maison-Blanche.»

Rainier, Caroline, Albert et Stéphanie y sont allés voir les Reagan plusieurs fois. Rainier occupait la chambre Lincoln, bien que celui-ci n'ait jamais eu l'honneur d'y dormir, et ses enfants étaient à l'étage supérieur.

Comme dans les hôtels de luxe où l'on laisse dans votre chambre un chocolat marqué «bonne nuit», sur la table de chevet se trouvait un petit flacon de bonbons colorés, marqué du sceau du Président.

«Il nous a emmenés au bureau Ovale, Albert et moi, et nous a dit que le seul moment où il prenait un peu d'exercice ou respirait un peu, c'était en descendant de son appartement à son bureau. Les choses ont bien changé, Eisenhower avait un green sur la pelouse, et il pouvait se déplacer librement. A présent, la Maison-Blanche, c'est une véritable forteresse. Quand on regarde par la fenêtre, la seule chose qu'on voit, ce sont des hommes en uniforme qui patrouillent revolver au poing, avec des chiens. A l'entrée, il y a un énorme triangle de béton pour que l'on ne puisse pas forcer le portail et entrer. »

Allant voir Reagan à la Maison-Blanche juste après la tentative d'attentat dont il avait été victime, Rainier se crut en prison, tant les services de sécurité se montraient omniprésents.

« Nous avions un très bel appartement, mais chaque fois qu'on allait dans le couloir, un homme sortait d'un rideau pour vérifier ce qui se passait. Il aurait été impossible de changer de chambre. »

Nancy confia un jour à Rainier son amour pour le théâtre, mais se plaignit de ne pouvoir aller qu'au Kennedy Center, car c'était le seul édifice équipé pour la sécurité du Président.

« C'est un peu triste, non ? Les seuls films qu'ils voyaient étaient ceux qu'ils passaient à la Maison-Blanche. Qui voudrait travailler dans des conditions pareilles ? me suis-je demandé. C'est ce qu'il y a de pire au monde. Quoique les fonctions de Gorbatchev ne doivent pas toujours être agréables, avec toutes ces vieilles barbes qui l'observent par-dessus son épaule, avec toutes les intrigues qui doivent fourmiller. Physiquement, il a peut-être moins de contraintes que le Président des États-Unis, mais, politiquement, sa marge de liberté est faible. Pourtant, je le soupçonne d'avoir des dossiers sur tout le monde. Il doit savoir où sont enterrés tous les vieux cadavres. C'est nécessaire pour survivre dans une fonction pareille. Enfin, je l'espère, pour sa propre sécurité. »

L'amitié Reagan-Grimaldi était telle que Nancy Reagan fut l'une des premières à venir à Monaco à la mort de Grace. Un geste qui a beaucoup touché Rainier.

« Nancy a été très gentille de venir aux funérailles de Grace. Nous l'avons hébergée au Palais. Au début, les hommes du *Secret Service* étaient un peu rudes, car ils estimaient que le Palais n'était pas assez sûr, malgré les gardes. Nous avons fini par dire que, si Nancy était là, elle s'y trouvait placée sous notre responsabilité, et qu'ils devaient l'accepter. Pour moi, ils avaient simplement envie de se mettre en valeur. Et puis, ils feraient bien de se dépoussiérer un peu, car on les repère au premier coup d'œil. Ils ont des fils électriques qui leur sortent des oreilles, et ils marmonnent dans leur montre. Il n'y a qu'eux pour se conduire comme ça ! »

Tous ceux qui ont connu Grace et Rainier constatent qu'ils avaient des amis très dévoués, peut-être parce que ceux qui n'en faisaient pas vraiment partie ne les fréquentaient jamais longtemps.

Mais, avec le couple princier, l'amitié n'était jamais à sens unique, comme peut en témoigner Khalil el Khoury.

«Quand la situation s'est détériorée au Liban, nous n'avons pas été obligés de nous exiler, mais je ne pouvais plus rien faire pour mon pays. Malheureusement, les chances étaient contre moi, et les joueurs pariaient gros. Je suis donc parti avec ma famille, mais je n'avais aucun endroit.où aller avant que Rainier nous ait donné asile. Il nous a proposé des passeports monégasques, offert de nouvelles racines, des racines méditerranéennes qui sont aussi les nôtres. C'était un geste de sympathie et d'amitié.»

Pour des raisons similaires, ce geste, le Prince l'a répété.

Le roi Farouk venait souvent à Monte-Carlo. Il occupait le second étage de l'hôtel de Paris, une vingtaine de chambres. Même quand il dut céder son trône, il voyageait avec une escorte d'une quarantaine de personnes et avait besoin de plus d'une dizaine de voitures pour se déplacer.

Rainier et Grace l'ont tout de suite beaucoup aimé.

«C'était un homme très intéressant. Tout le monde est choqué quand je dis que je l'aimais bien. Cela ne signifie pas forcément que j'étais d'accord avec ses orientations politiques, avec sa conduite ou certaines de ses décisions. Mais je le trouvais agréable, bien que ce fût un grand solitaire. Il s'inquiétait beaucoup pour son pays, sa famille. Un jour, il m'a dit: "Chez moi, on dit qu'un homme qui a un fils ne meurt jamais." Il y croyait vraiment. Quand il m'a demandé de devenir le tuteur de son fils, j'ai tout de suite accepté.»

Un peu comme chez Onassis, Rainier appréciait aussi le caractère impétueux de Farouk.

«C'est un trait que j'aime chez les autres, mais pas pour moi. Cela ne correspondrait pas à ma manière de vivre.»

Quand il était roi, Farouk venait à Monaco pour jouer. La plupart du temps, il arrivait sur son yacht.

«La première fois que je suis monté à bord, j'ai été frappé tant il était évident qu'il ne faisait confiance à personne, ni à son coiffeur, ni à ses marins.»

Une fois qu'il fut destitué et exilé, Rainier le reçut aussi chaleureusement qu'avant.

«Je crois que cela lui faisait plaisir, mais il en a été fort surpris. Il ne faut pas oublier qu'il est monté sur le trône très jeune et qu'il en a beaucoup supporté. Je parle surtout des intrigues et des complots.

Les Britanniques ont essayé de l'assassiner je ne sais combien de fois, et il s'est retrouvé très isolé. Les membres de sa famille le poussaient au vice. Il avait un tempérament très triste, et ne savait pas où aller. C'était tout naturel que je lui offre l'asile. Il ne vivait pas dans la Principauté, mais y venait une ou deux fois par an, et avait un passeport monégasque. Je suis toujours en contact avec son fils. Il s'est marié à Monaco. C'est un homme très agréable qui respecte énormément son père. C'est une famille sympathique. Ils sont restés ensemble, et ils ont vécu simplement, en Suisse. »

La citoyenneté monégasque est une rareté.

Pour l'obtenir, il faut être né, n'importe où dans le monde, d'un père monégasque, ou à Monaco d'une mère monégasque et de père inconnu. Il ne suffit donc pas de naître dans la Principauté, moins d'être né de parents inconnus, auquel cas cela devient possible.

On peut aussi se faire naturaliser, mais il n'est pas facile d'obtenir un passeport par ce moyen. Bien sûr, si vous avez de la famille sur place et si vous y avez habité toute votre vie, cela joue en votre faveur. Malgré tout, les naturalisations sont très rares.

Quand le violoncelliste Mstislav Rostropovitch en eut besoin, Rainier lui accorda, à lui et à sa femme, la nationalité monégasque. Ni l'un ni l'autre ne passe beaucoup de temps dans la Principauté, mais là n'est pas la question. En tant qu'exilés soviétiques, ce passeport leur permet de voyager librement.

Après son exil, le shah d'Iran bénéficia du même privilège.

« Ce n'était que justice. J'étais révolté par la façon dont le traitait le reste du monde. A Persépolis, tout le monde lui cirait les bottes. Tous les pays sans exception essayaient de lui soutirer de l'argent. Il jouait le rôle de policier du Golfe, et c'était le meilleur ami de l'Occident, tant que l'Occident a eu besoin de lui. Mais ensuite, tout le monde lui a fermé la porte au nez, surtout les États qui avaient le plus profité de lui. »

Pour Rainier, la France et les États-Unis figurent en bonne place sur la liste.

« Qu'est-ce qu'ils ont obtenu de Khomeyni ? Quand j'ai vu comment on traitait le shah, je suis allé trouvé mon ministre d'État pour lui demander si on ne pouvait pas l'accueillir chez nous. Il était très isolé à l'époque. Il n'avait plus que sa famille proche, car son entourage l'avait abandonné. Non seulement la France lui a refusé l'asile, après l'avoir accordé à Khomeyni, mais elle a autorisé

Khomeyni à rentrer en Iran. Et les Américains, c'est encore pire. Pourtant, ils n'auraient pas manqué de possibilités. Bon, d'accord, qu'on ne le laisse pas aller à Los Angeles, car la communauté iranienne y est importante. Mais combien de ces Iraniens sont allés à l'école grâce à la générosité du Shah? C'est un grand pays, ils auraient pu trouver un endroit où il aurait été en sécurité. Bien sûr, cela posait des problèmes de sécurité, mais il voulait bien s'en charger lui-même. Alors, nous lui avons offert l'hospitalité. L'impératrice et ses enfants ont toujours des passeports monégasques. Peut-être que c'est de voir tant d'injustice à son égard qui a réveillé le boy-scout chez moi.»

Monaco possède des ambassades et des consulats dans cinquante et un pays.

Bien que la plupart des cent soixante-dix consuls généraux soient des vacataires, il y a des ambassadeurs à temps plein dans certains pays, comme la France, la Suisse, l'Allemagne, le Benelux et l'Italie.

Tentant toujours de servir la Principauté, Rainier vient de signer un traité avec la France définissant les droits maritimes et aériens du pays. Il ne s'agit que d'une bande de mer de douze milles et d'un petit corridor aérien, mais cela renforce le statut de Monaco.

Pourtant, cela ne se fit pas sans mal. Rainier avait déjà entamé des négociations avec Valéry Giscard d'Estaing dans les années 70, mais il ne put obtenir un véritable traité que dix ans plus tard, sous le régime Mitterrand.

– On dirait que la diplomatie internationale est une affaire compliquée, lui dis-je.

– Vous croyez à la diplomatie? répond-il, visiblement surpris.

– Pas vous?

– Pas du tout. Comment s'imaginer que les autres tiennent compte de vos souhaits quand ils ne pensent qu'à leur propre intérêt? Neuf fois sur dix, au milieu des débats, quelqu'un se met à penser qu'il vaudrait peut-être mieux attendre que son propre candidat soit dans une meilleure position. Cela arrive tout le temps. A quoi servent les ambassadeurs, par exemple? Ils vont à des soirées. D'ailleurs, comme ils n'ont pas le pouvoir de négocier, ils n'ont pas grand-chose d'autre à faire. Enfin, quelles solutions de paix ont jamais proposé les ambassadeurs au Liban ou au Proche-Orient ? Et puisque nous en sommes là, autant aborder le sujet des Nations unies.

– Oui. Et les Nations unies ?

– Je schématise peut-être, mais je ne comprends pas pourquoi nous renouvelons la même erreur qu'avec la Société des Nations. Les États-Unis ont droit à une voix, les îles Fidji aussi, et le résultat, ce sont de simples envolées oratoires. C'est ridicule. Elles auraient le pouvoir de s'attaquer à la faim dans le monde, alors que les trois quarts de la population mondiale sont encore sous-alimentés. C'est la même chose avec le Marché commun. L'Europe regorge d'excédents de stock, et il y a des gens qui meurent de faim. Si on produit trop de lait, on le jette, c'est révoltant. Cela m'est égal qu'on gaspille du vin, mais je ne supporte pas qu'on gâche des fruits ou des céréales, alors que l'aide au tiers monde se réduit à des paroles en l'air. Regardez l'UNICEF. Elle établit des statistiques et on annonce que quatorze millions de personnes seulement sont mortes de faim et de maladie au lieu de dix-neuf millions l'année précédente. Quatorze millions seulement ! C'est insensé ! »

Monaco ne dispose pas de siège aux Nations unies. La Principauté n'y est présente qu'en tant qu'observateur. Chaque proposition doit obligatoirement passer par l'intermédiaire d'un porte-parole français.

« A un moment, j'ai essayé d'obtenir un siège. J'ai exprimé mon désir au général de Gaulle. Le gouvernement s'est penché sur la question, et a accepté que Monaco devienne membre des Nations unies à part entière, avec la bénédiction de la France, à condition, que, quoi qu'il arrive, Monaco vote toujours de la même façon qu'elle. J'ai refusé et, depuis, on n'en a plus jamais reparlé. »

Rainier a néanmoins œuvré pour que la Principauté fasse son possible.

Lorsque les boat-people cherchaient asile, par exemple, sans fanfare, Monaco a officiellement accueilli huit familles. Proportionnellement, c'est le taux le plus élevé après le Canada.

Plus récemment, la Principauté a envoyé en Afrique deux camions flambant neufs, chargés de riz et de lait condensé.

« De toute évidence, seule une faible partie de l'aide parvient à ceux qui en ont réellement besoin, et la plupart est gâchée sur place. Nous avons envoyé des camions en Afrique, mais dès qu'on emprunte les canaux diplomatiques, on n'est jamais sûr qu'ils arriveront à destination. Je n'ai aucune idée de l'endroit où ils sont aujourd'hui. J'espère simplement qu'ils ont servi à quelque chose. »

– Vous saviez que parfois les Russes venaient ici ? demande le Prince.

– A Monte-Carlo ?

– Oui. Des bateaux d'études hydrographiques venaient parfois mouiller, car nous avons un bureau international ici. C'est intéressant, car tout le monde a le droit de les visiter, les écoliers, tous ceux que cela concerne. Il y avait aussi des chalutiers soviétiques, mais ceux-là, personne ne pouvait y monter. Je me demande bien ce qu'ils pouvaient pêcher, avec toutes les antennes qui dépassaient du pont ! Ce qui m'amusait surtout, c'est qu'on laisse les marins descendre à terre et visiter cet enfer du capitalisme. Le plus drôle, c'est que cela leur plaisait.

– Qu'est-ce qui pourrait leur déplaire ?

– Moi, il y a des choses que je n'apprécie guère.

– Par exemple ?

– Parfois les marins viennent ici en permission. Quand ce sont des Américains, ils se conduisent très bien. Ce sont vraiment eux les plus corrects. Leurs patrouilles collaborent avec la police locale et tout se passe bien. Mais ce n'est pas le cas pour tout le monde. Nous avons souvent des bateaux de guerre au port et, je suis désolé de le dire, mais les pires, ce sont les Anglais. Ils s'enivrent et provoquent des troubles. Ils cassent les voitures et les vitrines, et n'ont aucune tenue.

– C'est la seule chose qui vous déplaît ?

– Non. Les ragots.

– Du genre : Vous connaissez la dernière... ?

– Comme je vous l'ai déjà dit, les ragots ont été inventés à Monaco. Moi, cela me laisse totalement indifférent. Si quelqu'un couche avec quelqu'un d'autre et que cela les amuse, tant mieux pour eux.

– Et le jeu ?

– Cela ne m'intéresse pas. Les membres de la famille ne sont pas censés aller au casino ici. Les Monégasques n'ont pas le droit de jouer. Charles III a eu une excellente idée. Il ne voulait pas que ses compatriotes se ruinent et deviennent un fardeau pour l'Etat.

Pourtant, de temps à autre, Rainier aime aller aux courses hippiques.

« C'est amusant. On va voir si les chevaux ont des yeux bleus, ou si on aime les couleurs du jockey. Tous les ans, Jack Kelly, mon beau-père, invitait des amis au Derby du Kentucky, tous des hommes, et j'y suis allé deux ou trois fois. Il louait un train entier pour nous emmener de Philadelphie. On y buvait beaucoup. Nous arrivions le vendredi et nous restions dans le train jusqu'à la course du samedi. Les cocktails coulaient à flots, c'était fantastique. »

Rainier se souvient tout particulièrement du voyage qui avait établi sa réputation de grand turfiste.

« Je ne connais rien aux chevaux, à part distinguer l'avant de l'arrière. Mais un vendredi, c'était la dernière course, je crois, j'ai vu un cheval appelé Caine Run, avec une cote si épouvantable qu'on ne pouvait pas l'afficher. J'ai voulu parier vingt-cinq dollars sur lui, mais Jack et quelques autres ont essayé de m'en dissuader. Enfin, ce pauvre cheval était si mal considéré que j'estimais qu'on devait faire quelque chose pour lui. Nous nous sommes groupés et avons joué cinq dollars chacun. Et devinez la suite ? Il a gagné. De ce jour, ma réputation fut faite. »

Reconnaissant volontiers qu'il n'a jamais pu renouveler cette prouesse, il dit malgré tout aimer aller aux courses à Paris de temps en temps.

« Cela me plaît car on voit ce qui se passe. Je ne pourrais jamais me passionner pour une petite boule qui tourne. Le black-jack est plus amusant, enfin pas trop longtemps. Je jouais au gin rummy, mais je me lasse vite des cartes si cela dure trop longtemps. Le poker est un jeu trop lent, et le Monopoly ou les jeux du même genre ne m'ont jamais intéressé. Cela n'en finit jamais. »

Son grand-père ne jouait jamais aux cartes, mais sa mère adorait le bridge.

« Ils y jouaient tout le temps à Marchais, et il y avait sans cesse des disputes. "Vous n'aviez pas une annonce à pique ?" Ou : "Vous auriez dû jouer trèfle, pas cœur." Des jours et des jours ! Les gens étaient toujours fâchés et je m'arrangeais pour rester en dehors. »

A la mort de Grace, Antoinette, la sœur de Rainier, a repris un rôle important dans la vie de la Principauté.

De plus en plus souvent, on la voit accompagner son frère lors des cérémonies officielles, comme lors du bal de la Croix-Rouge.

Récemment, son fils a écrit un livre peu flatteur sur les Grimaldi. Pour la plus grande part, l'ouvrage a été considéré comme le fruit du renard de la fable : après avoir reculé devant ses responsabilités, défié son oncle et s'être vu en conséquence privé d'un héritage considéré comme acquis, il ne lui restait plus que les yeux pour pleurer.

Tandis que Caroline et Albert ont repris la plupart des tâches de Grace, Antoinette a assumé le rôle de première dame du pays quand cela était nécessaire. Prenant en considération leurs vies différentes, Rainier est prêt à oublier le passé.

«Je suis parti dès l'âge de onze ans, alors qu'elle est restée avec mon père, ma mère et mon grand-père. Nous n'avons donc jamais été proches l'un de l'autre. Nous avons grandi chacun de notre côté. Vous dites qu'elle a tenté de s'emparer du trône, mais je n'irai pas si loin. Elle m'a sans doute critiqué, c'est peut-être même allé un peu loin. Mais nous avons toujours été en bons termes. A l'époque, l'incident a été largement exagéré. Elle a mené sa vie et moi la mienne, mais les ponts n'ont jamais été coupés. Bien sûr, j'ai eu des griefs contre elle, et elle en a peut-être contre moi. Nous sommes très différents, mais nous n'avons jamais rompu le contact, et d'ailleurs, je ne connais aucun frère et sœur qui soient toujours d'accord.»

Les prétentions d'Antoinette au trône n'ont peut-être pas été sérieuses, mais il y en a eu d'autres.

George Grimaldi, propriétaire d'un pub puis d'un garage, dans le Sud de l'Angleterre, prétendait être le treizième marquis, et prince de droit, mais cela ne l'a jamais conduit très loin. Pourtant, un avocat de la banlieue de Turin prétendait avoir des documents prouvant l'authenticité de ses revendications.

Augustus Maria Olivera Grimaldi affirme être un descendant direct d'un Grimaldi qui, au XVIe siècle, s'est fait illégalement détrôner par son frère.

En 1581, à la mort d'Honoré Ier, Charles II prit le pouvoir. Comme il mourut sans laisser d'héritier, la souveraineté passa à Hercule Ier, branche dont Rainier est issu.

L'ancêtre d'Augustus Maria Olivera Grimaldi, affirme-t-il, aurait été prince si Hercule n'avait pas pris le pouvoir.

Seul problème : la propriété représente neuf dixièmes du pouvoir. Et tant que Rainier est sur le trône, cela pourrait bien aller jusqu'à dix.

La branche germanique de la famille a également essayé de faire valoir ses prérogatives, mais ses revendications sont si confuses que le Prince n'est même pas sûr qu'il s'agisse vraiment de parents.

« Il en surgit de temps en temps. Grimaldi est un nom courant à Gênes, et il y a toujours des gens qui revendiquent le trône. Récemment, il y a eu un cas en Corse. L'homme a affirmé qu'il était le prince de droit, mais qu'il n'avait pas envie de gouverner. Alors, il m'a abandonné ce privilège. »

Chose étonnante, les quatre-vingt-cinq carabiniers de Monaco, l'équivalent d'une armée, sont tous français. Par décret d'un prince du XIXe siècle, les Monégasques n'ont pas le droit d'en faire partie, pour éviter toute tentative de coup d'Etat.

Le trône est donc en sécurité, mais le titre de prince n'est que le premier de cent quarante-deux autres, aux côtés de ceux de marquis, duc et comte. En fait, Rainier est sans doute l'homme le plus titré du monde.

Chacun de ses titres est doté d'une médaille et, si l'on y ajoute les prix et récompenses accordés au fil des ans, ces décorations posent de nombreux problèmes, surtout lorsqu'il doit les porter lors des apparitions officielles.

« A dire vrai, je ne m'y intéresse guère. Elles m'ont été décernées par des gens qui expriment par là leur reconnaissance. C'est un geste que j'apprécie et je les accepte dans cet esprit. Mais je ne leur accorde pas beaucoup d'importance et ne fais rien pour les obtenir. Je ne tiens pas spécialement à les porter. En raison de leur signification, il est cependant difficile d'en porter une et pas l'autre. Alors, finalement, je les mets toutes, mais contrairement à ce qu'on raconte à Monaco – et vous savez déjà ce que j'en pense – je ne passe pas ma journée à les regarder et à les astiquer. »

Soudain, il ne peut s'empêcher de rire.

« Je ne les mets pas sur mon pyjama non plus ! »

Comme la plupart des femmes, Grace s'amusait toujours à l'idée de créer des couples. On raconte qu'un jour elle a voulu faire renouer Onassis et sa première épouse, mais Rainier affirme qu'elle n'a jamais essayé sérieusement. On dit aussi qu'elle tenta de trouver un compagnon à Elsa Maxwell.

Là, le Prince éclate de rire. « Grace était une optimiste forcenée ! »

Pourtant, s'agissant de ses enfants, elle n'intervint jamais.

« Nous avons toujours encouragé nos enfants à faire leur propre choix, car leur vie leur appartient. »

Mais, ajoute-t-il, ce n'est pas toujours facile, surtout quand on voit tout de suite qu'ils se trompent.

« Le premier mariage de Caroline n'a pas été heureux. Nous le savions d'avance tous les deux, mais nous n'avions pas le choix. Que dire à votre fille qui vient vous annoncer qu'elle veut passer sa vie avec un homme ? Mieux valait ne pas s'y opposer. Le plus important, si des parents sont en conflit avec leurs enfants, c'est de laisser la porte ouverte, qu'ils sachent qu'ils pourront toujours revenir. »

Il ne fait aucun doute que le couple se montra très réticent lorsque Caroline annonça son mariage avec Junot.

« Il avait très mauvaise réputation et manquait de personnalité. Je n'aimais pas ses antécédents. Il ne travaillait pas, je ne sais pas ce qu'il faisait à part appartenir à une clique parisienne qui dépensait son argent dans les night-clubs. »

Un jour, avant le mariage de sa fille, à quelqu'un qui lui demandait ce que faisait Junot, Rainier répondit, cinglant : « Tout et rien. »

On raconte que lorsque le mariage fut annoncé, Rainier et Grace, presque jusqu'aux marches de l'église, rappelèrent à leur fille qu'elle pouvait encore changer d'avis.

Non, c'est faux, affirme Rainier.

« Je pense qu'il fallait jouer le jeu aussi sincèrement que possible. C'était là l'essentiel. Notre fille était amoureuse. Nous avons essayé de la raisonner, de la dissuader, du moins, jusqu'à un certain point. Mais la vie n'a pas été facile pour nos enfants, il ne faut pas l'oublier. Ils ont toujours été sous le regard du public, ce n'est pas simple. » Rainier aimait Stefano, le jugeait bon père et bon mari, voyait qu'il rendait Caroline heureuse, et le pleura avec elle quand il mourut.

La mort de Grace a rendu les choses particulièrement difficiles pour Stéphanie. Quand elle a commencé à vivre sa vie, Rainier avoue qu'il n'a pas toujours été très content. Parfois, cela le faisait souffrir, mais au fond de lui il comprend qu'elle ne pouvait pas agir autrement.

« Le rôle de parent n'est jamais aisé. Il faut accepter beaucoup de choses, mais il ne faut jamais rompre le dialogue et toujours laisser la porte ouverte. L'enfant doit savoir qu'il est toujours chez lui, qu'il peut revenir, que personne ne va le gronder en disant : "Je t'avais prévenu." »

Un jour, Stéphanie déclara à un magazine féminin : « Mon père est le seul homme qui ne m'a jamais trahie. »

D'une certaine manière, c'était des paroles pessimistes dans la bouche d'une jeune fille de vingt-trois ans, mais cela signifiait également qu'elle comprenait ce qu'il était pour elle.

« Cela m'a fait très plaisir. Je crois que c'est parce que nous n'avons jamais coupé les ponts. On peut toujours essayer de dire : "Je t'en prie, ne fais pas ça", et donner les meilleures raisons du monde, mais si l'enfant est bien décidé, la seule chose à dire, c'est : "Bon, d'accord, mais fais attention." Quoi d'autre ? Je n'ai pas exactement les mêmes relations avec mes trois enfants. Albert est mon fils, et père et fils sont liés de manière différente. Caroline est mère à présent, et elle manifeste un amour très filial envers moi. Quant à Stéphanie, elle a son caractère, je le sais. C'est une forte personnalité, peut-être la plus solide des trois. »

Depuis la mort de Grace, Rainier a connu des années bien solitaires. Nombre de ses amis, parmi lesquels d'aussi vieilles connaissances que David Niven, ont disparu. Il a également fortement ralenti le rythme de ses activités.

Il a pris l'habitude de se rendre deux fois par an à La Baule, souvent avec Caroline, afin d'y suivre une cure de thalassothérapie. C'est là, fin 1994, qu'il commença d'avoir des problèmes cardiaques. Rentrant aussitôt à Monaco, il y subit – à soixante-douze ans – une opération très pénible qui fut tenue secrète.

Pourtant, il récupéra rapidement, sans doute soutenu par la présence de ses trois enfants. La famille, profondément liée, avait su montrer son courage dans les moments d'adversité. Stéphanie fut la première à venir à son chevet.

Son état de santé a fait naître bien des spéculations : combien de temps régnera-t-il encore ? Il répète qu'il n'en sait rien, ce qui est très certainement vrai. Certains de ses amis les plus proches pensaient qu'il abdiquerait après le mariage d'Albert. Mais, à mesure que les années passent, les mêmes en viennent à croire qu'il le fera dès qu'il estimera son fils prêt à assumer sa tâche. « Pour moi, dit-il, l'avenir, c'est de vieillir heureusement. »

On pense qu'il pourrait adbiquer en 1997, quand Monaco fêtera le 700ᵉ anniversaire du règne de la dynastie Grimaldi. Mais quel que soit le moment choisi – s'il le choisit jamais –, la vie ne sera plus jamais la même pour lui. Après tout, Grace est partie...

« Dans ces circonstances, on a toujours des regrets. Nous aurions dû plus parler, passer plus de temps ensemble, profiter davantage l'un de l'autre. En repensant à ces vingt-six années, je me demande pourquoi nous ne sommes pas allés en vacances, pourquoi nous n'avons pas abordé tel ou tel sujet. Je regrette de ne pas avoir passé plus de temps avec elle. J'espère qu'on se souviendra d'elle comme d'une personne généreuse, car elle l'était vraiment. Elle s'intéressait beaucoup aux autres et se montrait très exigeante envers elle-même. »

Mais la vie continue. Le temps a passé et, si d'autres femmes ont compté dans sa vie, il ne veut pas en parler.

« Je vis dans un bocal à poissons. C'est compliqué et cela vous oblige à des tas de choses, je dois me montrer très discret. »

Pourtant, inviter une femme à dîner est une chose, l'épouser en est une autre.

« Je ne vois pas la nécessité de me remarier, j'ai même du mal à l'imaginer. De toute façon, je ne comprends pas l'intérêt d'un second mariage. Si on se sépare parce que l'on ne se supporte plus et qu'on estime qu'on réussira mieux avec quelqu'un d'autre, pourquoi pas. Mais à la façon dont cela s'est passé pour moi... »

Il marque une pause.

« J'ai une famille fantastique, j'ai eu un couple merveilleux. Partout où je vais, le souvenir de Grace me suit. Nous avons vécu ici pendant vingt-six ans. Elle est partout. Je ne pourrais pas vivre avec une autre femme. Je la vois partout où je vais. Et puis, cela serait difficilement acceptable pour mes enfants. Ce serait injuste pour eux. »

Une autre pause.

« Alors, je ne me remarierai pas. »

17

Touche personnelle

Nous avons tous nos souvenirs favoris. Moi, je me rappelle surtout un certain samedi après-midi avant le dernier Noël qu'elle passa sur Terre.

Toute la matinée, elle avait fait cuire des biscuits en forme d'étoiles, de sapins et de Père Noël avec sa hotte.

Une fois sa tâche terminée, elle alla seule chez Caroline, cinq cents mètres plus loin, au bout d'une petite rue étroite et sinueuse entre deux rangées de maisons jaunes aux volets verts, avec le linge pendu aux fenêtres.

En chaussures plates, pantalon noir et pull de cachemire crème, un simple collier de perles autour du cou, les cheveux dissimulés sous une écharpe, lunettes noires, elle était méconnaissable, sauf pour les gardes du Palais en uniforme d'hiver qui répondirent à son « bonjour » par un salut.

Elle entra dans le hall. Comme il n'y avait personne, elle passa la tête par la porte de la cuisine en demandant :

– Qu'est-ce qu'il y a à déjeuner ?

– Que diriez-vous de *scrapples**** avec des œufs ?

Elle me regarda d'un air soupçonneux.

– Des *scrapples* de Philadelphie à Monaco ?

– Dommage ! dis-je en haussant les épaules. Une omelette, alors ?

– Parfait, répondit-elle en posant son sac de biscuits sur le comptoir près de l'évier et en enfilant un tablier. Je supervise les opérations.

Les années lui avaient été clémentes. Elle avait un peu grossi, mais ses yeux étincelaient toujours et elle avait la même voix que dans *Mogambo*, *Le Train sifflera trois fois* et *Fenêtre sur cour*. Elle

---

* Sorte de petites saucisses faites de porc haché et d'herbes, coupées en rondelles et grillées (N.D.T.)

avait le visage un peu plus rond, les traits plus doux. La déesse de glace avait fondu et la belle actrice de vingt-deux ans était toujours aussi belle à cinquante-deux.

– Je vous croyais de New York, dit Grace en épluchant des poivrons verts. Comment connaissez-vous les *scrapples* ?

– J'ai fait mes études à Philadelphie. Je suis allé à Temple.

– Moi aussi. Mais cela devait être quelques années avant vous.

– Oh ! pas tant que cela, répondis-je poliment. C'est pour le sapin ? demandai-je en indiquant le sac de gâteaux.

– C'est moi qui les ai faits. Et vous ? Qu'est-ce que vous avez préparé ?

Caroline m'avait téléphoné pour me demander : « Cela vous dirait de nous préparer à déjeuner dimanche pour ma mère et moi ? » Elle m'expliqua qu'elles devaient décorer l'arbre de Noël et que, cette année, tout devait être comestible. « Gâteaux, bonbons, fruits, tout ce que vous voudrez. » Mais j'avais ma petite idée sur les décorations.

– Je n'ai rien fait cuire, mais tout est comestible.

– Voyons un peu.

Je sortis des boîtes de thon ornées d'un petit Père Noël et des paquets de pâtes enrubannés.

Son rire éclaira tout son visage.

– Vos cheveux sont un peu trop longs, dit Grace tout en préparant l'omelette. Après le repas, vous irez me cherchez une paire de ciseaux. Je vais arranger ça.

– Marché conclu. Mais je vous préviens, si vous me coupez les cheveux, ma mère clamera dans toute la Floride que Grace Kelly est ma coiffeuse !

– Ça me va ! dit la Princesse en riant.

A ce moment, Caroline entra dans la cuisine.

– Qu'est-ce qu'on mange ?

– Des *scrapples,* ma chérie.

Caroline fit la grimace.

Sa mère et moi éclatâmes de rire.

Après le repas, dans le jardin d'hiver, le sapin nous attendait. Nous y avons suspendu les biscuits, les sucres d'orge et les paquets de pâtes enrubannés.

Pendant l'après-midi, alors que nous avions bien du mal à empêcher les chiens de Caroline de dévorer les décorations, ce fut un défilé d'amis. Certains apportèrent des présents, d'autres de nouvelles décorations, mais personne ne pensa aux boîtes de thon.

Bientôt, la mère de Caroline et moi, nous nous réfugiâmes dans un coin de la pièce, assis en tailleur sur le sol. Nous avons parlé de tout et de rien, de bateaux, de chaussures, de légumes et de Hollywood.

— Ça n'avait rien à voir, à l'époque. C'était beaucoup plus amical que maintenant.

— Les gens étaient-ils plus gentils ? m'étonnai-je. Hitchcock ne m'a jamais semblé particulièrement aimable.

— Hitch était merveilleux. C'était un homme renfermé, très mystérieux. Il était timide et jouait sans cesse à cache-cache avec les autres.

— Mais il était réputé pour être très exigeant.

— Il le fallait bien. Même si les coûts étaient loin d'atteindre les sommets actuels, le cinéma coûtait très cher.

— Il travaillait pour Paramount, non ?

— Oui, pour *Fenêtre sur cour* et *La Main au collet,* mais *Le Crime était presque parfait,* qui est le premier film que nous avons fait ensemble, était pour la Warner Brothers. C'était un peu compliqué de changer sans arrêt car, en fait, j'étais salariée de la MGM. Chaque fois que Hitch me voulait, il fallait qu'il le leur demande. La MGM passait son temps à me louer à d'autres studios. Et cela leur rapportait énormément. Pas à moi, malheureusement. J'ai gagné plus d'argent en étant mannequin à New York que pendant ma carrière d'actrice.

— Est-ce que Hollywood vous manque ?

— Certaines personnes, oui, car j'ai eu la chance de travailler avec des gens fantastiques, comme Hitch. Mais je n'ai jamais vraiment aimé la Californie et je n'y ai presque pas vécu. A Hollywood, tout est gâché par l'argent. J'y travaillais, mais chaque fois que j'étais libre, je retournais à New York.

— Oui, mais vous tourniez beaucoup.

— Je n'ai fait que onze films, dont six en un peu plus d'un an en 1953 et 1954. Et il n'y en avait qu'un pour la MGM.

— En aviez-vous le droit ?

— Pas vraiment, dit-elle avec un petit rire. J'ai même été suspendue pour ça. Vous ne pouvez dire non que lorsque les studios vous y autorisent. Un jour, un réalisateur voulut me faire jouer

Elizabeth Barrett Browning dans *The Barretts of Wimpole Street*. J'avais vingt-cinq ans à l'époque et l'héroïne du film en avait plus de quarante. Je lui ai dit que j'étais beaucoup trop jeune. « Pas de problème, on la rajeunira », m'a-t-il répondu. J'ai essayé de lui expliquer que toute la beauté de l'histoire tenait au fait qu'elle avait quarante ans lorsqu'elle rencontra l'amour. Par chance, le projet fut abandonné. Mais, de plus en plus, j'avais la réputation d'être difficile.

– L'étiez-vous ?

– Qui, moi ? demande Grace avec un grand sourire. C'est ce que pensait la MGM.

– Recevez-vous toujours du courrier de vos admirateurs ?

– Oui, et je dois vous dire qu'ils ont tous droit à une réponse.

– Les lettres sont-elles encore adressées à Grace Kelly ou à la princesse Grace ?

– Bien sûr, la plupart de mon courrier porte le nom de Princesse Grace, mais je reçois parfois des lettres de gens qui disent m'avoir vue dans un de mes films à la télévision. Ou qui me racontent que leur père ou leur mère étaient un de mes fans et me demandent un autographe. Ils réclament des photos ou des recettes de cuisine. Alors, je leur envoie un cliché de la famille ou ma recette préférée des plats de la Principauté. Souvent, ils demandent des conseils.

– De quel genre ?

– N'importe quoi. Sur la façon d'élever ses enfants ou les moyens d'entrer dans le cinéma. Pourtant, j'ai arrêté de donner des conseils sur le cinéma en 1949 ou 1950.

– Pourquoi ?

– Un jour, Elia Kazan m'a appelée pour me demander si je pouvais aider un jeune acteur à répéter pour une audition. J'ai accepté, bien sûr. Il est venu un dimanche après-midi et m'a expliqué qu'il vivait en banlieue et ne pouvait pas répéter avec moi pendant la semaine, parce qu'il était marié, chargé de famille et qu'il travaillait pour son père. Mais il était bien décidé à devenir acteur. Les amies avec lesquelles j'habitais avaient invité des camarades, et il y avait de la musique partout ; aussi, le seul endroit tranquille, c'était la cuisine. Bien sûr, c'était une vraie cuisine new-yorkaise, absolument minuscule. Il s'en tirait assez bien, mais il n'avait rien d'extraordinaire. Quand il m'a demandé ce que j'en pensais, j'ai essayé de lui faire comprendre le plus gentiment possible qu'il n'y arriverait jamais. Je lui ai expliqué qu'il était difficile de trouver du travail, que bien des acteurs mouraient de faim. Je lui ai conseillé de garder son emploi pour nourrir sa femme et son enfant et de jouer dans des productions amateurs. En fait, j'ai essayé de le convaincre de renoncer à toute carrière d'acteur. »

Là, Grace s'est arrêtée et m'a regardé.

– Bon, d'accord, qui était-ce ?

– Paul Newman.

*Cet ouvrage
a été achevé d'imprimer sur presse Cameron
par la Société nouvelle Firmin-Didot
à Mesnil-sur-l'Estrée
en avril 1996
pour le compte des Éditions de l'Archipel
département éditorial
de la S.A.R.L. Écriture-Communication.*

Imprimé en France
N° d'édition : 128 - N° d'impression : 34513
Dépôt légal : avril 1996